中国工商行政管理分论丛书

竞争执法与市场秩序维护

Series for Specific Theories of China's Administration for Industry and Commerce
Competition Enforcement and Market Order Maintenance

国家工商行政管理总局　编著

中国工商出版社

责任编辑/刘安伟 傅伟光
特约编辑/张武钢
封面设计/慧 子

图书在版编目(CIP)数据

竞争执法与市场秩序维护/国家工商行政管理总局编著.
—北京:中国工商出版社,2012.6
(中国工商行政管理分论丛书)
ISBN 978 - 7 - 80215 - 523 - 7

Ⅰ.①竞… Ⅱ.①国… Ⅲ.①工商行政管理—行政执法—研究—中国②市场秩序—维护—研究—中国 Ⅳ.①D922.294.4 ②F723.6

中国版本图书馆 CIP 数据核字(2012)第 116605 号

书 名/竞争执法与市场秩序维护
编著者/国家工商行政管理总局

出版·发行/中国工商出版社
经销/新华书店
印刷/北京翌新工商印制公司
开本/680 毫米×960 毫米 1/16 **印张**/19 **字数**/285 千字
版本/2012 年 6 月第 1 版 2012 年 6 月第 1 次印刷

社址/北京市丰台区花乡育芳园东里 23 号(100070)
电话/(010)63730074,83610373 **电子邮箱**/zggscbs@163.com
出版声明/版权所有,侵权必究

书号:ISBN 978 - 7 - 80215 - 523 - 7/D·405
定价:35.00 元

(如有缺页或倒装,本社负责退换)

丛书编委会

主　任　周伯华

副主任　刘玉亭

成　员　付双建　甘　霖　王东峰

　　　　钟攸平　何　昕

编委会办公室

主　任　于法昌

副主任　刘显华　梁艾福　刘红亮

成　员　燕　军　方跃林　王培章

　　　　王　磊

序　言

　　我们党高度重视理论建设。胡锦涛总书记在庆祝建党90周年大会上指出:"理论上的成熟是政治上坚定的基础,理论上的与时俱进是行动上锐意进取的前提"。党的十七届六中全会也要求我们高度重视理论建设,"坚持以重大现实问题为主攻方向,加强对全局性、战略性、前瞻性问题研究,加快哲学社会科学成果转化,更好服务经济社会发展"。近年来,总局党组把理论建设摆在更加突出的位置,坚持以中国特色社会主义理论体系为指导,全面贯彻落实科学发展观,系统总结工商行政管理实践经验,不断深化对工商行政管理职能任务、地位作用和发展规律的认识,形成了一系列理论创新成果,基本建立了以"四个统一"、"四化建设"、"四个转变"、"四个只有"、"四高目标"和"五个更加"为核心的工商行政管理理论。

　　为全面反映工商行政管理理论创新成果,2009年我们出版了《中国工商行政管理概论》,填补了工商行政管理基础理论著作的空白。为进一步深化工商行政管理专业理论研究,全面阐释工商行政管理基本职能,满足广大工商行政管理干部理论研究和业务知识学习的迫切需求,从2010年下半年开始,我们调动全系统力量,凝聚全系统智慧,组织编写了"中国工商行政管理分论"丛书(以下简称"分论"丛书)。"分论"丛书包括《市场主体准入与监

管》、《竞争执法与市场秩序维护》、《消费者权益保护》、《商标注册
与管理》、《广告业发展与监管》、《直销监管与禁止传销》、《流通环
节食品安全监管》等七卷。作为工商行政管理理论建设的又一项
重大工程，"分论"丛书的出版标志着以《中国工商行政管理概论》
为统领、以"分论"丛书为骨干的工商行政管理理论与实践成果体
系初步形成，全面构建了具有时代特征、突出行业特点、结构合理、
门类齐全的工商行政管理理论体系。在"分论"丛书编写过程中，
总局机关各职能司局和相关直属单位精心组织、认真编写，投入了
很大精力；系统干部积极响应、热情参与，给予了大力支持；专家学
者认真审读、反复论证，提出了宝贵意见。在此，我谨代表总局党
组和丛书编委会向所有为"分论"丛书编写工作付出辛勤劳动、作
出积极贡献的同志们表示诚挚的谢意和崇高的敬意。

"分论"丛书涵盖了工商行政管理基本职能，具有很强的时代
性、理论性和实用性，是全国工商行政管理系统广大干部学习业务
知识、提高理论水平的基本读物，是总局行政学院大规模培训干部
的基础教材，是向社会宣传工商行政管理职能、让社会了解工商行
政管理工作的重要工具。"理论的活力植根于实践，学习的目的全
在于运用。"各级工商行政管理机关要从加强工商行政管理理论建
设和理论宣传普及、推动工商行政管理科学发展的战略高度，组织
全系统干部学好用好"分论"丛书，不断增强用科学理论武装头脑、
指导实践、推动工作的自觉性和坚定性。要把握正确方向，把学习
"分论"丛书与贯彻落实科学发展观结合起来，与落实"十二五"时
期工商行政管理发展的各项目标任务结合起来，紧紧围绕经济社
会发展大局，围绕科学发展这个主题和加快转变经济发展方式这
条主线，全面系统地组织学习，切实提高服务科学发展的能力和水

平。要坚持学以致用,把学习"分论"丛书与市场监管和行政执法实践结合起来,紧紧围绕工商行政管理中心工作,立足工商行政管理基本职能,全面掌握和积极运用好这一理论武器,切实增强把握监管规律、破解监管难题的能力,全面提高市场监管、服务发展、消费维权、依法行政的效能。要立足队伍建设,把学习"分论"丛书与实施人才战略结合起来,紧紧围绕全系统人才队伍建设的需要,有针对性地开展培训,推动建设高素质领导人才队伍、专业化监管执法人才队伍、高水平技术支持人才队伍、复合型基层实用人才队伍、高效能综合管理人才队伍。

实践发展永无止境,认识真理永无止境,理论创新永无止境。各级工商行政管理机关要以组织学习"分论"丛书为契机,以科学的理论武装干部、以先进的思想引导干部、以优秀的成果鼓舞干部,努力做到学以致用、用以促学、学用相长,努力做到理论创新每前进一步,理论武装就跟进一步,不断推动工商行政管理理论大发展大繁荣,不断推动工商行政管理文化大发展大繁荣,不断推动社会主义文化大发展大繁荣,为"十二五"规划的顺利实施,为促进经济平稳较快发展和社会和谐稳定作出新的更大的贡献,以优异成绩迎接党的十八大胜利召开!

2012.3.19.

目 录

第一章　概　述

在市场经济条件下,建立和维护公平竞争的市场秩序,是矫正市场失灵,充分发挥市场机制作用的必然要求,是规范市场行为,保障经营者、消费者合法权益的现实需要,是贯彻执行法律政策,实现经济运行调控的重要内容。改革开放以来,工商行政管理部门认真履行职能,深入整顿规范市场秩序,积极营造规范守信的市场环境,有力地推动了社会主义市场经济体制的建立和完善。本章从市场秩序相关理论、工商行政管理部门竞争执法与市场秩序维护工作历史沿革、反垄断和反不正当竞争领域的国际交流与合作等方面进行了介绍。

第一节　市场和市场秩序

一、市场的概念和分类

（一）市场的概念

市场是商品交换的场所和商品交换关系的总和。场所是市场的载体,交换行为是市场的内容,交换关系是市场的作用对象与效果反映。市场属于经济范畴,同时,又是法律关系、社会关系、管理关系乃至政治关系集中反映的地方。理解市场概念,应当把握以下含义:

1. 市场是商品交换的场所

从字面意义上看,“市”即买卖,“场”即场所。市场即买卖东西的地方。商品交换要有一定的场所,古老、简单的集市贸易是这样,现代的股票期货交易和电子商务交易,实际上也离不开一定的场所。只不过,“场所”不是市场的全部,而只是其中有形的部分。在市场形式多种多样的今天,有形市场仍然是市场的基本形式,也是市场监管的重要领域。

2. 市场是商品交换关系

商品交换关系是经济关系的核心,也是市场的核心。市场是商品交换关系,一方面说明市场行为和活动的性质是商品交换,一种等价有偿的交换关系;另一方面说明市场行为和活动不是简单、单一、一次性的行为,而是反映着买卖双方及其背后的各种经济利益关系乃至集团利益和政治利益关系。在今天复杂多样的市场形式与类型中,抓住商品交换这个核心,就抓住了市场的实质。哪里有商品交换哪里就有市场。

3. 市场是一个体系

在市场经济条件下,市场是由各种具体形式的市场组成的体系,称为"市场体系",包括消费品市场、生产资料市场和金融、劳动力等生产要素市场。市场体系是为方便买卖和配置资源服务的,其灵魂是市场机制。一般来说,市场体系越发达,市场实现交易和配置资源的功能就越有效。

4. 市场是一种机制

市场机制是指市场要素和市场体系之间的运动关系及其产生的功能,包括供求机制、价格机制、竞争机制、风险机制等。

市场既是一个古老而普通的现象,又是一个现代而常新的概念,说明市场是一个内涵丰富、关系复杂的事物。市场满足需求、调控经济和配置资源的功能实际上是通过市场机制来实现的。市场体系是市场功能不可缺少的形式,市场机制是市场功能得以实现的实质。

(二)市场的分类

1. 按照商品类别划分的市场类型

根据交易商品的类别不同,市场可分为商品市场和生产要素市场。其中商品市场包括消费品市场和生产资料市场;生产要素市场包括金融市场、劳动力市场、技术市场、房地产市场等。消费品市场分为日用消费品市场和耐用消费品市场;生产资料市场分为普通生产资料市场和重要生产资料市场。金融市场可分为货币市场(如资金拆借市场、国库券市场)、资本市场(如股票市场)、外汇市场等。

2. 按照商品品种划分的市场类型

根据商品的不同品种,市场可分为农产品市场、工业品市场、文化旅游品市场、特殊品市场等。

3. 按照交易形式划分的市场类型

根据不同的市场交易形式,市场可分为集贸市场、交易商市场(如商业企业)、代理商市场(如中介市场)。

4. 按照交易方式划分的市场类型

根据不同的交易方式,市场可分为现货市场、期货市场;租赁市场、典当市场、展销市场;拍卖市场、经纪人市场、招投标市场;店铺销售市场、无店铺直销市场、电子网络交易市场等。

5. 按照买卖双方竞争关系划分的市场类型

凡是供应者竞争充分、供应充足、买方选择性强的市场态势,称为"买方市场";凡是供应者竞争性不足、供不应求、卖方主导的市场态势,称为"卖方市场"。

6. 按照卖方竞争形态划分的市场类型

仅以卖方的竞争形态来看,市场分为竞争性市场、垄断竞争性市场、垄断性市场。

二、市场秩序相关理论

(一)市场秩序概述

简单地说,市场秩序即市场运行的规律与规则。具体而言,市场秩序是指市场运行的内在规律,体现这些规律和社会经济管理要求的外部规则,以及由这些规律和规则共同作用所决定的市场运行状态。从经济学意义上考察,市场秩序是市场参与者按照特定的市场交易规则安排行为,从而产生的个人利益与公共利益的协调。从法律角度来看,市场秩序是指在特定时空范围内形成的,旨在确保交易顺利进行的一系列规范交易主体权利义务的法律制度和习俗惯例的总和,以及这些总和的现实表现状态。

市场秩序有一个发展过程。初期以自发、自然的秩序为主,交易规模扩大和交易关系复杂后,秩序的建设成分增加,直到在科学研究市场机制运作规律和市场规则制定规律基础上形成融合性、科学的市场秩序。现代市场经济条件下,市场秩序是健全市场的组成部分,是市场生存、运行与发展的保障。没有规范、完备的市场秩序就不可能有市场的健康、持久发展。

从法律制度的角度看,市场的法律制度包括两大部分:一个叫做市场权利的法律制度,一个叫做市场秩序的法律制度。从市场权利的法律制度来说,国家应该是更少的干预,让市场的主体享有更多的自由。而反过来,从市场秩序的法律制度角度出发,恰恰应该有更多的国家干预。因为秩序没有国家公权力作为后盾,这样一种秩序是不可能得到完善的。①

有关市场秩序的研究一般有两个范围:一个是从市场经济的整体范围研究市场秩序,包括从市场经济整体的历史演进过程探讨市场秩序的形成与演进。这时的市场秩序是与整个国民经济的结构秩序与运行秩序范围相近。另一个范围是以交易行为的发生为核心所形成的交易秩序和竞争秩序,包括具体的商品市场和生产要素市场中的交易竞争秩序。历史上逐步形成的较为系统的市场秩序理论主要是就整体的市场经济及其演进过程的分析所形成的市场秩序理论。这虽然不是直接阐述市场交易与竞争秩序的理论,但对居于其中的市场交易与竞争秩序的研究和建设具有宏观和理论指导的价值,是市场交易与竞争秩序的理论根据。

(二)亚当·斯密的市场秩序理论

经济学的创始人和奠基人亚当·斯密关于社会经济秩序的描述蕴含着生动的市场秩序思想。其理论是以"经济人"的假设和"无形的手"的作用为前提和根据的。"经济人"假设赋予市场参与者三个特性:第一特性是自私与自利——追求个人利益的最大化。每个人都因对个人处境的不满而拥有改善自身状况的愿望。人所从事的活动直接目的是为了自己的利益,利己是经济人的人性特征,这激励着他去发现一切机会发挥自己的潜能,实现自己利益的最大化。第二特性是自律,即人们让自私自利约定在合理与有效限度内,因为人们追求自私的行为是同拥有社会地位和公共声誉目标分不开的。寻求自利的动因由自我财富的满足和赢得社会尊敬两个力量驱使。

---

① 江平:《市场自治权应该得到公权尊重》,《读书》2010 年第 8 期。

第三特性是经济人行为的理性化倾向。当自利的情感与动机成为经济行为者的基本的行动属性时,理性也成为服从与服务这个动因的工具。"获得各种物品所需要的劳动量之间的比例,似乎是各种物品相互交换的唯一标准"——这种按社会价值量的大小与价格的高低来核算投入与估算收益的特征,迫使每个行为者精确计算资源的投入与产出的关系,而且精心地组织劳动与充分地利用社会分工。①

关于"看不见的手"的分析,主要见于亚当·斯密的《道德情操论》和《国富论》。《道德情操论》在解释追求财富和奢侈的欲望如何激励人们从事巨大的工业生产时,首先引出了"看不见的手"的原理表达。他说:"尽管生性自私与贪婪,虽然他们只图自己的方便,虽然他们……唯一的目的就是满足自己无聊和无厌的欲望,他们却同穷人分享他们所获得的全部改进的产品,他们被一只看不见的手引导着去进行生活必需品的分配。"在《国富论》中谈到进口贸易管制中对私人资本进行限制的不合时宜性时,指出:"……每一个人必然要为使社会的每年收入尽可能大而劳动。的确,他一般既无心要去促进公共利益,也不知道他对之正在促进多少……他指导这种工业去使其产品能具有最大的价值,只是为了他自己的利益,也像在许多其他场合一样,他这样做只是被一只看不见的手引导着,去促进一个并不是出自他本心的目的。"②

"经济人"与"看不见的手"是相互作用的。"经济人"是"看不见的手"调制的精品,又是"看不见的手"有效调节的前提。"看不见的手"正是市场制度安排与经济人特性相耦合的产物,即经济系统的自组织功能——市场机制。从微观而短期的角度看,这只手增进了经济效率,在商品市场交易物品,在要素市场配置资源,促进总体经济的效率化、理性化、秩序化、道德化。从宏观而长期的角度看,它加速实现了社会的理性化与合理化进程,优化了社会经济组织,发展与完善了社会交换制度与规则。追名逐利的经济人在开放的社会分工体系下,自觉自愿地按等价交易、信守契约的方式实现了生产要素的自由有效流动,物品的有效有益交换。

---

① 王根蓓:《市场秩序论》,上海财经大学出版社1997年1月,第162页。
② 王根蓓:《市场秩序论》,上海财经大学出版社1997年1月,第164页。

（三）凯恩斯政府干预的市场秩序理论

在20世纪30年代以前的古典市场经济阶段,亦即资本主义自由经济时期,政府只扮演"守夜人"的角色,不干预市场运行。实际上,这是相对于现代市场经济阶段比较而言的。所谓不干预,是由于他们所处的时代,主要是要反对封建色彩的政府干预。亚当·斯密本人也认为,促进和保证竞争的国家秩序以及竞争参与者必须具备的基本行为准则同样不可缺少。在他们的理论中,要求政府保护生产自由和财产安全并履行政府在公共领域中的责任。市场经济发展的历史表明,市场体制有自身难以克服的缺陷。"经济人"本身所固有的盲目与无知导致了市场体系的不稳定性,并对经济人的最大化目标形成了潜在的威胁。20世纪30年代的大危机迫使人们开始严肃地对待市场缺陷问题,由此应运而生的凯恩斯经济学对协作失败说给予了特别重视,以此为基础的市场失败理论发展迅速,给政府干预留下了空间。政府作为有独立意志的实体,代表市场制度整体的、潜在的和长远的利益,根据经济系统的运作状况进行相机抉择,并通过税率、转移支付、利率、直接投资等政策工具矫正经济系统的运行,克服市场缺陷,保持经济系统的稳定性。20世纪后,由于发达国家进入垄断时期,政府加强了对于市场的自觉干预。"二战"后,政府干预市场的做法被更加广泛采用,出现了德国式的社会市场经济和日本式的官商协调的产业政策等不同类型的干预市场方式。凯恩斯主义理论已为"二战"后到20世纪80年代初许多政府干预经济以促进经济发展的实例所证明是有效的。

（四）马克思主义的市场秩序理论

马克思主义的贸易理论是一个丰富的知识宝库,其中包含着有关市场秩序的理论思想。其特点和要点有两个:

第一,以商品为分析起点,通过商品特性的深刻分析,揭示商品交换的必然性和商品流通的重要性。指出:"商品流通是资本的起点。商品生产和发达的商品流通,即贸易,是资本产生的历史前提。"[1]进而根据商品具有使用价值和价值的特点及二者的关系,说明必须通过商品交换进入商品流通,

---

① 储贺军:《市场秩序论——产权、行为、自律》,经济管理出版社1999年3月,第19页。

商品才能实现其价值,完成从商品到货币的伟大跳跃。最后,商品的使用价值是价值的物质承担者,必须具有有用性、实用性和多用性,这是基本的市场秩序。"理解商品的特性才能准确地理解市场过程中人与人的利益关系,把握市场秩序的本质与核心。"[①]关于商品交换的过程,马克思则强调商品的自愿让渡是商品所有者独立意志的体现,价格是交换的前提,等价交换是保障。只有如此,才能实现所有者的利益,使交换和流通持续下去。

第二,马克思特别注重流通费用的分析。认为流通是生产过程的一部分,其本身需要追加劳动,形成流通费用。流通费用分生产性流通费用和纯粹流通费用,后者不具有生产性质。商品流通应当减少流通费用,减少生产性费用相当于减少生产成本,减少纯粹流通费用(不合理的生产费用也会变成纯粹的流通费用)才能减少国民收入扣除,有利于扩大生产、流通和生活改善。这就要求有序的流通来保障,无序的流通必然提高流通费用。

由此可见,商品交换和商品流通都有一定的内在规律和一定的条件要求,亦即要有一定的交换秩序和流通秩序。马克思正是从交换与流通的角度揭示市场秩序及其重要性的。

(五)制度经济学中的市场秩序理论

马克思的价值理论、流通理论和制度经济学派的产权理论、交易费用理论都涉及非生产性费用的研究。但制度经济学派的交易费用与马克思的流通费用不是一个概念。所谓交易费用是指达成交易而签订合同以及为监督和执行合同所发生的费用,也就是说,实现某项经济目的所耗费的成本支出。它是基于秩序和环境所决定的交易达成而发生的费用,包括:获取准确的市场信息所需的成本;讨价还价与签订合同的成本;监督合同的成本;界定产权本身的费用等。制度经济学中的所谓产权是指行为权而非所有权,即使自己或他人受益或受损的某种行为的权利。降低交易费用意味着市场机制作用充分,交易环境好,成交效率高。降低交易费用的途径有清晰界定产权,完善经济制度,提高人员素质,规范交易行为等。显然,制度经济学中的产权与交易费用理论中包含着市场秩序的思想,是市场秩序理论的渊源之一。

---

① 储贺军:《市场秩序论——产权、行为、自律》,经济管理出版社 1999 年 3 月,第 18 页。

三、市场秩序维护的目的和意义

(一)矫正市场失灵,充分发挥市场机制作用

市场不是万能的,也不是完美无缺的。市场的优势在于配置资源的自动性和高效性,也有较为普遍的自我调节、自我优化的功能。但是,市场的缺点是十分突出的。首先,市场机制具有功利性。供求机制、价格机制、竞争机制都是以利润为核心导向的。利润大的地方,供给者投入高而众;相反,则低而寡,这可能导致客观存在的需求不能及时满足。其次,市场调节具有滞后性。对于利润导向的投资供给,市场机制自然有其自动调节功能,但需要一定的周期。周期反复的过程会造成调节迟滞和资源的浪费,使得市场机制配置资源的优势不能充分发挥。再次,市场机制具有盲目性。市场机制的调节功能适于近期事项和微观领域,对于远期、宏观层面的事项往往力所不及。最后,市场机制调节的领域及其活动存在信息不对称、不完全的问题,买卖双方不对等,无法实现平衡约束,从而出现行为失范。这些情况下市场失灵,问题发生和累积,经济运行会出现障碍、扭曲和失序。这些问题靠市场本身已无法解决和克服,只能借助市场之外的力量加以矫正、协调和弥补。这种力量主要是政府政策和行政执法。工商行政管理部门通过市场监管和行政执法成为矫正市场失灵、弥补市场机制不足的重要力量。

(二)规范市场行为,保障经营者、消费者合法权益

规范市场行为是建立和维护市场秩序的重要方面,也是矫正市场失灵的重要方式。完整的市场秩序包括内在的市场机制和外在的市场规范两个方面。外在的市场规范包括制定科学、系统、完备的市场规则,也包括规则的执行过程。这两个方面都与工商行政管理职能密切相关。工商行政管理部门既是法律政策规范的执行者,也是制定法律规范的参与者。通过行政执法,市场主体的行为和整体的市场运行处于规范状态,市场秩序便有了良好的基础和保证。同样地,通过行政执法,保护合法,取缔非法,守法经营者的权益得到保障,非法经营者的行为受到抑制,生产经营和交易竞争有章可循,秩序清晰,消费环境良好,消费者的权益也有了保障。所以,无论微观上保护经营者和消费者私人权益,还是宏观上建设良好市场环境,维护公共利

益,都需要工商行政管理部门提供维护市场秩序的公共服务。

（三）贯彻执行法律政策,实现经济运行调控

邓小平同志讲,计划多一点还是市场多一点不是社会主义与资本主义的区别。资本主义也有计划,社会主义也有市场。说明无论资本主义还是社会主义,无论市场经济还是计划经济,都需要政府干预和宏观调控。只不过市场经济的政府干预和宏观调控不是高度集中的行政指令计划,而是靠财政、金融等主要的经济调节手段,中长期的规划,公共政策手段以及必要而规范的行政执法手段来实施和实现的。资本主义市场经济的理论与实践充分证明了政府干预和宏观调控是市场经济健康发展不可或缺的,而且调控政策的调整是灵活、经常的。我国社会主义市场经济具有相对于资本主义市场经济的事前预见、政策稳定的优势,可以避免政府更迭制度等造成的起伏变化,是更加有序、可调控的市场经济。同时,我国市场经济处于尚不发达的阶段,地区间发展水平差异较大,加之幅员辽阔,更加需要政策指导、宏观调控和必要的行政法律规范。工商行政管理部门具有行政、经济、法律、政策等复合手段,又有服务、指导、规范、监督等多种职能,还有主体监督、竞争执法、消费保护、市场规范等综合业务,对贯彻落实和执行宏观调控政策,维护市场秩序,实现社会经济健康有序发展具有重要作用。

四、工商行政管理部门维护市场秩序的主要任务

市场秩序是一个大概念。包括宏观的经济结构与运行秩序、企业生产经营秩序、行业性市场秩序、交易竞争秩序以及社会面上的市场秩序等。工商行政管理部门所维护的市场秩序涉及各个层面,主要包括市场准入秩序、市场交易秩序、市场竞争秩序和市场退出秩序等。尤其是交易秩序和竞争秩序是最为前沿、直接和经常的市场秩序,因而也是工商行政管理部门维护市场秩序的重点。

（一）市场交易秩序

市场交易秩序是指市场主体之间就商品交换所实施的买卖行为的规则与秩序。交易行为是市场活动的本体行为。相对于竞争行为而言,交易行为具有主体性和先前性。所谓主体性,即交易为主,竞争为辅,竞争是为了

交易,是为交易服务的。所谓先前性,即从逻辑关系上看,先有交易后有竞争。交易行为的地位决定了交易秩序的重要性。如果由于交易无序导致交易无法实现,损害的不仅是交易本身,竞争也就无从谈起。因此,交易秩序是基本的、更加直接的市场秩序。

市场交易行为是一种契约行为,等价、有偿、公平是市场交易行为的基本原则。合同法律规范是交易行为的基本要求,也是交易秩序的基本体现。有关商品交易客体和价格等法律政策以及特殊商品、特殊行业交易的管理规定,是补充和加强规范交易秩序的体现。随着合同法律规范的健全,经营者法律意识的增强以及诚信意识的提高,市场交易行为的规范化程度也普遍提高,合同法律规范作为法律手段成为维护交易秩序的日常性、制度性手段。工商行政管理部门作为行政执法机关,维护市场交易秩序的任务主要通过重点领域、行业、环节和重要商品的规范来实现。主要包括:合同行为规范与监督管理,重点交易场所规范管理(商品交易市场、商品展销会、租赁柜台经营活动规范管理),重要商品市场规范管理(粮食、棉花、农资、汽车、石油等),特殊交易方式规范管理(经纪行为、拍卖市场、网络交易等),重要环节的规范管理如动产抵押物登记管理。

(二)市场竞争秩序

市场竞争是经营者为争取交易机会、提高商品市场占有率或覆盖率、提升商品声誉和经营者信誉而展开的营销竞争活动与行为。如同商品交易要有规矩和规则一样,市场竞争也要甚至更要有规矩和规则,由此形成一定的市场竞争秩序。市场竞争是应商品交换而产生、试图促进商品交换的行为。相对于商品交换,市场竞争是依附性行为。但是,市场竞争行为一经产生并迅速发展,便在市场经济形势下后来居上,成为更具影响力的市场行为。竞争秩序异常重要,有序的竞争可以促进商品交换,促进经营者改善生产经营条件,提高商品质量,降低商品成本与价格,维护良好的经营机制。相反,混乱无序的竞争不仅扰乱市场秩序,而且破坏生产经营机制。

市场竞争秩序的核心是充分竞争和合理竞争。没有竞争就不是市场经济,没有充分竞争就不是发达的市场经济。所以,应当保障市场有充分的竞争机制。同时,充分的竞争首先是正当、合理的竞争。如果竞争者不择手段,没有规则,没有限度,这种竞争可能越充分越不利于经济健康发展。因此,为了实现和保障充分竞争,需要反垄断、反限制竞争;为了实现和保障有序的充分竞争,需要反不正当竞争。经营者遵循自愿、平等、公平、诚实信用的原则,遵守公认的商业道德。不正当竞争、限制竞争和垄断是市场经济中三种主要的破坏竞争行为,从而成为维护市场竞争秩序需要规制的三个主要对象和领域。

第二节 历史沿革

一、市场规范管理历史沿革

市场监督管理是国家运用行政手段对商品流通活动进行的监督和管理。工商行政管理部门主管的市场规范管理是其中的重要组成部分,属于综合性的管理。由于各个时期政治经济工作重心的不同,市场规范管理的工作任务也随之发生变化。特别是党的十一届三中全会以来,工商行政管理部门的市场规范管理工作在维护市场秩序,促进经济发展等方面显示出越来越重要的作用。

(一)改革开放初期的市场规范管理

1978年至1984年是我国改革开放初期,这期间工商行政管理部门市场规范管理重点抓了培育发展个体工商户和建设集贸市场工作,积极促进搞活流通。同时,工商行政管理部门积极探索生产资料市场管理,努力培育市场发展。

1. 积极创办集贸市场,促进搞活流通

集市贸易作为我国一种传统的交易形式,已存在了几千年。新中国成立后,由于"左"的路线的影响,许多集市被强行关闭。党的十一届三中、四中全会重新肯定了集市贸易是社会主义经济的必要补充,是社会主义统一市场的组成部分,为集贸市场的发展确定了理论和政策基础。1978年至1984年是我国集贸市场的恢复时期,这一时期主要是恢复和发展农村集市贸易,开放城市集贸市场,放宽上市商品范围,准许农民和商贩从事贩运活动。

(1)恢复农村集市贸易,开放城市集贸市场。1978年11月,刚刚恢复成立两个月的工商行政管理总局在四川省大足县召开了全国集市贸易座谈会,提出了"管而不死、活而不乱"的恢复集市贸易的管理方针。1980年8月,又在沈阳市召开了部分省、区、市书记、副省长、市长、财办主任及工商局长共300多人参加的"参观沈阳市农副产品市场座谈会",对推动我国城乡集贸市场的恢复和发展产生重要作用。

(2)调整放宽上市商品及参加集市人员活动的范围。1979年3月全国工商行政管理局长会议提出了"社员自有的农副产品,除国务院或省、市、自治区规定不准上市的以外,都允许上市"等十条调整意见,在当时引起了很大的震动。

(3)不断放宽私人贩运的政策。1983年2月,国务院发布了《城乡集市贸易管理办法》,把开放城乡集市贸易这一长期的经济政策用法规形式确定下来,对上市商品和参加集市活动的范围以及贩运政策都进一步放宽。

2. 在城市中开放工业小商品市场

工业消费品市场的发展,是集市贸易发展的一个重要方面。工业消费品市场的发展最初是从工业小商品市场开始的。1980年8月,工商行政管理总局在沈阳市召开了农副产品市场座谈会,会上对沈阳开放工业小商品市场作了研究。1982年10月,国家工商行政管理局在武汉市召开了全国小商品市场现场会议,制定了搞活小商品市场的政策措施,对上市商品范围、入场设摊的成员、批发和贩运等作了规定。从此,小商品市场正式放开,并成为联系生产和消费、城市和农村的一条合法的补充渠道。

(二)经济体制改革全面展开时期的市场规范管理

1984年至1992年是我国经济体制改革全面展开时期。这一时期工商行政管理部门的市场管理任务是培育市场与监督管理并重。

1. 按照《城乡集市贸易管理办法》的要求,加强城乡集市贸易管理

1983年2月,国务院发布的《城乡集市贸易管理办法》规定:"城乡集市贸易行政管理的主管部门是工商行政管理机关。"各级工商行政管理机关加强了对集市贸易的培育和管理,促进了城乡集市贸易的健康发展。

(1)培育市场主体,发展贩运队伍。各级工商行政管理机关充分发挥自己的职能作用,积极支持各种经济成分的企业和个体工商户,依照工商行政管理部门核定的经营范围,参加市场交易活动。反对地区封锁,画地为牢。稳定贩运政策,扶持贩运活动。凡是放开的商品,都允许多渠道进行长途贩运、经营。到20世纪90年代初,全国的贩运队伍发展到数百万人,成为集贸市场发展的生力军。

(2)保护合法交易,取缔非法经营。一是加强对经营主体的经营资格和上市商品的管理。集贸市场内的经营者必须持有营业执照(自产自销除外),取缔无照经营。上市的商品必须符合国家规定。二是加强对交易秩序的管理。主要内容有:划行归市,亮照经营,明码标价,公平交易,文明服务等。坚决取缔掺杂使假、缺斤少两等损害消费者利益的行为。三是按照价值规律的要求管理市场价格。对集市贸易的商品价格由买卖双方协商议价,一般不采取限价的办法。各地工商行政管理机关还通过扶持贩运活动、减免管理费和摊位费等优惠政策,鼓励农民进城、实现产销见面等措施平抑物价。

2. 搞好市场建设和服务,创造良好的经营环境

各地工商行政管理机关坚持"政府领导,统一规划,合理布局,多方兴建,工商行政管理机关统一管理"的原则,把抓好市场建设作为市场规范管理的一项重要任务。经过大力建设,各地集贸市场面貌发生了很大的变化。一半以上的集市结束了沿街摆摊、以马路为集、秩序较乱以及群众赶集日晒雨淋的状况,也改变了一些地方市场布局不合理的状况,交易条件和服务设施有了很大改善。在搞好市场建设的同时,各地工商行政管理机关还加强了服务,创造良好的市场经营环境。

3. 开展文明集贸市场评比,推进"两个文明"建设

从1984年开始,全国各地陆续开展了创建文明集贸市场活动。各地工商行政管理机关在省、自治区、直辖市范围内制定了文明集贸市场的统一评比标准和评比办法,定期评比和表彰先进。1987年国家工商行政管理局作出了在全国范围内开展创建"文明集贸市场"活动的决定,规定了全国文明集贸市场统一标准。1990年又制定下发了《集贸市场管理基本规范》,对集贸市场的经营活动、管理工作和服务设施提出了规范要求。1994年对上述

规范进行了修订,成为创建"文明集贸市场"新的标准要求。从 1987 年至 1995 年,国家工商行政管理局先后进行了四次(两年一次)全国文明集贸市场的评比、表彰。

4. 整治生产资料市场秩序,培育市场发展

1988 年,经国务院同意的国家工商行政管理局"三定"方案中,明确规定监督管理生产资料市场是工商行政管理部门的主要职责之一。工商行政管理部门对生产资料市场的监督管理,主要是对进入生产资料市场交易双方的主体资格、交易行为的合法性、生产资料的来源去向依法进行审查;对合同进行管理,调节和仲裁合同纠纷;查处场内外的违法违章行为。1990 年 5 月,国家工商行政管理局召开了唐山会议,总结了工商行政管理部门监督管理生产资料市场的四种模式和生产资料市场管理机构设置的两种形式。1992 年,在河南省郑州市召开了生产资料市场监管座谈会,推广了郑州市工商行政管理局直属分局对进入生产资料生产要素"双生"市场的企业实施从资格准入、企业注册到监督检查的"一体化"管理模式。

(三)建立社会主义市场经济体制时期的市场规范管理(上)

1992 年至 1994 年是我国开始建立社会主义市场经济体制时期。党的十四大和邓小平同志南方谈话以后,全国掀起了市场建设的高潮。

1. 促进农副产品批发市场发展

1983 年,国务院在批准国家体改委、商业部《关于改革农村商品流通体制若干问题的试行规定》中指出:"大中城市要建立农副产品批发交易市场。"1990 年 7 月和 1994 年 3 月,国家工商行政管理局先后两次在山东寿光召开部分省市农副产品批发市场管理座谈会和市场监督管理工作会议,对农副产品批发市场的发展起到了进一步的推动作用。

2. 加强商品交易市场登记管理

1993 年 7 月,国家工商行政管理局正式颁布了《商品交易市场登记管理暂行办法》,对开办市场应具备的条件、市场开办单位应承担的责任、市场登记机关的职责及登记内容、登记程序等作出了规定。1996 年 7 月,国家工商行政管理局对该《办法》进行了修订,增加了对违反市场登记管理行为的处罚条款,并制定了配套的《商品交易市场年度检验办法》。市场登记制度的

建立,对加强各类商品交易市场建设的宏观调控和统一管理,维护正常的流通秩序发挥了重要作用。

3. 工业品市场的快速发展与管理

1992年11月,国家工商行政管理局在武汉召开了全国市场工作会议。会议提出下大力气培育建设一批功能全、档次高、辐射面大的农副产品、工业品和生产资料市场。会议以后,全国的各类市场又有进一步的发展,出现了一批大型批发市场,市场主体日趋多元化,工业品市场已初步形成跨地区、跨行业、全方位开放的市场格局。

4. 拓展监管领域,逐步实现由侧重监管集贸市场向监管社会主义大市场的转变

1992年,国家工商行政管理局在湖北省武汉市召开的全国市场管理工作会议提出:要按照"政府领导、统一规则、合理布局、多方兴建、工商行政管理机关统一管理"的原则来培育和建设各类市场,按照"拓宽监督管理的广度、增加监督管理的深度、强化监督管理的力度"的思路,来实施对社会主义统一大市场的监督管理。会议号召全国工商行政管理系统要从传统的监督管理方式方法中解脱出来,按照建立社会主义市场经济体制的要求,进一步改革市场管理方式方法。在促进城乡集贸市场发展的同时,各地工商行政管理机关积极促进生产资料市场和生产要素市场的发展;在抓好城乡集贸市场监管执法的同时,积极开展各类市场监管执法,为促进经济社会发展作出了贡献。

(四)建立社会主义市场经济体制时期的市场规范管理(下)

1995年至2002年,随着我国建立社会主义市场经济体制改革目标的提出,迫切需要建立一支与社会主义市场经济相适应的公正执法的工商干部队伍。工商行政管理部门及时调整了市场办管不分的监管方式,完成了市场办管脱钩的任务,为工商行政管理部门公平公正执法,加强市场规范管理打下了良好的基础。同时,各级工商行政管理机关加强粮食等市场监管,整治中药材等市场,维护公平竞争的市场秩序,取得了显著成效。

1. 开展市场办管脱钩工作

1992年国家工商行政管理局即提出"市场监督管理与服务管理"要分

开。从 1993 年开始,国家工商行政管理局在山东青岛、河南郑州等地(市)开展市场办管脱钩试点。根据 1995 年国务院领导的重要批示和国务院办公厅转发的《国家工商行政管理局关于工商行政管理机关与所办市场尽快脱钩的意见》要求,在国家工商行政管理局的指导下,各级工商行政管理机关积极开展市场办管脱钩工作。截至 1997 年底,全国纳入脱钩范围的市场绝大部分已经脱钩,并实行了机构、职责、财务、人员"四分离"。2001 年 8 月,根据国务院领导要求,国家工商行政管理总局下发紧急通知,进一步细化了市场彻底脱钩的相关工作要求。经过全国工商行政管理系统的努力,截至 2001 年底,各地工商行政管理机关所属单位开办的市场及其他经营机构的产权,全部移交地方政府,全国工商行政管理系统市场办管脱钩工作全面完成。

2. 推进市场巡查制、市场预警制

在市场办管脱钩完成后,市场的隶属关系和存在形式发生了根本性的变化。1995 年 8 月,国家工商行政管理局首次将深圳市工商行政管理局专业市场管理分局市场巡查制的经验做法推向全国。1996 年以后,各地积极推行了市场巡查制。国家工商行政管理局又总结推广了江苏和广西等地工商行政管理部门推行市场预警制的试点经验。市场监管方式由过去单一的驻场制向巡查制或者驻场制与巡查制相结合的方式转变,是市场监管方式方法的重大改革,逐渐成为及时解决一般性问题的重要手段和发现大案要案的主要来源。

3. 开展中药材市场整治

改革开放以来,一些地方盲目滥建中药材市场,以及经营假冒伪劣中药材的问题,引起了国务院领导的关注。1994 年和 1996 年国务院两次下发通知,要求整顿和规范中药材专业市场。工商行政管理部门积极配合有关部门开展中药材专业市场的整治工作。根据制定的中药材市场审批标准,国家工商行政管理局配合国家中医药管理局、国家医药管理局、卫生部从严审核,前后分三批共确认了河北省安国中药材专业市场等 17 个中药材专业市场,在全国范围内关闭、取缔或转营了 90 多家未经批准的药材市场和药品集贸市场。经过整顿,中药材市场过多过滥的局面得到扭转,规范了药品流通秩序。

4. 深入推进粮食、棉花、成品油、蚕茧等重要商品流通体制改革,服务国家宏观调控政策

(1)加强粮食市场监管,维护粮食流通秩序。1994年国务院作出了深化粮食购销体制改革的决定。根据国家的政策,各地工商行政管理机关开展了对粮食批发企业的清理整顿,加强了对粮食市场的监督管理。1998年5月,国务院下发了《国务院关于进一步深化粮食流通体制改革的决定》。1998年6月,国务院发布了《粮食收购条例》,规定未经批准,擅自从事粮食收购活动的,由工商行政管理部门处罚。国家工商行政管理局多次专门召开全系统粮食市场管理工作会议进行部署。各地紧紧抓住私商粮贩、非国有粮食收储企业收购粮食以及个体私营粮食加工厂直接变相收购粮食等重点环节,加大打击力度,粮食收购秩序明显好转。

1999年5月到2000年9月,国务院多次发文调整保护价收购粮食范围。工商行政管理部门认真开展以"一打击、两规范"为主要内容的专项执法活动,深化监管措施,规范粮食收购市场秩序,落实粮食收购资格准入制度,切实解决农民卖粮难问题,保障粮食正常、有序流通。

(2)开展棉花市场监管,规范棉花购销活动。1998年12月,国务院发布《关于深化棉花流通体制改革的决定》,决定推进市场化改革的步伐。2001年9月,国务院办公厅印发的《棉花收购加工与市场管理暂行办法》明确规定:国家对棉花收购加工实行资格认定制度。2002年8月,经国务院批准,国家计委、国家工商行政管理总局等部门联合在北京召开全国棉花工作电视电话会议,提出要进一步放开棉花收购市场,同时严厉打击各种扰乱市场秩序的行为。各级工商行政管理机关切实抓好对棉花收购与加工企业的专项清理整顿,维护棉花收购加工秩序,严把棉花市场主体准入关,坚决禁止未经批准的企业从事棉花收购加工活动。

(3)加强成品油市场监管。1990年以后,一些单位和个人钻成品油价格"双轨制"的空子,纷纷插手非法经营成品油。国家工商行政管理局多次会同有关部门一起清理整顿成品油流通秩序。2001年以来,根据国务院要求,再次开展对批发企业、加油站的专项整治,打击成品油违法经营。经过清理整顿,全国从原有加油站10万家减少到7.5万家。国家工商行政管理总局

于 2006 年、2008 年又两次开展成品油市场专项整治。同时,明确提出要认真组织开展成品油质量监测,推动成品油市场秩序进一步好转。

(4)加强蚕茧市场监管。国家长期对蚕茧实行统一经营的政策。2001年 6 月,国务院深化蚕茧流通体制改革,明确建立在政府调控下主要由市场形成价格的机制,加强市场调控。2002 年 2 月,国家经贸委、国家计委、国家工商行政管理总局和国家质检总局联合下发《茧丝流通管理办法》,规定:改革鲜茧收购管理体制,适当放宽鲜茧收购渠道,鲜茧收购实行资格认定制度。《办法》还明确规定了取消对干茧经营的限制,对鲜茧收购资格的认定程序也进行了规范。工商行政管理部门加强对蚕茧市场的管理,配合有关部门依法确认鲜茧收购资格,严禁无照经营和违规经营,严厉打击掺杂使假、合同欺诈行为和扰乱市场、损害农民利益的各种违法经营行为,取得了明显的成效。

(5)开展旅游市场监管。旅游业日益成为国民经济的重要支柱产业。1999 年前工商行政管理部门对旅游市场是一般性监管;2000 年实行"黄金周"制度后将其纳入了重点监管范畴。2002 年,国家工商行政管理总局与国家旅游局等部门联合开展了旅游市场打假打非专项整治。随着《旅行社条例》、《国务院关于加快发展旅游业的意见》的出台,工商行政管理部门在旅游市场监管方面承担着更加重要的职责。各级工商行政管理机关结合本地实际,针对本地区旅游市场秩序存在的突出问题,严厉打击销售假冒伪劣旅游商品、商标侵权、商业贿赂、虚假广告、零负团费、利用旅游格式合同欺诈消费者、诱骗游客购物消费的行为,坚决取缔无照经营和超范围经营旅游业务等违法行为。

(6)加强汽车市场监管。工商行政管理部门一直是监管汽车市场的主要职能部门之一。1985 年 9 月,国务院办公厅转发了国家工商行政管理局《关于汽车交易市场管理暂行规定》。1987 年,《投机倒把行政处罚暂行条例》颁布实施以后,工商行政管理部门依法查处非法倒卖汽车行为,维护了市场经济秩序。1989 年开始对小轿车实行定点销售审批。1994 年,根据国务院发布的《汽车产业政策》,国家工商行政管理局和国家计委根据国家定点轿车生产企业推荐申报的销售网点企业名单,审核其经营资质条件。

（五）完善社会主义市场经济体制时期的市场规范管理

2003 年以来为我国完善社会主义市场经济体制时期。各级工商行政管理机关认真履行职能，大力规范市场交易秩序，积极探索市场监管长效机制，促进市场繁荣、规范、有序发展。在深入开展红盾护农、经纪活农、合同帮农等工作中取得显著成绩，为推进新农村建设尽职尽责，得到了各级政府肯定，受到了广大农民朋友拥护。

1. 充分发挥职能作用，服务社会主义新农村建设成绩显著

2006 年，国家工商行政管理总局在四川成都召开了全国工商行政管理系统服务"三农"工作会议。2009 年，国家工商行政管理总局又在江苏苏州召开了全国工商行政管理系统落实十七届三中全会精神服务农村改革发展经验交流会。根据总局要求，各地重点做了以下工作：一是完善"红盾护农"机制，严厉打击制售假冒伪劣农资坑农害农行为，努力营造良好农资市场环境。自 2004 年以来，连续开展"红盾护农行动"。二是创新"经纪活农"机制，把培育和发展农村经纪人作为工作重点，推动农业生产与市场需求衔接。三是推进"合同帮农"机制，稳步发展"合同农业"，加强涉农合同监管。四是完善"商标富农"机制，积极引导农业生产经营者运用农产品商标和地理标志增产增收，实施农产品品牌战略。五是完善"权益保农"机制，加快农村基层维权网络建设，加强法制宣传，确保农民消费安全。六是完善"政策爱农"机制，认真落实各项惠农政策，积极培育农村市场主体，引导农民从事特色农业，大力支持各类农民专业合作经济组织发展。七是完善"市场兴农"机制，推进"场厂挂钩"，培育安全、放心的农村消费市场，切实维护农村市场秩序，大力开展创建诚信市场、农村文明集市等活动。

2. 认真履行职能，整顿规范市场秩序取得新成效

（1）"农村食品市场整顿年"工作成效显著。2007 年，国家工商行政管理总局指导各地工商行政管理机关深入开展了"农村食品市场整顿年"工作。一是严把市场主体准入关，查处取缔无照经营。二是围绕农村群众生活消费密切相关和消费投诉较多的重点品种，开展专项整治。三是加强食品质量监测，坚决防范不合格食品流入农村市场。四是重点查处制售假冒伪劣食品、使用非食品添加剂等违法行为。五是开展"农村产品质量和食品

示范店"工作,引导企业诚信经商。

为进一步维护良好的农村市场秩序,国家工商行政管理总局 2010 年再次部署全国工商行政管理系统深入开展了农村市场专项整治工作,并加大督查指导工作力度。通过专项整治,使农村市场中销售假冒伪劣商品的违法行为得到有效遏制,农村市场秩序得到进一步好转,农村商品安全消费环境得到进一步改善,农村市场监管制度得到进一步完善,农村消费者权益保护得到进一步加强。

(2)猪肉、禽蛋等副食品市场监管措施有力。2007 年 4 月以来,借猪肉、禽蛋及其制品等副食品价格上涨之机,有的地区出现了"高温猪肉"、"注水肉"和病死猪肉流入市场的事件,严重危害人民群众的身体健康。为落实国务院领导的批示精神,国家工商行政管理总局连续下发文件,开展了猪肉、禽蛋质量安全专项整治工作。2011 年,国家工商行政管理总局与农业部、商务部等部门一起联合开展了"瘦肉精"专项整治和打击私屠滥宰工作,强化肉品卫生安全专项治理行动。

(3)加强对商品展销会的监督管理。工商行政管理部门积极履行对商品展销会的监督管理职责:办理商品展销会登记;审查商品展销会主办者、参展者的经营资格;规范商品展销会主办者、参展者的经营行为;对商品展销会主办者、参展者的违法违章行为进行查处。2010 年 7 月,根据《国务院关于第五批取消和下放管理层级行政审批项目的决定》,国家工商行政管理总局取消了商品展销会登记审批项目。

3. 创新监管方式,提高执法效能

(1)积极推进商品交易市场信用分类监管。2007 年,国家工商行政管理总局下发了《关于建立商品交易市场信用分类监管制度的指导意见》,指导各地工商行政管理机关建立市场信用分类监管制度。2008 年 2 月,国家工商行政管理总局在浙江义乌召开了全国工商行政管理系统推进市场信用分类监管经验交流现场会。2008 年 5 月以来,国家工商行政管理总局先后下发了《关于认真做好市场信用分类监管信息化建设的指导意见》,制定了《商品交易市场信用分类指标》和《商品交易市场信用分类监管数据规范》,开发了全国工商行政管理系统市场信用分类监管软件。2008 年 10 月,国家工商行政管理总局在广东佛山召开了全国工商行政管理系统推进市场信用分类监管信息化建设会议,推广分类监管软件。2009 年 9 月,国家工商行政管理总局在山东召开部分省市工商行政管理局市场规范管理信息化工作现场经验交流座谈会,2011 年 11 月,再次在浙江义乌召开全国工商行政管理系统推进商品交易市场信用分类监管工作座谈会,对加快推进市场信用分类监管工作提出明确要求。

(2)开展"农村产品质量和食品示范店"工作。为提高流通领域农村商品经营者产品质量和食品安全意识,确保农民群众安全放心消费,2007 年,国家工商行政管理总局下发了《关于开展"农村产品质量和食品示范店"创建活动、强化流通流域产品质量和食品安全监管工作的通知》,明确了建立示范店的标准,细化了工作程序及创建要求和实施步骤,推动了农村食品市场长效监管机制的探索,为以后普遍推行农村食品安全示范店积累了经验。

(3)广泛开展创建诚信市场活动。为进一步提高市场主体的诚信意识和自律能力,积极营造健康有序的市场发展环境,2010 年,国家工商行政管理总局开展了创建诚信市场活动。2011 年 4 月,国家工商行政管理总局对全国各省(区、市)工商行政管理局推荐的 30 家市场开办单位进行了表彰,授予"创建诚信市场先进单位"。为巩固和扩大创建成果,深化市场信用分类监管,在全系统进一步开展创建诚信市场活动,国家工商行政管理总局提出《创建诚信市场示范标准》,强化工作指导。

(4)积极开展农村文明集市创建活动。为深入贯彻落实全国农村精神文明建设工作经验交流会精神,国家工商行政管理总局会同中央精神文明办等四部门开展文明集市创建活动,并针对农村集市的特点和现状,制定了《创建文明集市示范标准》,推动集市升级转型。创建活动成为服务农村改革发展、强化农村精神文明建设的有力举措,深受地方党委政府的好评,极大地调动了市场业主和经营户的积极性和主动性,成为一项党委政府、市场开办单位、经营者、广大农民群众普遍受益的民心工程。

(六)完善社会主义市场经济体制时期的重大市场专项整治行动

1. 深入开展毒鼠强专项整治工作

从 2002 年开始,按照党中央、国务院领导和国务院办公厅要求,国家工商行政管理总局就毒鼠强整治工作连续发文部署每个阶段的重点工作。2003年8月,在江苏苏州专门召开了"全国工商系统毒鼠强专项整治工作会议"。各级工商行政管理机关经过近一年时间持续不断的市场整治,覆盖全国的毒鼠强销售网基本摧毁,市场上公开销售毒鼠强的违法行为基本绝迹,流动商贩走街串巷销售毒鼠强的违法现象基本消失。

2. 深入开展陈化粮市场整顿专项行动

为防止国家实行定向销售的陈化粮流入口粮市场,各级工商行政管理机关按照《陈化粮处理若干规定》等要求,健全完善陈化粮相对封闭的运行机制,形成对陈化粮的动态和长效监管机制。各地工商行政管理机关陆续查办了一批案件,狠狠打击了倒卖陈化粮的势头。2006年11月,国家有关部门正式发布新的国家标准,取消了陈化概念。截至2007年底,全国已鉴定的陈化粮定向销售处理完毕,陈化粮市场监管工作基本结束。

3. 深入开展禽流感、猪链球菌等重大动物疫病市场防控

(1)市场防控禽流感疫情。2004年以来,我国高致病性动物疫情防控形势严峻。2005年底,国家工商行政管理总局印发了《工商系统市场监管应急预案》《市场防控高致病性禽流感应急预案》。各地工商行政管理机关有效发挥市场应急管理能力,周密部署市场防控各项措施,强化禽类市场监督检查力度,严厉查处违法交易疫区禽类产品、无检疫证明禽类产品和质量不合格禽类产品行为,严厉打击非法制售假劣禽流感疫苗行为,并妥善处理依法防控与搞活流通的关系,取得了明显成效。

(2)市场防控猪链球菌病疫情。2005年,我国个别省份出现猪链球菌疫情,对畜牧业发展带来了一定的影响。2005年8月4日,国家工商行政管理总局下发了《关于认真做好市场防控猪链球菌病疫情工作的紧急通知》,要求各地加大市场监管力度,严把市场准入关,并提出了五项具体工作要求和措施。各地工商行政管理机关行动坚决,措施得力,有效切断了猪链球菌病通过市场传播的途径。截至2005年底,猪链球菌、口蹄疫等重大动物疫情得到有效控制,疫情防控工作由应急状态转为常态监管。

4. 开展"限塑"专项整治

为切实贯彻落实国务院关于禁止生产、销售、使用超薄塑料购物袋的部

署和要求,国家工商行政管理总局多次组织开展"限塑"整治,并与商务部、国家发展和改革委员会联合制定了《商品零售场所塑料购物袋有偿使用管理办法》。各级工商行政管理机关广泛开展"限塑"整治,总体上取得了明显成效。但集贸(农贸)市场仍是"限塑"整治的薄弱环节。国家工商行政管理总局多次要求各地坚持集中专项整治和日常巡查检查、部门执法和联合执法、依法惩治和教育引导三个结合,保持集贸(农贸)市场"限塑"整治工作不断、力度不减,与有关部门共同强化市场开办者的责任,强化"限塑"工作源头治理和全过程综合管理。

二、合同监督管理历史沿革

2008 年的国务院"三定"方案明确规定:国家工商行政管理总局负责依法实施合同行政监督管理。合同又称"契约",是指平等民事主体之间为实现一定目的而订立的明确相互权利义务关系的协议。现代社会市场经济就是契约经济,合同是市场经济的基石。没有规范有序的合同行为,市场经济就难以有效运行。工商行政管理部门依法对合同进行监督管理,是政府促进经济发展、维护社会秩序的一种重要手段。但在不同的历史时期,根据社会制度和生产力发展水平的实际情况,合同监督管理具有不同的目标、任务、职责、方法和手段。

(一)从十一届三中全会到《经济合同法》颁布前的合同监管

党的十一届三中全会的胜利召开,使党和国家的工作重新步入正轨,各级工商行政管理机关也逐渐得到了恢复。体制改革、对外开放、对内搞活以及发展有计划的商品经济,这些方针政策给合同监管工作带来了生机和活力。

1978 年 4 月,《中共中央关于加快工业发展若干问题的决定(草案)》规定,企业"协作双方必须签订经济合同,稳定协作关系,要逐步向签订长期合同的方向发展"。同年 8 月,国务院在关于成立工商行政管理总局的通知中规定,工商行政管理部门的主要工作之一,是管理全民所有制企业和集体所有制企业的购销合同、加工订货合同,调解仲裁合同纠纷。

国务院的这一决定,第一次明确恢复了工商行政管理部门管理经济合同的职能。为了迅速地开展工作,从中央到地方各级工商行政管理机关,逐步设立了专门的合同监管机构。当时刚恢复建制的中华人民共和国工商行政管理局下设合同局(1982 年改为合同司),省级工商行政管理局设合同处,地(市)级工商行政管理局设合同科,县级工商行政管理局设合同股。到 1981 年底,全国有 26 个省、214 个地(市)和 1076 个县设立了专门的合同监管机构,共有专职合同监管人员 4160 人、兼职人员 1620 人,在全国形成了一个较完整的合同监管系统。但考虑到企业的购销合同和加工订货合同种类多、数量大、涉及面广、业务性强,由一个部门统一管起来确有很大困难,特别是工商行政管理部门机构正在恢复,一时没有能力承担这一任务,所以工商行政管理总局从实际情况出发,经与有关部门协商,提出分工管理经济合同的建议,并于 1979 年 4 月得到国务院的正式认可。至此,工商行政管理部门、经委和业务主管部门分工管理经济合同的格局基本形成。

根据改革、开放、搞活的方针,农村经济体制改革逐步推行,城市体制改革开始试点,社会主义商品经济方兴未艾,市场机制作用扩大。工商行政管理部门的经济合同监管工作管辖范围涉及工业、农业、商业各个部门,从生产到流通、从城市到农村,遍及全国,任务很重。在当时的条件下,工商行政管理部门对一些省、部分县、几个行业的企业和农村生产队进行了调查研究,有计划地对购销合同进行试点管理,同时广泛深入地宣传实行经济合同制度的重要意义。1979 年 3 月,国务院批准的关于全国工商行政管理局长会议的报告指出:"合同管理是一项新的工作,需要经过认真的调查研究,会同有关部门着手制定统一的管理办法"。根据国务院指示精神,各级工商行政管理机关本着先易后难的原则,选择一些产销情况比较正常的行业或企业进行试点,再逐步推广,通过"以推广为主,先推广后管理,推广和管理相结合"的办法,打开了推行经济合同制的局面。

为适应试点的需要,进一步加强经济合同监管工作,工商行政管理总局会同国家经委、人民银行,共同起草了《关于管理经济合同若干问题的联合通知》,于 1979 年 8 月发布实施。《联合通知》包括对供货、产销、加工、运输等经济合同的管理分工,各类经济合同的主要内容,违约方的法律责任以及合同备案、合同鉴证等相关内容。1980 年 5 月,工商行政管理总局发布了《关于工商、农商企业经济合同基本条款的试行规定》和《关于工商行政管理部门合同仲裁程序的试行办法》。《试行规定》和《试行办法》是《联合通知》的发展和具体化,成为工商行政管理部门在合同监管试点工作期间的主要法律依据。在部门立法的同时,有些地区结合本地具体情况制定了地方性合同法规。可以说,《联合通知》是一系列经济合同立法工作的开始,具有承前启后的重要历史意义。

工商行政管理部门当时对经济合同纠纷实行二级仲裁制,这有利于及时纠正仲裁工作中出现的偏差,既保护了当事人的合法权益,又加强了上级仲裁机关对下级仲裁机关的业务指导和监督。1980 年 8 月 8 日,最高人民法院经济审判庭在《关于人民法院经济审判收案办法的初步意见》中规定:"应当经过仲裁的案件,一般应经终局仲裁,如对终局仲裁不服,可予收案,由于仲裁机关工作尚未开展而直接向法院起诉的经济纠纷案件,也可酌情受理。"这一规定使行政部门与司法部门衔接起来,明确了一般情况下工商行政管理部门的仲裁是合同纠纷当事人向人民法院起诉的必经程序。

(二)《经济合同法》颁布后的合同监管

1.《经济合同法》的制定和颁布

1979 年 6 月,在五届全国人大二次会议上,许多代表提出了加快经济立法的建议。彭真副委员长在会议讲话中指出:"今后随着经济调整和体制改革工作的进展,需要进一步加强经济立法工作,特别是工厂法、合同法等,必须抓紧拟订。"1980 年 10 月,在全国人大常委会的主持下,由工商行政管理总局、国家经委牵头,包括国家计委、国家建委、国家农委、国家进出口委、国务院财贸小组、国防工业办公室、物资管理总局、商业部、外贸部、铁道部、人民银行、最高法院等 14 个单位,组成了经济合同法起草小组。起草小组根据我国的经济制度和经济政策,特别是十一届三中全会以来的新情况,总结历史、借鉴国外,先后易稿 20 多次,形成了《经济合同法》草稿,提交全国人大常委会审议。1981 年 12 月 13 日,五届全国人大四次会议审议通过了《经济合同法》,从 1982 年 7 月 1 日开始实施。

《经济合同法》是改革开放以后我国第一部专门调整经济领域内各种交易活动关系的重要法律,是正确处理我国经济合同关系的主要准则。它的颁布实施,标志着我国以经济建设为中心的改革开放开始步入法制轨道,对于保护合同当事人的合法权益,维护社会经济秩序,提高经济效益,促进社会主义现代化建设,具有重要意义。

1982年5月,根据《经济合同法》,国务院批转了国家经委、国家工商行政管理局、国务院经济法规研究中心《关于对执行经济合同法若干问题的意见的请示》,明确了从中央到地方各级工商行政管理机关统一管理经济合同。其主要任务,一是指导和督促检查有关部门和当事人管理好本单位本系统的经济合同;二是确认无效经济合同,查处利用经济合同进行违法活动的案件;三是调解、仲裁经济合同纠纷。同时规定,仲裁不再是诉讼的必经程序,原先的两级仲裁变为一级仲裁。

工商行政管理部门的统一管理,不等于也不可能把所有的合同监管工作统统包下来。所谓统管,主要是指从政策上、制度上加强集中统一性,避免多头管理时出现不协调甚至相互矛盾、适用法律不一致的情况,以理顺各种经济合同关系。根据《经济合同法》和国务院有关文件精神,传统的经济合同分工管理的格局,转为各级工商行政管理机关统一管理、业务主管部门和金融部门协同管理、企业自我管理的全方位、多层次的"三位一体"管理格局。

2.《经济合同法》颁布后的工商行政管理合同监管工作

《经济合同法》实施后,工商行政管理部门的经济合同监管任务加重。为适应工作需要,全系统从上到下健全合同监管机构,建立各级经济合同仲裁委员会,充实合同监管人员。各级工商行政管理机关与有关部门密切配合,大力宣传《经济合同法》,积极参与经济合同监管有关法规的制定,仲裁合同纠纷,开展经济合同鉴证,依法查处经济合同违法行为,还推行了合同示范文本制度、开展了"重合同守信用"活动。

(1)推行经济合同示范文本制度。自1986年以来,国家工商行政管理局根据《经济合同法》的规定,先后设计出几种合同文本,在征求有关业务主管部门和地方工商行政管理局意见的基础上,形成了经济合同示范文本及其管理办法草案。1990年3月,国务院办公厅批转了国家工商行政管理局《关于在全国逐步推行经济合同示范文本制度的请示》(国办发〔1990〕13号),指出:"推行经济合同示范文本制度,是贯彻《经济合同法》、提高经济合同履约率、整顿流通秩序的一项重要措施。"

1990 年 8 月 20 日,国家工商行政管理局发布《经济合同示范文本管理办法》,作出如下规定:一是购销、建设工程承包、加工承揽、财产租赁、仓储保管等合同的示范文本,由国家工商行政管理局发布,或由国家工商行政管理局会同国务院有关业务主管部门联合发布;二是借款、财产保险合同的示范文本由人民银行制订,电、水、热、气供用合同示范文本由能源部、建设部制订,国家工商行政管理局对上述经济合同示范文本审定、编号后,会同各制订部门联合发布;三是联营、企业承包经营、企业租赁经营等合同的示范文本,由国家工商行政管理局会同国务院有关业务主管部门根据实际需要制订发布。推行经济合同示范文本制度,一方面有利于规范经济合同签约行为,避免缺款少项和当事人意思表示不真实、不确切,防止出现显失公平和违法条款;另一方面便于合同监管机关加强监督,保障国家和社会公共利益,保护当事人合法权益,维护正常的经济秩序。

(2)开展"重合同守信用"活动。"重合同守信用"的概念来自于周恩来总理生前指示。国务院 1982 年 73 号文件强调了"重合同守信用"的问题。邓小平同志也曾指出,一切企业要做到信誉高于一切。"重合同守信用"活动,是在企业依法签订和履行合同、加强自我约束的基础上,由当地政府或工商行政管理部门按照统一的标准和程序对企业履行合同的信用程度予以考核、评估、确认和授予荣誉称号。为适应改革开放的需要、深入贯彻执行《经济合同法》,一部分省、市、县先后开展了"重合同守信用"活动,开拓了经济合同监管的新路子。国家工商行政管理局于 1986 年 8 月在辽宁省抚顺市召开了经验交流会,总结推广了统一部署、统一标准、统一考核验收程序、统一命名的"重合同守信用"活动经验。至 1992 年,全国各地都开展了这项活动,申报企业达 30 多万家,被命名的有 10 多万家,取得了明显效果。

"重合同守信用"活动是以企业为主体的管理经济合同的好办法,它使合同监管机关与企业之间建立了新型关系,使管理与服务密切结合,摆脱了单一行政管理方式,对避免、减少纠纷起到了好的作用,使合同监管工作向前迈进了一步。

(3)查处经济合同违法行为。《经济合同法》第七条规定四种合同为无效合同。无效经济合同是违反法律、法规、政策和计划的合同,从订立起就不具有法律效力,不受法律保护。《经济合同法》规定:"任何单位和个人不得利用经济合同进行违法活动,扰乱社会经济秩序,破坏国家经济计划、损害国家利益和社会公共利益,牟取非法收入。"

《经济合同法》实施后,国务院赋予工商行政管理部门确认无效合同和查处违法合同的职责和任务。各级工商行政管理机关在对经济合同的监督、检查、鉴证、仲裁过程中,确认了一批无效合同,查处了一批利用经济合同进行违法活动的案件。自1982年至1992年,工商行政管理部门共为当事人挽回经济损失达177亿元。鉴于经济体制改革不断深入、经济关系十分复杂、法律法规尚待完善的实际情况,为避免滥用、误用、错用无效经济合同确认权,国家工商行政管理局提出:确认经济合同无效要持慎重态度,必须在查明事实、分清责任的基础上,依照国家法律、法规、政策实事求是地处理。1985年7月,国家工商行政管理局发布了《关于确认和处理无效经济合同暂行规定》,为开展工作提供了法律依据。

(三)从修订《经济合同法》到《合同法》颁布前的合同监管

随着改革开放的不断深化,特别是党的十四大把"建立社会主义市场经济体制"确定为改革目标、八届全国人大一次会议通过了宪法修正案后,《经济合同法》已不适应形势发展的要求。根据国务院1987年立法计划,《经济合同法》修订工作小组于1987年11月11日成立。1993年6月10日,李鹏总理向全国人大常委会提出了"关于提请审议《中华人民共和国经济合同法修正案(草案)》的议案"。第八届全国人大常委会经过两次审议,于1993年9月2日作出了《关于修改〈经济合同法〉的决定》。随后,安徽、辽宁、贵州、山东、山西、宁夏、天津、广州等地制定或修订了合同监管条例。至1998年底,大部分省(区、市)已制定合同监管法规,有力地保障了合同监管工作的开展。

修订后的《经济合同法》规定:"经济合同的无效,由人民法院或仲裁机构确认",工商行政管理部门对无效经济合同的确认权终止。法律的修订引起了工商职能和机构的变化。1994年1月5日,国务院"三定"方案规定工商行政管理部门经济合同监管职责为"依法监督管理经济合同,指导合同仲裁机构的工作"。同年,国家工商行政管理局将经济检查司和经济合同司合并成立公平交易局,在市场规范管理司设立合同监管处。1998年6月17日,根据国务院印发的新"三定"方案的规定,工商行政管理部门经济合同监管的主要职责变更为:"组织实施经济合同行政监管,组织查处合同欺诈行为,组织管理动产抵押物登记,组织监管拍卖行为。"随着社会主义市场经济体制逐步确立,合同已渗透到经济生活的方方面面,通过经济合同监管工作参与市场监管,成为工商行政管理部门监管社会主义统一大市场的基本职能之一。

1. 查处合同违法行为

1993年后,我国市场交易秩序曾出现一些混乱现象,突出表现为合同履约率低、利用合同进行欺诈情况严重。为此,1995年3月,国家工商行政管理局发布《关于依法严厉查处利用经济合同进行欺诈的违法行为的通知》,要求各级工商行政管理机关要把查处利用经济合同进行欺诈的违法行为作为今后一个时期的工作重点,依照法律、法规赋予的职责和权限,积极稳妥地抓紧抓好。1995年11月17日,国家工商行政管理局根据《经济合同法》和有关法律、法规发布了第38号局令——《关于查处利用合同进行的违法行为的暂行规定》,对利用合同骗取财物、侵占损害国有资产、危害国家利益、社会公共利益和他人利益的违法行为作出明确界定,并就罚则作了相应规定。38号令的发布,促进了打击合同欺诈工作的规范化、法制化,使查处违法合同有章可循、有法可依。

1996年6月14日,国家工商行政管理局发布《打击合同欺诈专项执法行动方案》。按照国家工商行政管理局的部署,各地工商行政管理机关组织力量开展了此次专项执法行动。1996年,全国工商行政管理系统共查处经济合同违法违章案件3.3万件,涉及合同金额77.1亿元,罚没金额4178万元。除将打击合同欺诈列为重点外,工商行政管理部门还将执法范围延伸到建筑、房地产、金融等领域。1990年1月5日,国家工商行政管理局与建设部等部门联合下发《关于加强建筑安装工程承包合同管理的通知》;1991年11月21日,建设部、国家工商行政管理局发布《建筑市场管理规定》;1996年4月9日,国务院转发建设部、监察部、国家计委、国家工商行政管理局《关于开展建设工程项目执法监察的意见》;1996 年 7 月 25 日,建设部、国家工商行政管理局发布《建设工程勘察设计合同管理办法》。截至 1998 年底,全国各级工商行政管理机关共查处违法合同 28 万余件,涉及违法金额945.23 亿元,罚没金额达 1.44 亿元,在一定程度上遏制了合同欺诈行为,打击了各种利用合同进行的违法行为,提高了合同监管的权威,维护了竞争有序的市场交易秩序。

2. 合同鉴证工作

1993 年后,全国工商行政管理系统积极开展合同鉴证工作,认真审查合同的合法性和真实性,减少了合同纠纷,为当事人避免了大量经济损失。1996 年,国家工商行政管理局与国家计委等有关部门一起制定了《国家棉花交易会实施办法》,开始对棉花交易合同实施鉴证。1996 年 4 月,农业部、国家工商行政管理局联合发布《农作物种子生产经营管理暂行办法》,加强对农作物种子合同的监管,对省际之间的杂交水稻和杂交玉米种子购销合同实行鉴证。1997 年 11 月,国家工商行政管理局以第 80 号局令发布《合同鉴证办法》,使合同鉴证工作更加规范化。1993 年至 1998 年间,全国工商行政管理系统共鉴证合同 3477 万份,鉴证金额 20797 亿元,组织检查合同 2031万份,督促当事人履行合同金额 10490.7 亿元,为企业避免经济损失达502.6 亿元,较好地维护了市场交易秩序。

3. 开展企业动产抵押物登记管理

1995 年 6 月 30 日,第八届全国人大常委会第十四次会议通过了《担保法》,并于同年 10 月 1 日施行。该法规定,当事人以特定财产抵押的,应当办理抵押物登记,抵押合同自登记之日起生效;工商行政管理部门为企业动产抵押的登记部门。

为贯彻执行《担保法》,加强动产抵押登记管理,1995 年 10 月,国家工商行政管理局发布了《企业动产抵押物登记管理办法》(国家工商行政管理局第 35 号令),对办理抵押物登记的程序、审查内容以及违反登记有关规定的处罚作出了具体规定。依照《担保法》和《企业动产抵押物登记管理办法》,全国工商行政管理系统从 1995 年 10 月起逐步开展了企业动产抵押物登记工作。1998 年 12 月 3 日,国家工商行政管理局以第 86 号局令修订了《企业动产抵押物登记管理办法》。1999 年 8 月 16 日,国家工商行政管理局又下发了《关于贯彻实施〈企业动产抵押物登记管理办法〉若干问题的意见》,进一步完善和规范了动产抵押登记工作。

4. 对拍卖企业的行为进行监督

1997 年 1 月 1 日,《拍卖法》正式实施。《拍卖法》规定了工商行政管理部门对拍卖企业和拍卖活动进行监管的职责。1997 年 1 月 22 日,国家工商行政管理局下发《关于贯彻实施〈中华人民共和国拍卖法〉的通知》。各级工商行政管理机关贯彻《拍卖法》和国家工商行政管理局《通知》精神,对拍卖企业进行了认真清理。

5. 合同争议行政调解

由于工商行政管理部门负责登记注册、动产抵押登记、合同监管等工作,对企业和个体工商户的经营状况较为清楚,又熟知合同法律有关规定,因此由工商行政管理部门进行行政调解有利于合同争议的解决。1997 年 11 月 3 日,国家工商行政管理局发布《合同争议行政调解办法》(国家工商行政管理局第 79 号令),规定调解必须坚持自愿、合法的原则,调解不成的,当事人应及时依据仲裁协议向仲裁机构申请仲裁;没有仲裁协议的,可向法院起诉。1998 年,各级工商行政管理机关逐步开展合同争议行政调解工作,取得了一定成果。

6. 仲裁制度改革

自 1983 年国务院发布《经济合同仲裁条例》至 1995 年 9 月《仲裁法》施行,各级工商行政管理机关利用经济合同仲裁委员会共解决合同纠纷 250 多万起,合同金额达 564 亿元,解决争议金额 250 亿元。仲裁的结案率常年保持在 98% 以上,调解结案率保持在 91% 以上。

1991 年 4 月,《民事诉讼法》颁布实施,确立了协议仲裁原则,标志着我国仲裁制度改革的开始。1994 年 8 月 31 日,第八届全国人大第九次会议审议并通过了《仲裁法》。该法规定,重新组建仲裁机构,不按行政区划层层设立;仲裁机构独立于行政机关,与行政机关没有隶属关系;平等民事主体的公民、法人和其他组织发生的合同纠纷及其他财产权益纠纷可以仲裁,仲裁机构和仲裁员由当事人选择,仲裁不实行级别和地域管辖;仲裁由依法组成的仲裁庭独立进行,不受行政机关、社会团体和个人干涉;仲裁实行一裁终局制度。1995 年 9 月 1 日,《仲裁法》开始施行。根据国务院《关于做好重新组建仲裁机构和筹建中国仲裁协会筹备工作的通知》的规定,全国工商行政管理系统的经济合同仲裁工作于 1996 年 9 月 1 日终止。

（四）从《合同法》颁布至今的合同监管

随着我国经济体制改革的进一步深入和对外开放的不断扩大,到 1997 年,我国除《民法通则》《经济合同法》《涉外经济合同法》和《技术合同法》对合同作了专门规定外,还在《商标法》《专利法》《著作权法》《铁路法》、《海商法》《担保法》《保险法》和《民用航空法》等法律中对有关合同作出了规定。从 1993 年 10 月起,全国人大法工委着手进行《合同法》的起草工作。第九届全国人大常委会对《合同法（草案）》进行了 4 次审议。1999 年 3 月 15 日,九届全国人大二次会议通过了《合同法》。

1. 完善规章制度

为贯彻执行《合同法》,2000 年 12 月 1 日,国家工商行政管理局颁布第 97 号局令,对《关于查处利用合同进行的违法行为的暂行规定》（1995 年 11 月 17 日发布）进行了修订。全国各地工商行政管理机关也积极协助地方人大制定合同监管实施办法等地方性法规、规章。2008 年,由于《投机倒把行政处罚暂行条例》废止,《关于查处利用合同进行的违法行为的暂行规定》同时废止。为解决工商行政管理合同监管工作执法依据不完善的问题,2010 年,国家工商行政管理总局出台了《合同违法行为监督处理办法》（国家工商行政管理总局令第 51 号）,对工商行政管理部门查处合同欺诈、利用合同危害国家利益、社会公共利益以及经营者利用格式条款免除自身责任、加重消费者责任、排除消费者权利等违法行为的职责作了具体规定,对各种违法情况作了明确规定,细化了执法依据。

2. 以"守合同重信用"活动为切入点建立和完善企业"信用工程"

"守合同重信用"活动是"重合同守信用"活动的延续,指工商行政管理部门根据我国法律规定的诚实信用原则,依据企业合同履约客观记录,经过严格评价,对合同履约信用程度达到规定标准的企业,向全社会予以公示和表彰。这是促进全社会良好信用观念形成、推动社会信用机制建立的一项重要措施。

2001 年 4 月,国家工商行政管理总局与国家经贸委等十部委联合下发了《关于加强中小企业信用管理工作的若干意见》。2001 年 8 月,国家经贸委、国家工商行政管理总局等十部委召开新闻发布会,公示了 100 家连续 10 年以上由省级人民政府或省级工商行政管理局授予"守合同重信用"称号的中小企业名单。2001 年 12 月,国家工商行政管理总局公示了第一批 520 家连续 8 年以上由省级人民政府或省级工商行政管理局授予"守合同重信用"称号的企业名单。2003 年 1 月,国家工商行政管理总局公示了第二批 1058 家连续 5 年以上由省级人民政府或省级工商行政管理局授予"守合同重信用"称号的企业名单。2004 年,国家工商行政管理总局公示了第三批全国"守合同重信用"企业名单,共计 1329 家。

2006 年 1 月 24 日,国家工商行政管理总局发布了"守合同重信用"活动的指导性文件《关于深入开展"守合同重信用"活动的若干意见》,总结了全系统多年来开展"守合同重信用"活动的经验,明确了自愿、公开公正公平、不搞终身制等原则,并提出了"守合同重信用"企业的相关标准。2007 年 7 月 19 日,国家工商行政管理总局发布了《关于公示第四批(2006 年度)全国"守合同重信用"单位的通知》,公示了"守合同重信用"企业 1178 家。截至 2007 年底,全国共有"守合同重信用"企业 13.95 万家,省级"守合同重信用"企业 2.41 万家,地(市)级 7.12 万家,县级 2414 家。

3. 制定推广合同示范文本

《合同法》规定:"当事人可以参照各类合同的示范文本订立合同。"这是对工商行政管理部门从 1990 年开始推行的合同示范文本制度的充分肯定。1999 年至今,国家工商行政管理总局(国家工商行政管理局)先后制定发布了《城市供用水合同》、《城市供用气合同》、《城市供用热力合同》、《国有土地使用权出让合同》、《中国公民出境旅游合同》、《二手车买卖合同》等近百份合同示范文本。全国许多地方工商行政管理部门也陆续发布了很多合同示范文本,包括商品房买卖合同、留学中介合同、旅游合同、房屋装修合同、农副产品购销合同等。2009 年,国家工商行政管理总局下发了《关于推行合同示范文本有关问题的通知》,将总局和各地方局制定发布的部分示范文本共108份装订成册下发,要求各地工商行政管理机关认真组织宣传推广。推广合同示范文本,对促进《合同法》的贯彻执行起到了重要的作用。

4. 深入开展"合同帮农"工作

党中央、国务院历来对"三农"问题高度重视,有关重要文件多涉及订单农业。根据党中央、国务院的决策,各地工商行政管理机关积极开展"合同帮农"工作。2006年6月,国家工商行政管理总局在山东省烟台市召开了部分省市推进订单农业工作研讨会,总结了工商行政管理部门在订单农业方面作出的成绩,分析了当前推进订单农业工作中存在的问题,提出了今后推进订单农业工作的意见。会后,国家工商行政管理总局专门下发了《关于充分发挥工商行政管理职能作用扎实开展推进社会主义新农村建设工作的通知》。2007年,为了更好地推动合同帮农工作,国家工商行政管理总局又下发了《关于认真做好涉农合同帮扶工作维护农民权益促进农民增收的指导意见》。各地工商行政管理机关认真落实总局部署,取得了显著成绩。

5. 积极开展合同纠纷行政调解工作

《仲裁法》修改后行政调解已经弱化,但实际上调解工作可以化解大量合同纠纷。长期以来,各级工商行政管理机关充分利用合同行政调解手段解决经济纠纷,对构建和谐社会、促进科学发展作出了积极贡献。党的十六届六中全会提出:"建立党和政府主导的维护群众权益机制,实现人民调解、行政调解、司法调解有机结合,更多采用调解方法,综合运用法律、政策、经济、行政等手段和教育、协商、疏导等办法,把矛盾化解在基层,解决在萌芽状态。"这为工商行政管理部门充分发挥合同争议行政调解职能提供了理论依据、指明了工作方向。2007年,最高人民法院根据中央政法委的要求,将建立和完善多元化纠纷解决机制列为2008年重点改革项目,并制定了《合同争议行政调解专题调研工作计划》,开始了调研论证工作。工商行政管理部门合同争议行政调解工作,作为"社会纠纷大调解机制"的重要组成部分,被列入其中。

6. 加强拍卖监管

《拍卖法》实施过程中,各地工商行政管理机关感到拍卖监管难度较大,监管工作难以到位。针对这种情况,2001年1月15日,国家工商行政管理局以第101号局令公布了《拍卖监督管理暂行办法》,于2001年3月1日起施行。该办法对《拍卖法》中涉及工商行政管理部门的职责作出了具体规定,对拍卖当事人的各种违法情形作了明确界定。《拍卖监督管理暂行办法》的颁布实施,有力地打击了拍卖活动中的各类违法行为,保障了拍卖业健康有序发展。

7. 依法开展动产抵押登记

1995 年以来,工商行政管理部门根据《担保法》的规定,负责企业动产抵押物登记管理工作,取得了显著成绩。2007 年 3 月 16 日,十届全国人大五次会议通过了《物权法》,于 2007 年 10 月 1 日开始实施。《物权法》明确了工商行政管理部门是动产抵押登记机关,同时对动产抵押登记管辖、登记范围、登记效力等作出了规定。2007 年 10 月 12 日,国家工商行政管理总局发布了《动产抵押登记办法》(国家工商行政管理总局令第 30 号),简化了抵押登记程序,减少了登记审核内容,确立了当场登记制度。

合同监督管理是一个历史范畴,是我国经济社会发展到一定历史阶段的必然产物。当前,从经济调节、市场监管、社会管理、公共服务等政府四项基本职能出发,合同监督管理定位于市场监管,具体而言就是工商行政管理部门和其他有关行政主管部门依据职责对合同违法行为进行监督和处理的行政监督管理活动。这是《合同法》和国务院"三定"方案的规定,也是工商行政管理事业适应新形势、新任务,不断发展创新的结果。

三、竞争执法历史沿革

从 1987 年国务院颁布施行的《投机倒把行政处罚暂行条例》到 1993 年开始实施的《反不正当竞争法》,再到 2008 年实施的《反垄断法》,随着我国市场竞争秩序法律体系的不断形成和完善,工商行政管理部门作为承担市场监管和行政执法的主要职能部门,其职责和任务也在不断地发展和扩大。

(一)《投机倒把行政处罚暂行条例》的出台和经济检查司的成立

1.《投机倒把行政处罚暂行条例》的制定与出台

党的十一届三中全会以前,工商行政管理部门负责查处经济违法违章案件的执法部门统称为"打击投机倒把办公室"。1978 年,党的十一届三中全会召开,确定党的工作重点转移到社会主义经济建设的轨道上来,全国工商行政管理系统迅速得到了恢复和加强,查处经济违法违章案件的工作也步入了新的发展阶段,查处经济违法违章案件的任务由工商行政管理部门中的市场监督管理部门负责,即在国家工商行政管理局市场管理司设经济检查处。

随着我国经济体制改革的深入、对外开放和经济的持续发展,旧的计划经济管理体制越来越不适应经济发展的需要,围绕着新旧经济体制的转换,一些违法行为相继发生。这一时期违法行为的主要特点是:投机倒把违法案件大量上升,倒卖重要生产资料和紧俏耐用消费品行为突出。由于重要生产资料和一些紧缺消费品(即紧俏耐用消费品)的短缺,一些违法分子不择手段,制造推销假商品、冒牌商品和劣质商品行为不断发生。为了及时有效地解决上述问题,打击投机违法活动,1987 年 9 月 17 日,国务院颁发了《投机倒把行政处罚暂行条例》(以下简称《暂行条例》)。

《暂行条例》明确规定了工商行政管理部门是查处投机倒把行为的主管机关,界定了投机倒把的性质,明确了投机倒把的具体表现形式,同时规定了查处投机倒把的职权范围和行政处罚的种类及执行程序。《暂行条例》是新中国成立以来第一部比较全面和完备的查处投机倒把活动的法规,为工商行政管理部门查处投机倒把活动提供了法规依据,为工商行政管理部门经济检查工作向着系统化、法制化发展奠定了坚实的基础。

2. 经济检查司的成立和《投机倒把行政处罚暂行条例施行细则》的实施

为了加大《暂行条例》的执法力度,查处各类投机违法活动,1988 年底,经国务院批准,国家工商行政管理局成立了经济检查司。全国工商行政管理系统自上而下相应都成立了经济检查队、科、股,一些大中城市还建立了经济检查大队。

各级工商行政管理机关依据《暂行条例》认真开展执法工作。首先在全国范围内对市场主体进行全面清理整顿。在清理整顿公司工作中,撤、停、并、转了各类公司 10 万多个,对"四无"公司予以取缔。20 世纪 80 年代,由于物资紧缺,加上一些单位和个人利用经济转轨时期的政策谋取利益,造成资源更加紧缺,生产企业和农民不能通过正常渠道买到生产资料,严重干扰市场经济体制的建立,出现了经济秩序和社会秩序紊乱的情况。在国务院的直接部署下,对一些供求矛盾突出的重要生产资料和紧俏耐用消费品实行了临时性统一经营、专营或者计划管理。各级工商行政管理部门依据《暂行条例》,严厉打击投机倒把活动,使经济案件发案率从1988年下半年起大幅下降,市场秩序明显好转。

为了贯彻执行好《暂行条例》,国家工商行政管理局先后组织召开研讨会,就《暂行条例》实施中遇到的倒卖国家禁止或者限制自由买卖的物资物品、利用合同和其他手段骗买骗卖、制造销售假商品、冒牌商品、劣质商品等具体条款和打击倒卖走私物品和特许减免税商品、打击黄金走私等违法行为进行系统研究。每年召开大要案排查会,对大要案件、疑难案件进行排查,由国家工商行政管理局直接组织查处。对典型案件开展公开办案、公开审理,使办案机构和办案人员的执法水平在实践中不断提高。据不完全统计,1987年至1989年期间,全国工商行政管理系统共查处各类经济违法案件298.49万件,其中投机倒把案件28.92万件,罚没金额20.97亿元,为受害者追回被骗金额8.22亿元,移送司法机关处理的案件4381件。国家工商行政管理局在国务院直接领导下组织查处的10个清理整顿公司大要案件也取得最终胜利。

国家工商行政管理局还先后研究制定了一些规定,如《关于调整禁止转手倒卖的重要生产资料和紧俏耐用消费品的品种范围的通知》、《关于投机倒把违法违章案件非法所得计算方法问题的规定》、《关于处理就地转手倒卖案件几个问题的通知》、《关于个人随身携带零星自用的限制进口商品的品种和数量的规定》、《关于违法企业终止后违法所得追缴的规定》等有关统配物资管理、进口商品管理和有关查办经济违法违章案件的规范性文件。同时,积极指导各省市工商行政管理局加强办案规范性文件的制定。各级工商行政管理部门为各级政府代拟并通过政府发布或批准发布规范性文件233件。

1990年8月17日,经国务院批准,国家工商行政管理局发布了《投机倒把行政处罚暂行条例施行细则》(以下简称《细则》),对准确理解投机倒把行为的定义,严格把握行政处罚的幅度,正确实施行政行为作出了明确规定。

3. 依据《暂行条例》开展的经济检查工作

党的十四大以后,随着社会主义市场经济的建立和发展,改革开放步伐的进一步加快,社会商品逐渐丰富,生产、生活资料短缺与社会需求发展的矛盾得到缓解,群众生活水平日益提高,法律、法规不断健全,旧体制下的一些行为已不再作为投机倒把违法违章行为对待。对投机倒把行为的查处重点转移到依据《暂行条例》及其《细则》查处严重扰乱社会经济秩序的行为上。多年来,工商行政管理部门持续开展打击走私贩私,"扫黄打非",整顿和规范盐业市场秩序,打击非法拼装汽车和非法生产销售卫星电视地面接收设施工作,积极配合有关部门,参与禁毒、反洗钱、打黑除恶等工作,查处了大量投机倒把违法违章案件。

(1)"扫黄打非"工作。国家工商行政管理部门非常重视"扫黄打非"工作。1997年,针对社会上一些违法分子大肆出版发行污蔑党和政府、污蔑党和国家领导人、破坏民族宗教政策等违法出版物,并且利用一些无业人员游动销售的情况,国家工商行政管理局在国务院的统一部署下,组织开展了打击不法游商销售非法出版物的工作。2000年以来,党中央、国务院多次对"扫黄打非"工作作出重要指示,国家工商行政管理总局作为全国"扫黄打非"工作小组成员单位,根据全国"扫黄打非"工作小组办公室的部署和要求,逐年下发《工商行政管理部门"扫黄打非"行动方案》,按照加强日常监管,严厉打击政治性非法出版活动,坚决扫除淫秽色情文化垃圾,坚定不移地保护知识产权的总体要求,有计划、按步骤、分阶段地开展"扫黄打非"专项整治行动,取得了显著成效。2010年,在国家工商行政管理总局党组的直接领导下,"扫黄打非"工作长效机制在总局内部逐步建立完善,成立了由多个业务司局参加的协调机构,增强了工作合力。各级工商行政管理部门积极开展各项专项行动,抓线索、挖窝点,对发现的非法出版物一律追根溯源,坚决予以查处。"十一五"时期,全国工商行政管理系统共查缴各类非法出版物35万多册,非法音像制品230多万张,为净化文化市场,维护文化市场秩序贡献了力量。工商行政管理部门的"扫黄打非"工作多次受到中央领导同志的肯定和赞扬,有关工作推动了文化市场健康有序发展。

（2）规范和整顿盐业市场秩序。2005 年 3 月,温家宝总理就"私盐走私贩卖活动猖獗严重扰乱福建盐业市场秩序"问题作出了重要批示。为落实国务院领导批示精神,整顿和规范盐业市场秩序,国家工商行政管理总局组成由相关部委参加的联合督查组,赴福建、浙江两省就盐业市场状况进行了广泛深入的调研,并决定于同年 5 月至 8 月,在全国范围内会同国家发展和改革委员会、公安部、卫生部共同组织开展整顿和规范盐业市场秩序专项执法工作。各地工商行政管理部门积极协调其他部门全面开展市场清查工作,防止非食用盐、非碘盐和不合格碘盐流入食盐市场,先后查处了一批涉盐违法犯罪案件,有效净化了盐业市场。

4.《暂行条例》的废止

实践表明,《暂行条例》及其《细则》对促进社会主义经济建设和维护社会稳定起到了重要作用。但是,随着我国改革开放政策的不断深入以及市场经济的不断发展,《暂行条例》所规范的行为纳入了后续出台的单项法律法规中,产生于计划经济时期的投机倒把概念逐渐失去了存在的基础。为适应我国市场经济发展的要求,完善市场经济法制建设,国务院在 2008 年 1 月 15 日公布的《国务院关于废止部分行政法规的决定》(国务院令第 516 号)中宣布废止《暂行条例》及其《细则》。

（二)《反不正当竞争法》的出台和公平交易局的成立

1.《反不正当竞争法》的制定与出台

1978 年党的十一届三中全会召开以来,我国改革开放不断深入,为适应社会经济发展的需要,国家开始出台规范市场竞争的政策、法规。1980 年 10 月 17 日,国务院发布的《关于开展和保护社会主义竞争的暂行规定》是我国第一个关于市场竞争的规范性文件。该暂行规定肯定了竞争对于现代化建设的重大作用,提出反对垄断和不正当竞争,并要求修订现行规章制度,取消妨碍竞争的内容。此后,国家又陆续颁布了 70 余件涉及反垄断和反不正当竞争的规范性文件,如国务院《关于认真解决商品搭售问题的通知》、国务院办公厅《关于严禁在社会经济活动中牟取非法利益的通知》、《价格管理条例》、《广告管理条例》等。

为制止经济生活中的不正当竞争行为,促进市场经济的发展,弥补以往立法的缺陷,迫切需要制定专门的竞争法规,在这一背景下,反不正当竞争立法工作提上了日程。1987年8月,国务院首次提出要制定全国性的制止不正当竞争条例。随后,由国务院法制办(原国务院法制局)牵头,国家体改委和国家工商行政管理局等7个部门参加,组成了联合起草小组,负责起草制止不正当竞争方面的法规。这一阶段将垄断问题和不正当竞争行为问题合并立法,起草了《禁止垄断和不正当竞争暂行条例》,先后四易其稿。后来由于立法指导思想的变化,到1989年第五稿时,去掉了禁止垄断的部分内容,修改为《禁止不正当竞争暂行条例》。但由于意见分歧较大,有些问题还缺乏经验,加上其他一些客观条件的限制,未能完稿上报。此后,立法工作陷于停顿。直到1991年春,由于经济的发展和改革开放的进一步深入,反不正当竞争立法的问题又重新提上议事日程。1992年初,《反不正当竞争法》(当时称《制止不正当竞争法》)正式列入全国人大常委会立法规划,并确定由国家工商行政管理局承担起草任务。国家工商行政管理局于1992年初成立了专门的起草小组,在原有工作的基础上,收集和研究国内外的有关法律资料,进行调查研究,分析国内外的大量案例,并派人赴美、韩等国考察,起草了《反不正当竞争法》(征求意见稿)。1993年初,国家工商行政管理局组织召开专家论证会,邀请在京部分知名法学专家和全国人大常委会法工委、国务院法制办以及有关部门的同志对征求意见稿进行了论证。之后,起草小组又广泛征求了中央和地方有关部门、法学研究机构和大专院校的意见,并与国务院法制办和全国人大常委会法工委的同志共同研究、修改,经国务院常务会议通过,形成了《反不正当竞争法(草案)》。1993年6月,国务院将该草案提请第八届全国人大常委会第二次会议审议,根据审议情况,修改了部分条款。第八届全国人大常委会第三次会议于1993年9月2日通过了《反不正当竞争法》,并于1993年12月1日施行。这是新中国第一部调整市场竞争行为的法律,对建立完善社会主义市场经济体制和保证社会主义市场经济健康发展具有十分重要的作用。

2. 公平交易局的成立及配套规章的颁布

《反不正当竞争法》的出台,标志着国家赋予工商行政管理部门的市场监督管理和行政执法工作职能进入了一个新阶段。在1994年国务院机构改革中,按照国务院批准的国家工商行政管理局"三定"方案,于同年4月撤销了原经济检查司、经济合同管理司,组建了公平交易局。公平交易局的主要职能是:监督检查市场主体的交易行为,制止垄断和不正当竞争;依法或根据授权查处走私贩私等经济违法违章行为;依法保护消费者权益,查处严重损害消费者权益的行为;依法监督管理经济合同,指导合同仲裁机构的工作;制订或参与制订有关公平交易的法规、规章;组织、指导、监督、协调本系统查处市场交易中经济违法案件的工作;会同法规司承担省级工商行政管理部门查处案件的复议工作;会同办公室做好办案经费和缉私罚没上交款的管理及工商行政管理系统办案装备工作。公平交易局内设七个处,即综合处、反不正当竞争处、反垄断处、经济检查处、经济合同处、消费者权益保护处、复议处。

为了进一步加大贯彻执行《反不正当竞争法》的力度,在1998年国务院机构改革中,国家工商行政管理局按照国务院确定的国家工商行政管理局"三定"方案,将原公平交易局中负责贯彻执行《消费者权益保护法》《经济合同法》的职能分离出去,重新确定了公平交易局的主要职责,即研究拟定制止垄断和反不正当竞争的规章制度及具体措施、办法并组织实施;组织查处市场交易中的垄断、不正当竞争、流通领域走私贩私及经济违法违章案件。公平交易局按照其主要职责,内设四个职能处,即综合处、反不正当竞争处、反垄断处、经济检查处。

随着形势和任务的不断发展,工商行政管理在发展社会主义市场经济中的作用日益重要。为了进一步实现政府职能转变,加强市场监督管理,2001年3月,党中央和国务院决定,将国家工商行政管理局调整为国家工商行政管理总局,为国务院正部级直属机构。国务院核定了国家工商行政管理总局的职能、内设机构和人员编制,其中公平交易局(打击传销办公室)的职能是:研究拟定制止垄断和不正当竞争的规章制度及具体措施、办法并组织实施;组织查处市场中的垄断、不正当竞争、走私贩私、传销和变相传销及其他经济违法案件。据此,国家工商行政管理总局公平交易局(打击传销办公室)成立,内设五个职能处室:综合处、反不正当竞争处、反垄断处、经济检查处、打击传销处。

伴随着规范直销、禁止传销任务的逐渐加重,经国务院批准,2006年国家工商行政管理总局成立直销监督管理局,组织查处传销和变相传销的工作从公平交易局分离出去。

《反不正当竞争法》的规范比较原则。为便于执法操作,国家工商行政管理局先后有针对性地制定了六部配套规章,分别是:1993年12月9日国家工商行政管理局令第19号公布的《关于禁止有奖销售活动中不正当竞争行为的若干规定》、1993年12月9日国家工商行政管理局令第20号公布的《关于禁止公用企业限制竞争行为的若干规定》、1995年7月6日国家工商行政管理局令第33号公布的《关于禁止仿冒知名商品特有的名称、包装、装潢的不正当竞争行为的若干规定》、1995年11月23日国家工商行政管理局令第41号公布的《关于禁止侵犯商业秘密行为的若干规定》、1996年11月15日国家工商行政管理局令第60号公布的《关于禁止商业贿赂行为的暂行规定》、1998年1月6日国家工商行政管理局令第82号公布的《关于禁止串通招标投标行为的暂行规定》。同时,针对地方工商行政管理局请示的在行政执法实践中遇到的具体法律适用的疑难问题,加大了行政解释的力度,以规范性文件的形式对《反不正当竞争法》进行了一系列的行政解释。

3. 依据《反不正当竞争法》开展的反不正当竞争执法工作

《反不正当竞争法》实施十八年来,各级工商行政管理部门以加大执法力度、查处不正当竞争案件为重点,为维护公平竞争的市场秩序作了大量工作,取得了可喜的成绩。

(1)治理商业贿赂专项工作。从1996年开始,根据党中央、国务院的统一部署和要求,在国务院纠风办的组织、协调下,各级工商行政管理部门开展了纠正医药购销中不正之风工作,严肃查处医药购销领域的商业贿赂行为。对医药购销中违法给予、收受回扣以及其他商业贿赂行为进行严厉打击,查处利用广告或其他方法对药品、医疗器械作引人误解的虚假宣传行为,加强对医疗机构药品集中招标采购工作的监督管理,制止药品招标采购中的各种不正当竞争行为。

2006年,党中央、国务院作出开展治理商业贿赂专项工作的重大决策,工商行政管理部门全力以赴,认真扎实地开展工作,严肃查处各种商业贿赂行为,为遏制商业贿赂的蔓延,维护公平竞争的市场秩序,作出了重要的贡献。国家工商行政管理总局党组始终高度重视治理商业贿赂专项工作,于2006年初专门成立由局长任组长的治理商业贿赂领导小组并下设办公室(以下简称总局治贿办),通过召开系统工作会、分片调研会、督导检查等形式,研究分析工作中的难点、热点问题,对专项治理工作进行部署。总局治贿办制定下发了《关于工商行政管理部门在治理商业贿赂专项工作中进一步加大查办案件力度的指导性意见》,实行了商业贿赂大要案件备案制度,加大对大要案件的指导和协调力度。全系统集中力量贯彻中央要求,在中央治理商业贿赂领导小组的统一指挥下,围绕工程建设、土地出让、产权交易、医药购销、出版发行等重点领域和行业,下大力气查办了一批商业贿赂案件。近五年来,共查处商业贿赂案件3.3万多件,案值约89亿元,均占全国查处此类案件的一半。在抓紧查办大要案件的同时,国家工商行政管理总局把建立健全长效机制作为防治商业贿赂的重要内容和有效手段。一方面,依托"金信工程",开发、使用执法办案管理系统,基本实现了与企业信用分类监管系统的互联互通,所查处的商业贿赂案件能够做到自动进入企业信用分类监管系统。另一方面,把治理商业贿赂与建立健全经营者自律机制相结合。各地工商行政管理部门以个体私营协会、有关行业协会为载体,组织会员学习有关法律法规,引导经营者加强对购销、会计等重点岗位的管理,并通过评选"守合同重信用"企业、"诚信企业"、"诚信个体工商户"等活动,大力倡导健康向上的商业文化,引导企业自觉增强抵制商业贿赂的意识。长效机制的建立为深入开展治理商业贿赂专项工作奠定了坚实基础。工商行政管理部门的工作多次得到国务院和中央治理商业贿赂领导小组有关领导的肯定。

(2)打击"傍名牌"工作。保护知识产权是国家战略,关乎我国加快转变经济发展方式的大局。"傍名牌"作为侵犯知识产权的一种不正当竞争行为,严重损害了消费者和经营者合法权益。多年来,各级工商行政管理部门坚决落实国务院的部署,严厉打击"傍名牌"违法行为,为合法企业保驾护航。全国工商行政管理系统自2000年至2002年,连续三年集中开展反仿冒、反误导(以下简称"两反")专项整治工作。2001年的"两反"专项执法活动以查处大要案件为重点,依法严厉打击仿冒、误导、欺诈、不正当有奖销售等违法行为,特别是仿冒知名商品的标识、虚假打折或降价、利用双重价格进行误导、变相巨奖销售等违法行为,进一步规范竞争行为,净化市场环境。2002年全国工商行政管理系统继续深入开展打击仿冒误导行为的执法工作,以查处假冒他人注册商标、仿冒知名商品特有的名称、包装、装潢及其他商品标识、误导性宣传、虚假打折等不正当竞争行为为重点,特别是对呈上升趋势的利用不适宜企业名称从事不正当竞争的违法行为进行专项整治。同年7~9月份开展了为期三个月的专项执法活动,部署了4起"傍名牌"大要案件的查处工作。根据国务院领导的批示精神,组织查处了仿冒法国"皮尔·卡丹"品牌服装服饰案、侵犯美国"雅诗兰黛"注册商标案等案件,得到了社会各界的充分肯定和高度评价。2004年至2007年,又先后多次召开"部署不正当竞争案件专项执法工作会议"。2007年8月,部署开展打击"傍名牌"专项执法行动,严厉打击各种恶意制造市场误认、混淆的"傍名牌"行为。2009年,国家工商行政管理总局选择了6起具有典型性的不正当竞争案件作为重点督办案件,组织各地工商行政管理机关积极开展专项执法行动,对企业举报的违法侵权行为进行严厉打击。对举报至总局的案件,只要符合督办要求,一律采取总局挂牌督办的形式部署涉案地工商行政管理部门进行查处。这次专项行动受到了合法企业的一致好评。2010年11月至2011年6月,全国工商行政管理系统积极参与国务院组织开展的打击侵犯知识产权和制售假冒伪劣商品专项行动,查处了一批重大、有影响力的仿冒案件。江苏省无锡市江阴工商行政管理局根据举报线索,会同公安部门一举端掉利用互联网销售假冒世界一线知名商标商品案,查获涉嫌假冒78个世界知名商标的服装、鞋子、眼镜等物品2万余件,案值在5000万元以上;广东省工商行政管理部门查获涉嫌假冒世界知名商标商品,涉案市值近亿元,有力地保护了合法企业的权利。在北京奥运会、上海世博会和广州亚运会召开前后,国家工商行政管理总局组织部署全国各地工商行政管理部门查办了一批冒用奥运会标志、世博会标志和亚运会标志、利用其名义进行虚假宣传、侵犯参展商知识产权的案件,收到了很好的社会效果。据统计,"十一五"期间,全国工商行政管理系统共查处各种侵犯知识产权不正当竞争案件

5.2 万余件,案值约 12 亿元。

（3）商业秘密保护。实施商业秘密保护行政执法战略,是工商行政管理部门落实国家知识产权战略纲要、为建设创新型国家服务的重要举措。按照《国家知识产权战略纲要》的要求,2005 年 8 月,国家工商行政管理总局承担并完成了国家知识产权战略中的商业秘密相关问题研究工作,使这项工作取得了实质性的进展。为克服查办商业秘密保护案件认证难、取证难等困难,2009 年,选择了三家行业协会作为商业秘密保护行政执法的试点单位,探索行政执法与行业自律相结合的商业秘密保护机制。国家工商行政管理总局把查办侵犯商业秘密案件作为突破口,选择一批大要案件予以督办,推动了该项工作开展。为进一步提高企业和公众的商业秘密保护意识,2010 年,国家工商行政管理总局举办了商业秘密保护行政执法论坛,向社会各界宣传实施商业秘密保护行政执法战略的重要性,取得了积极的效果。

4.《反不正当竞争法》的修订

从多年来的执法实践来看,查处不正当竞争案件的数量逐年增多。从各地查处的不正当竞争案件的类型来看,涵盖了《反不正当竞争法》规范的各类不正当竞争行为,如假冒他人注册商标行为,仿冒知名商品特有的名称、包装、装潢行为,冒用他人企业名称行为,虚假表示行为,公用企业限制竞争行为,政府部门限制竞争行为,商业贿赂行为,虚假宣传行为,侵犯商业秘密行为,低价倾销行为,搭售或附加不合理条件行为,不正当有奖销售行为,商业诋毁行为,串通招标投标行为,行为人转移、隐匿、销毁违法财物的行为。其中,仿冒行为、虚假表示行为、虚假宣传行为、不正当有奖销售行为的案件始终居高不下,在查处的不正当竞争案件中占较大比例。

《反不正当竞争法》实施多年来,在维护公平竞争的市场秩序方面发挥了重要作用。为适应我国市场经济的不断发展和市场竞争的日趋激烈,国家工商行政管理总局受国务院委托,对《反不正当竞争法》进行修订、完善,结合实际针对《反不正当竞争法》在执行过程中存在的问题提出解决方案,经 11 易其稿,最终形成了《反不正当竞争法（修订稿）》,并报请国务院审查。《反不正当竞争法》修订出台后,必将为工商行政管理部门开展反不正当竞争执法工作提供更为有力的武器。

（三）《反垄断法》的出台和反垄断与反不正当竞争执法局的成立

1.《反垄断法》的制定与出台

反垄断法对防止和制止各种市场垄断,保护市场公平竞争,提高经济运行效率,维护消费者利益和社会公共利益,促进社会主义市场经济健康发展具有重要的作用。随着社会经济的不断发展,反垄断立法工作显得尤为重要。根据全国人大立法规划安排,《反垄断法》由国家经贸委和国家工商行政管理局共同负责起草。2003年国家经贸委职能变更后,《反垄断法》起草工作交由商务部和国家工商行政管理总局共同负责。作为起草组成员,国家工商行政管理总局积极参加了《反垄断法(送审稿)》的起草、论证等相关工作。2004年3月《反垄断法(送审稿)》上报国务院法制办后,国家工商行政管理总局派员参加了国务院法制办《反垄断法》审查小组的工作。期间,向国务院法制办提交了《关于工商行政管理部门作为我国反垄断主管机关的意见》、《工商行政管理部门依据〈反不正当竞争法〉开展反垄断执法工作的情况及遇到的问题》、《工商行政管理部门依法查处的垄断行为及其典型案例》等多份有关反垄断执法情况及执法机构设置的材料,向有关部门、专家反映了意见和建议。2006年,国家工商行政管理总局起草了上报国务院领导的《工商行政管理部门反垄断立法和执法情况暨对国务院反垄断委员会常设机构的意见》。2006年6月,《反垄断法(草案)》报请全国人大审议后,国家工商行政管理总局参加了全国人大召开的《反垄断法》研讨会,根据实际执法经验,提出切实可行的意见和建议。2007年4月,国家工商行政管理总局组织了赴俄罗斯、匈牙利的立法调研。2006年6月至2007年8月,参加了《反垄断法(审议稿)》的一审、二审和三审工作,为《反垄断法》的出台作出了应有的贡献。

2007年8月30日,《反垄断法》由第十届全国人大常委会第二十九次会议审议通过,自2008年8月1日起实施。依据《反垄断法》的规定,我国反垄断执法由三个反垄断执法机构共同承担,其中国家发展和改革委员会负责依法查处价格垄断行为,商务部负责审查经营者集中,国家工商行政管理总局负责查处垄断协议,制止滥用市场支配地位、滥用行政权力排除、限制竞争行为(价格垄断行为除外)。

2. 反垄断与反不正当竞争执法局的成立及配套规章的颁布

2008年,根据国务院新"三定"方案赋予工商行政管理部门的反垄断执法新职能,国家工商行政管理总局将原有的公平交易局更名为反垄断与反不正当竞争执法局。主要职责为:拟定有关反垄断、反不正当竞争的具体措施、办法;承担有关反垄断执法工作;查处市场中的不正当竞争、商业贿赂、走私贩私及其他经济违法案件,督查督办大案要案及典型案件。承办总局交办的其他事项。按照其主要职责,内设五个职能处:综合处、反垄断执法处、反垄断法律指导处、反不正当竞争处、案件督查协调处。

为了增强法律的可操作性,国家工商行政管理总局于2009年5月26日公布了《工商行政管理机关制止滥用行政权力排除、限制竞争行为程序规定》(国家工商行政管理总局令第41号)和《工商行政管理机关查处垄断协议、滥用市场支配地位案件程序规定》(国家工商行政管理总局令第42号)两个《反垄断法》配套程序规章,2009年7月1日起施行。41号令、42号令依据《反垄断法》的规定,对工商行政管理部门查处垄断案件以及制止滥用行政权力排除、限制竞争行为的授权与案件管辖、举报的受理与处理、案件的立案调查、重大案件报告制度和备案制度以及经营者承诺制度和垄断协议宽大制度等作出了明确而具体的规定。

2010年12月31日,国家工商行政管理总局公布了《工商行政管理机关禁止垄断协议行为的规定》(国家工商行政管理总局令第53号)、《工商行政管理机关禁止滥用市场支配地位行为的规定》(国家工商行政管理总局令第54号)、《工商行政管理机关制止滥用行政权力排除、限制竞争行为的规定》(国家工商行政管理总局令第55号)三个《反垄断法》配套实体规章,于2011年2月1起正式施行。53号令、54号令、55号令在《反垄断法》框架内,立足工商行政管理部门反垄断职能,对垄断协议行为、滥用市场支配地位行为和滥用行政权力排除、限制竞争的行为进行了细化和明确,提高了工商行政管理部门反垄断执法的可操作性。这五个《反垄断法》配套规章和《反垄断法》共同构成了工商行政管理部门反垄断执法的重要依据。工商行政管理部门以此为契机,积极稳妥有序地开展反垄断执法工作。

3.《反垄断法》出台以前的反限制竞争执法工作

早在《反垄断法》出台以前,工商行政管理部门就依据《反不正当竞争法》开展反限制竞争和反垄断执法工作。自 1999 年以来,国家工商行政管理局连续十多年组织全系统对公用企业限制竞争行为开展了有重点、有步骤的专项整治,查处重点是电信、邮政、保险、供电、供水、旅游、铁路等社会反映强烈、限制竞争行为严重,问题较多的行业,整治工作取得了明显成效,全系统共查处限制竞争案件 7000 余件。2001 年 3 月,国家工商行政管理局召开垄断性行业专项整治工作会议,对整治的重点、范围、时间、要求等作了安排部署。同年 4 月,国家工商行政管理总局成立了整顿和规范市场经济秩序工作领导小组及办公室,根据党中央、国务院的统一部署和工商行政管理部门的职责,结合市场经济秩序中存在的问题,制定了工商行政管理部门整顿和规范市场经济秩序的工作方案,明确把开展对重点垄断性行业限制竞争行为的专项整治以及破除地区封锁和地方保护作为整顿的内容和总局工作的重点。2002 年,为了进一步贯彻落实国务院《关于禁止在市场经济活动中实行地区封锁的规定》,国家工商行政管理总局在全国范围内部署了打破地区封锁和行业垄断专项整治工作,加大对供水、供电、供气等垄断性行业限制竞争行为的查处。

2003 年以后,工商行政管理部门反限制竞争执法进入了历史新阶段。各级工商行政管理部门紧紧围绕国务院关于整顿和规范市场经济秩序的工作部署,结合党中央国务院提出的打破地区封锁和行业垄断,健全统一、开放、竞争、有序的现代市场体系的目标要求,按照总局的具体工作部署,认真履行职责,严格依法行政,执法领域不断拓宽,基本上涵盖了《反垄断法》规定的四种垄断行为,竞争执法网络也基本建立。2006 年 11 月,商务部、国家工商行政管理总局、国家发展和改革委员会等六部委联合发布实施了《零售商供应商公平交易管理办法》,对大型超市等零售商滥用市场交易中的优势地位对中小供应商乱收费用等不公平交易行为进行了规范。各地工商行政管理部门认真执行办法,查处了一批大型超市等零售商滥用市场交易中的优势地位对中小供应商滥收费用等不公平交易行为的案件,对规范零售业竞争行为起到了积极的作用。工商行政管理部门多年来的反限制竞争和反垄断执法实践为《反垄断法》的实施奠定了坚实的基础。

4.《反垄断法》出台以后的反垄断执法工作

《反垄断法》正式实施后,根据法律规定,反垄断执法权属中央事权,国家工商行政管理总局依法直接查处职责范围内的垄断行为案件,并完成国务院反垄断委员会交办的案件查处工作。此外,对授权的省级工商行政管理部门开展反垄断执法工作予以指导。

《反垄断法》实施以来,国家工商行政管理总局认真梳理了一批涉嫌垄断的举报材料,对涉嫌垄断行为案件进行了研究分析,对一些问题依法进行了处理。同时积极运用行政指导方式,及时督导当事人进行整改,并组织力量或委托地方工商行政管理部门针对一些重点案件进行查处,取得了很好的社会效果。国家工商行政管理总局组织处理了一起涉嫌垄断案件,为国家盘活了数十亿元国有资产。本着积极稳妥的原则,依法授权了江苏、江西、浙江、辽宁、重庆、河南等省级工商行政管理局,对本地相关企业和行业协会涉嫌垄断行为立案查处。指导江苏省工商行政管理局查处连云港市建筑材料和建筑机械行业协会混凝土委员会及连云港润丰混凝土有限公司等多家混凝土企业涉嫌垄断行为案。该案成为国家工商行政管理总局授权省级工商行政管理局查办垄断案件的第一件,受到国内外广泛关注。

为维护统一开放市场体系的大局,特别是针对2008年以来一些地区为应对国际金融危机影响而实施地方保护措施的问题,工商行政管理部门按照中央的要求,扎实开展制止滥用行政权力排除、限制竞争行为工作,积极参与有关政策的制定,对限制、妨碍商品和生产要素跨行业、跨地区流通的行为,依法及时提出处理意见,为成功应对金融危机创造了有利条件。按照国务院《物流业调整和振兴规划》的要求,国家工商行政管理总局负责牵头落实国家发展和改革委员会等有关部门制定的《〈物流业调整和振兴规划〉分工落实方案》中"打破行业垄断,消除地区封锁,依法制止和查处滥用行政权力阻碍或限制跨地区、跨行业物流服务的行为,规范物流市场秩序"工作。在2009年至2011年为期三年的专项工作中,全系统认真履行职责,联合相关部门,对涉及物流行业垄断、地区封锁的文件进行清理,对扰乱物流市场秩序的行为依法进行查处,为物流业调整和振兴规划目标任务的落实作出应有的贡献。

为落实中央"保增长、保民生、保稳定"的政策,保护广大消费者的合法权益,各级工商行政管理部门采取有效措施,深化反限制竞争工作,依法查处供电、供水、供气、交通运输、专营专卖等与人民群众生活密切相关行业企业的强制交易行为,切实保护广大消费者的合法权益。制止零售商和供应商之间的不公平交易行为,进一步维护了中小企业利益。

总之,工商行政管理部门多年来反垄断执法工作的开展,有效遏制了公用企业等垄断性行业的限制竞争行为,进一步规范了公用企业等垄断性行业的经营行为;有效地制止了政府及其所属部门滥用行政权力限制竞争、地区封锁和地方保护行为,切实维护了公平竞争的市场经济秩序,树立了工商行政执法的权威。

第三节　国际交流与合作

在经济全球化、市场国际化的大背景下,竞争领域的国际交流合作日益频繁,竞争政策和竞争法律的国际协调也得到越来越多的关注和发展。国家工商行政管理总局作为我国重要的竞争主管机关,自20世纪90年代中期以来,一直代表中国政府活跃在竞争领域的国际交流合作舞台上,立足于学习借鉴国外先进经验,以竞争执法为核心,分层次、有重点地积极推进竞争领域的国际交流合作,广泛宣传我国的竞争法律与竞争政策及其实施成效,积极参与竞争法律与政策的国际协调及有关国际规则的磋商与制定,不断扩大我国在国际竞争领域的影响,取得了明显成效。

一、反垄断领域的国际交流与合作

(一)国际合作方面

1. 多边交流合作

为了借鉴国外先进经验,促进我国竞争立法、执法工作开展,国家工商行政管理总局很早就开始了竞争领域的国际交流合作,迄今为止已先后与联合国贸发会议(UNCTAD)、世界贸易组织(WTO)、世界知识产权组织(WI-

PO)、经济合作与发展组织(OECD)、亚太经合组织(APEC)、亚洲开发银行(ADB)、国际消费者保护与执法网络(ICPEN)等十多个国际、区域性、专业性组织建立了竞争方面的工作联系。

(1)联合国开发计划署。联合国开发计划署(UNDP)是最早在竞争领域与国家工商行政管理总局开展交流合作的国际组织之一。从1995年开始，双方合作实施的"公平市场规范"项目，是我国第一个大型的竞争立法、执法专题技术援助项目。该项目以《反不正当竞争法》执法和《反垄断法》立法为核心，突出法律体系、执法机构及程序、队伍建设等重点，不仅极大地促进了竞争政策和法律在中国的推广宣传，增强了工商行政管理部门有效实施《反不正当竞争法》、参与制定《反垄断法》的能力，而且对进一步开展竞争领域的国际合作起到了很好的引领和示范作用。

以这个项目为契机，国家工商行政管理总局在竞争领域的国际交流合作，随着我国社会主义市场经济的发展和改革开放的深入得到不断拓展，广泛宣传了我国竞争政策、竞争法及其实施成效，积极参与竞争政策和法律的国际协调及国际规则制定，参与多边公平交易执法合作，使我国在国际竞争领域的影响得到不断扩大。

(2)世界贸易组织。世界贸易组织(WTO)于1996年成立了贸易与竞争政策工作小组，专门研究和协调把竞争问题纳入世界贸易组织新一轮谈判的问题。国家工商行政管理总局对世界贸易组织框架下的竞争问题非常关注，从1999年开始，多次派员参加世界贸易组织的贸易与竞争政策工作组会议和相关的研讨会。此外，还积极参与世界贸易组织为中国举办的技术援助和能力建设项目，这对中国竞争立法、执法人员了解世界贸易组织框架下的竞争政策和法律问题，掌握并运用世界贸易组织有关规则，促进我国《反垄断法》制定、《反不正当竞争法》修订以及竞争执法改革很有助益。

(3)经济合作与发展组织。经济合作与发展组织(OECD,简称经合组织)非常重视竞争政策和竞争法律制度在经济发展中的作用，并积极推动国际竞争理论和实践的发展。经合组织多次派员来国家工商行政管理总局，了解《反垄断法》起草和《反不正当竞争法》修订情况，讨论在竞争法律和政策领域的合作事宜。为更好地完成这两项工作,2005年,国家工商行政管理总局、商务部、全国人大法工委与亚洲开发银行联合实施了"竞争政策与法律"技术援助项目,经合组织参与项目的实施,负责为该项目提供技术和专家支持。多年来,国家工商行政管理总局同经合组织在竞争领域开展了一系列富有成效的交流合作。

(4)亚太经合组织。亚太经合组织(APEC)是 1989 年成立的亚洲及环太平洋国家、地区间的一个非正式组织,其将竞争政策作为贸易投资自由化的重要领域之一,以放松管制为中心,积极组织协调本地区各成员经济体竞争政策和竞争法律制度。从 1996 开始,国家工商行政管理总局多次派员参加亚太经合组织的竞争政策与放松管制高官会议和专题研讨会,并参与了亚太经合组织竞争法律数据库的筹建和更新工作,直接参与地区竞争政策、法律协调活动,推动完善了我国市场经济法律体系,推动了我国经济与地区、世界经济的融合。

2. 双边交流合作

在与国际组织进行紧密合作的同时,国家工商行政管理总局不断拓展竞争领域的双边交流与合作,先后与 45 个不同地区、不同法系、不同发展程度的国家(地区)的竞争主管机构,进行了不同形式工作框架下的交流合作,开展竞争实务交流,执行政府或部门间协议,开展实质性竞争执法合作,促进了我国竞争法律制度的完善和竞争法的有效实施。

(1)与俄罗斯的交流合作。国家工商行政管理总局与俄罗斯联邦竞争主管机关在竞争领域的双边合作开始于 1996 年。1996 年 4 月 25 日,俄罗斯总统叶利钦访华期间,国家工商行政管理局局长王众孚代表中国政府与俄罗斯政府正式签署了《中华人民共和国政府和俄罗斯联邦政府关于反不正当竞争与反垄断领域合作交流协定》(以下简称《协定》),作为中俄两国政府签署的一揽子协定之一,以两国政府间条约性文件的形式,确定了中俄两国在反不正当竞争和反垄断领域的合作交流关系。为保证《协定》顺利实施,十多年来,国家工商行政管理总局每两年与俄罗斯竞争主管机关签署一项部门间协议,开展反不正当竞争、反垄断领域的双边交流合作,落实政府间协定,在互通相关领域的法律法规、查处案件的情况以及边境执法协作方面,开展了积极的、卓有成效的交流和合作。

(2)与美国的交流合作。国家工商行政管理总局一直非常重视发展同美国竞争主管机构的交流合作,从1992年开始,与美国联邦贸易委员会、美国司法部反托拉斯局等竞争主管机关建立了良好的交流合作关系。2011年,会同商务部、国家发改委与美国竞争执法机构司法部、联邦贸易委员会签署了中美《反托拉斯和反垄断合作备忘录》。十多年来,国家工商行政管理总局多次组团访问美国联邦贸易委员会、美国司法部反托拉斯局及其地方派出机构,也多次接待美方官员的来访,双方就竞争法的立法结构、反垄断立法的适时性、竞争执法机关的设置、竞争执法程序的有效性和公正性、竞争执法与消费者保护的关系、电子商务时代的竞争执法等问题进行了广泛的交流。通过学习借鉴和双方合作,促进了我国竞争法律体系、执法机制的建立和完善。

(3)与日本的交流合作。国家工商行政管理总局与日本竞争主管机构的交流合作主要集中在技术层面,重点是发挥地缘优势,借助日本的技术力量和资金支持,开展研修培训,培养竞争立法和执法方面的专业人才。日本竞争法独特的发展过程,以及日本竞争执法中的一些有效制度、措施和技巧,为我国提供了较好的参考。

(4)与韩国的交流合作。国家工商行政管理总局与韩国竞争领域的交流合作起步较早,特别是近年来,双边高层交往日益密切,技术层面交往的内容和形式也日益多样化。双方就竞争法与经济发展的关系、竞争法的基本原则、竞争法的具体内容、竞争法的适用等竞争立法问题,执法机构设置及职能、执法体制、工作程序、执法人员规范、执法人员培训等竞争执法问题,进行了系统学习和比较研究,在许多问题上达成共识。

(5)与欧盟的交流合作。在经济全球化形势下,欧盟非常注重加强反垄断领域的国际合作。欧盟委员会竞争总司已同美国、加拿大、日本等国签署了竞争政策合作双边协定,对开展与中国之间的竞争政策和法律对话也很主动。欧盟委员会竞争总司与国家工商行政管理总局高层多次率团互访,交流双方在反垄断领域立法、执法情况,并就交流合作机制、方式、内容等问题进行探讨。国家工商行政管理总局积极利用欧盟委员会提供的技术援助项目召开国际研讨会,对执法人员进行培训,提高执法水平。

（二）国际研讨方面

为了推动竞争立法执法经验交流,更好地协调地区、国际竞争执法合作的具体运作,部分国家竞争主管机构单独或联合发起组织了一些国际性或地区性的竞争政策与竞争法研讨会,国家工商行政管理总局充分利用这个平台,广泛开展与各国竞争主管机构之间的交流,探讨问题,把握动向,促进合作。

1. 派员参加的国际研讨会

国家工商行政管理总局派员参加了 1997 年俄罗斯第二届经济过渡国家竞争政策国际会议,1995 年、1997 年、1999 年、2001 年第七、八、九、十届柏林国际竞争大会,1998 年第二届奥斯陆国际竞争大会,1999 年澳大利亚第六届亚洲和大洋洲反垄断会议,2002 年菲律宾消费者保护和竞争政策研讨会,2002 年、2004 年汉城国际竞争论坛以及 2009 年蒙古国举办的第五届东亚竞争政策高官会和东亚竞争法律与政策大会。

对一些定期召开的国际竞争会议,国家工商行政管理总局一直派员参加。包括自 1998 年起召开的联合国贸发会议的竞争法与竞争政策政府间专家组会议以及《一套多边协议的控制限制性商业惯例的公平原则和规则》审查大会,自 2001 年起经合组织举办的竞争法律与竞争政策全球论坛,自 2002 年起世界贸易组织举办的贸易与竞争政策工作组会议等。通过这些会议,跟踪、把握国际竞争领域的新动向,共同探讨全球关注的竞争政策和竞争法律问题。

2005 年 6 月 27 日至 28 日,国家工商行政管理总局、亚洲开发银行和经合组织在北京联合举办"竞争政策与立法国际研讨会"。来自美国司法部、美国联邦贸易委员会、欧盟竞争总司、俄罗斯联邦反垄断局、瑞典竞争局、日本公正交易委员会、挪威竞争局、韩国公平交易委员会、印度尼西亚商业竞争监督管理委员会、南非竞争法庭和经合组织等十一个国外竞争主管机构、国际组织的官员,以及 22 位中外专家,围绕竞争政策与公用企业改革及其法律规制、公司收购与兼并控制、有效的卡特尔管制、竞争政策与知识产权、竞争法律建设与统一开放市场体系的完善等五个专题,作了精彩的主题发言。此次研讨会展示、宣传了过去十年来我国在竞争法研究和竞争法律制度建设方面取得的成绩和进步,进一步探讨了有关问题,促进了竞争领域的国际交流,对加强竞争理论研究,开拓竞争立法、执法思路,完善我国竞争法律体系,提高竞争执法水平,起到了积极作用。

2007 年,国家工商行政管理总局派员参加了经合组织韩国地区竞争培训中心举办的关于竞争性影响、反托拉斯救济与合资企业的地区性反托拉斯研讨会。来自中国、韩国、新加坡、中国台北、日本、澳大利亚、法国、泰国、蒙古、斯里兰卡、巴基斯坦、印度尼西亚等国家和地区的与会代表通过演讲、提问、案例分析等多种形式,就竞争性损害、救济与合资企业的成立中的竞争问题进行了研讨。同年 12 月,由国家工商行政管理总局主办的反垄断法执法国际研讨会在北京举行,来自联合国贸发会议、经合组织以及俄罗斯、美国、欧盟、日本、韩国、澳大利亚、德国等国家(地区)竞争主管机关的 15 位专家和官员参加会议。与会代表围绕反垄断法与市场竞争行为的规范、垄断协议的规制、禁止滥用市场支配地位行为、控制经营者集中、对行政机关滥用行政权力排除、限制竞争行为的规制以及垄断案件调查程序及技巧六个议题进行了深入研讨。

在中欧贸易项目下,国家工商行政管理总局与欧盟委员会竞争执法机构分别于 2009 年和 2010 年联合举办中欧反垄断法研讨会和竞争周活动,对互联网与软件行业滥用市场支配地位行为的规制等问题进行了深入研究。

2. 金砖国家国际竞争大会

2009 年 9 月,国家工商行政管理总局与俄罗斯联邦反垄断局共同发起,联合巴西、印度在俄罗斯成功举办了由 40 多个国家和国际组织参加的"金砖四国"竞争大会,受到了国际社会的高度评价。

随着金砖国家合作机制的不断完善,"金砖四国"国际竞争大会更名为金砖国家国际竞争大会。2011 年 9 月 21 日至 22 日,国家工商行政管理总局与巴西经济保护委员会、俄罗斯联邦反垄断局、印度竞争委员会和南非共和国经济发展部共同主办了第二届金砖国家国际竞争大会。此次大会作为金砖国家领导人第三次会晤的成果性文件《三亚宣言》及行动计划务实活动的重要内容,由国家工商行政管理总局具体承办。国务院副总理、国务院反垄断委员会主任王岐山出席大会并作了重要讲话。除东道主外,来自 42 个国家(地区)、国际组织的 55 个机构的代表,国家发展改革委、商务部及国务院反垄断委员会其他成员单位和有关部委的负责人,工商系统代表和国内竞争领域的有关专家学者,近300人出席了大会。五国竞争机构负责人向与会代表介绍了各自国家竞争法律与政策的最新发展及实施情况,并在大会期间举行部长级会谈,就加强金砖国家竞争机构之间的合作进行了深入探讨,达成广泛共识,并签署《北京共识》。30多位嘉宾围绕经济全球化背景下制止市场支配地位滥用的经验、制止卡特尔的经验及刑事责任追究、大型跨国合并规则和执法实践的完善、知识产权与产业政策的关系、竞争执法能力建设与竞争政策的倡导与宣传、制止垄断行为的国际合作经验等九个专题作了演讲。与会代表还就互相关心的问题进行了广泛、深入的研讨。通过这次大会,五国竞争执法机构进一步加强了合作,增进了共识,对于构建全球公平公正的市场竞争秩序具有重要意义。

(三)国际培训方面

从20世纪90年代初开始,国家工商行政管理总局就积极利用对外交流合作平台,开展竞争专业人员培训,储备竞争立法执法专业人才。围绕《反不正当竞争法》的实施、修改以及《反垄断法》的立法、执法中的重点、难点问题,主要实施双边合作项目,利用外国政府和竞争主管机构的资金援助和智力资源,培训竞争立法人员和执法业务骨干千余人次。

自1998年开始,国家工商行政管理总局积极利用日本政府提供的技术援助项目开展培训,多次派员参加日本政府组织的"反垄断法与竞争政策"、"反垄断法"等研修项目,通过日本公正交易委员会官员和竞争法律专家授课、访问日本公正交易委员会及其地方派出机构等方式,研究学习日本反垄断、反不正当竞争法律制度及其历史、竞争执法机构的设置及运作、竞争执法技巧与典型案例,以及竞争法与相关领域的关系,为我国培训了一批反垄断立法和执法的高级人才。

德国联邦竞争主管机构是最早与国家工商行政管理总局建立业务联系的外国竞争主管机构,1989年国家工商行政管理局就派出人员赴德国联邦卡特尔局等机构进行实习培训。二十多年来,双方交流活动十分活跃,国家工商行政管理总局在中国竞争法律制度建立完善的不同阶段,多次组团赴德国培训、考察,普及和强化了对竞争政策和法律以及相关执法问题的理解。2009 年 8 月,国家工商行政管理总局组织反垄断执法培训团赴德国进行了为期 21 天的学习培训。来自国家工商行政管理总局和十八个省、市工商行政管理部门的业务骨干系统地学习了禁止垄断协议理论、禁止滥用市场支配地位理论、知识产权保护与反垄断关系理论以及其他有关反垄断基本理论,较为全面地了解了德国的反垄断立法及其发展概况、反垄断法的主要内容、反垄断执法体制及执法情况等。

在"走出去"的同时,国家工商行政管理总局还采取"请进来"的方式,举办形式多样的研讨会,邀请国外专家来华,面向整个工商行政管理系统骨干队伍授课,受众广、效率高、信息量大,促进了我国竞争领域立法、执法工作的开展。

2008 年 10 月,国家工商行政管理总局与经合组织在上海联合举办了滥用市场支配地位研讨会。来自经合组织的专家以及美国、瑞典、日本、韩国等国家竞争主管机关的官员就滥用市场支配地位的有关问题,与约 50 名我国工商执法人员进行了深入的研讨。

2009 年 1 月,国家工商行政管理总局与欧盟竞争总司联合举办"滥用市场支配地位研讨会";2 月,与德国阿登纳基金会联合举办"禁止垄断协议研讨会";3 月,与美国贸易发展署联合举办"禁止卡特尔研讨会";8 月,与美国贸易发展署联合举办"中美滥用市场支配地位研讨会"。这四个专题研讨会,对禁止滥用市场支配地位和禁止垄断协议行为有关问题进行了深入的研讨,加深了执法人员对相关执法问题的认识。

2010 年 3 月,国家工商行政管理总局与欧盟知识产权保护项目(二期)在湖南省长沙市联合举办了"中欧反垄断法在知识产权领域的适用研讨会"。各省、自治区、直辖市、计划单列市、副省级市工商行政管理机关竞争执法部门的业务骨干参加研讨,来自中、欧双方的专家学者分别就反垄断与知识产权保护的关系、滥用知识产权与垄断行为的认定、滥用知识产权的反垄断分析原则和方法等进行了深入介绍,进一步加深了工商系统竞争执法干部对滥用知识产权排除、限制竞争有关问题的理解。同年,组织 23 名一线执法人员赴美国参加反垄断与反不正当竞争执法培训,使一线执法人员对美国竞争执法领域的法律制度、法律体制、有益做法等有了较为系统的了解和感性认识,获得地方工商行政管理部门的普遍欢迎和高度评价。

二、反不正当竞争领域的国际交流与合作

(一)知识产权保护方面的国际合作

当今社会,知识产权保护越来越受到国际社会的高度重视,许多国家将知识产权作为推动经济发展,提高国际竞争力的原动力。由于我国的知识产权保护起步较晚,知识产权的整体水平与发达国家还存在着较大的差距,因此学习和借鉴发达国家在知识产权保护方面的有益做法,加强对发达国家知识产权发展动向、实施知识产权战略情况的研究,及时了解国际知识产权保护的总体动态成为反不正当竞争执法领域国际交流与合作的焦点。

2006年12月,国家工商行政管理总局会同国务院法制办组成代表团,赴日本就知识产权保护相关问题进行了交流访问,期间参加了由日本国际知识产权保护论坛主办的"中国知识产权法律制度研讨会",对于商品形状保护、商业秘密保护以及"傍名牌"等问题,代表团与日本政府部门、企业界和学术界人士进行了广泛的交流,进一步加强了两国相关部门的友好交往与合作。

中欧知识产权保护二期项目是反不正当竞争执法领域进行国际交流与合作的重要平台。国家工商行政管理总局充分利用这一合作机制,积极拓宽对外交流,了解和学习世界先进理念和经验,宣传工作成果,扩大工商行政管理部门反不正当竞争执法的对外影响力。国家工商行政管理总局先后于2009年和2010年派出宣讲团赴欧盟总部比利时布鲁塞尔、西班牙、德国,就总局的商标注册与保护以及反不正当竞争知识产权保护工作进行宣传介绍。宣讲团积极宣传中国商标战略和工商行政管理部门在商标注册、管理、保护以及反不正当竞争、反垄断领域所做的工作和取得的成效,并针对欧方提出的问题进行了现场解答,得到了欧盟方面的高度好评。

在中欧知识产权保护二期项目框架下,中欧双方先后合作召开了"中欧反不正当竞争与仿冒研讨会"、"中欧商业秘密保护研讨会"、"中欧打击商业贿赂研讨会"、"中欧反垄断法在知识产权领域的滥用研讨会"、"中欧打击虚假宣传违法行为研讨会"等国际会议,中欧双方的专家和来自地方工商行政

管理局的代表们围绕会议议题,就竞争法的立法和执法展开热烈讨论,收到了良好的效果。2009 年 6 月在上海、2010 年 5 月在青岛召开的中欧商业秘密保护研讨会上,欧方专家介绍了德国、英国、法国等国的商业秘密保护法律制度以及《与贸易有关的知识产权协议》等国际条约中商业秘密保护的相关条款;中方的专家及工商行政管理部门代表从理论上对商业秘密法律框架与规章制度、保护的范围、保护渠道、执法的特性进行了精彩的阐释,并结合具体案例,对保护商业秘密案件的取证等问题进行了分析总结。中欧专家和各省市工商行政管理局的与会代表围绕主题展开了热烈而深入的探讨,收到了良好的效果。

(二)市场秩序维护方面的国际合作

随着经济全球化的不断发展和科技水平的不断提升,国内国际市场日趋融合,营销和消费方式随之发生深刻变化,开展包括消费者权益保护在内的市场监管执法国际合作势在必行。国际消费者保护与执法网络(ICPEN)是由西方主要市场经济国家于 1991 年哥本哈根会议上达成一致、1992 年伦敦会议上成立,由各国消费者保护和公平交易执法机构组成的组织,成员主要是各国政府监管机构。该组织创设了一个制止跨国违法经营活动、共同维护国际市场交易秩序、更好保护消费者权益的合作机制,为各国消费者保护和市场监管机构提供了一个相互交流的平台。2005 年 11 月,国家工商行政管理总局派出代表团赴韩国参加了国际消费者保护与执法网络(ICPEN) 2005 首尔会议。在这次会议上,代表团代表国家工商行政管理总局提出了加入 ICPEN 的申请,并获得与会成员的一致通过。此后每年,总局均派员参加年度最佳执法培训等一系列活动,在国内积极开展制止欺诈月专项执法行动,取得了良好的社会反响,为更好地推动我国市场秩序监管和消费者权益保护水平的提高提供了有益的帮助。

多年来,国家工商行政管理总局在竞争领域积极开展对外交流与合作,加强了与国际组织和各国竞争机构的联系,一方面宣传我们的工作和成果,扩大工商行政管理部门竞争执法的国际影响力;另一方面熟悉和掌握了世界先进理念和经验,为维护公平竞争的市场秩序,促进经济平稳较快发展,提供有力的保障。

第二章 法律制度

　　法律制度是运用法律规范来调整各种社会关系时所形成的各项制度，是工商行政管理部门市场监管和行政执法的基本依据。本章主要介绍工商行政管理市场秩序维护相关法律法规和规章制度的立法背景、法律原则、基本内容及其赋予工商行政管理部门的法定职责。

第一节 竞争法律制度

一、反垄断法律制度

（一）垄断和反垄断法的基本含义

　　从最一般的意义上来说，垄断是作为竞争的对立面而存在的，表现为对竞争的排除或者限制。在经济学上，垄断是指在市场经济条件下，一个或多个企业对于特定市场的独占，因此经济学主要关注垄断作为市场结构的方面。垄断的含义在于市场主体的少数甚至惟一，对供给进而对价格的控制，竞争则呈现相反的情形。与经济学上的垄断概念定义的是一种客观市场状态不同，法律所规范的是特定主体的特定行为。一般说来，反垄断法所规制的垄断是指特定主体在经济活动中排除、限制竞争的状态或者行为，即经营者单独或者联合地采取经济的或者非经济的手段，在特定市场实行排他性控制，从而排除、限制竞争的状态或者行为。虽然垄断包括垄断状态和垄断行为，但从实际情况来看，垄断行为是各国反垄断法的主要规制对象，在多数国家还是惟一的规制对象。不过，大多数的垄断行为又是与垄断状态相联系的，即以某种垄断状态为前提或目的的结构性行为。2007年8月30日通过的我国《反垄断法》在第一条立法目的、第二条适用范围中都明确规定是"垄断行为",并在第三条将其界定为:"本法规定的垄断行为,包括:(一)经营者达成垄断协议;(二)经营者滥用市场支配地位;(三)具有或者可能具有排除、限制竞争效果的经营者集中。"

反垄断法是反对限制竞争、维护自由公平竞争秩序和经济活力的法律规范的总称。反垄断法在不同的国家或者地区有着不同的称谓。例如,在美国一般称为反托拉斯法;德国的相关立法称为反限制竞争法,又通称卡特尔法;欧共体和有些国家称为竞争法(狭义上的竞争法);还有叫公平交易法、管制限制性商业行为法等。虽然名称各异,但它们所规制的对象是大致相同的,即各种垄断或者限制竞争行为。当然,在不同的称谓和立法体例下,它所包含的内容可能不完全相同,如我国台湾地区的"公平交易法"就同时包括了反垄断法和反不正当竞争法两部分内容。

反垄断法是现代市场经济的基本法律之一,是维护市场经济正常发展所不可缺少的。反垄断法具有明显的政策性特征,在很多国家往往被称为竞争政策,至少是其竞争政策的核心内容,其制定、修改与国家的经济政策密切相关,其实施也带有很强的政策性和较大的灵活性。反垄断法的基本价值目标是通过保护竞争过程、维护竞争秩序来实现实质公平和社会整体效率,维护社会的整体利益。我国《反垄断法》第一条明确规定了其立法宗旨,即"为了预防和制止垄断行为,保护市场公平竞争,提高经济运行效率,维护消费者利益和社会公共利益,促进社会主义市场经济健康发展"。

尽管各国的反垄断法在立法模式和具体内容上存在差异,但是它们在基本的制度框架上则是大致相同的。这种制度框架都包括反垄断实体制度和反垄断实施制度两个基本的组成部分。反垄断法的实体制度一般由禁止垄断协议制度、禁止滥用市场支配地位制度、控制经营者集中制度这三个最基本的方面组成。其他的一些具体制度都是附属于这些基本制度或由这些基本制度派生出来的。当然,反垄断法的这些基本制度在不同国家其侧重点可能不完全相同,而且少数国家还有一些特别的制度,如日本反垄断法中特有的垄断状态规制制度。在我国和一些经济转型国家,反垄断法律制度的实体内容还包括禁止滥用行政权力排除、限制竞争的制度。反垄断法的实施制度主要包括关于反垄断执法机构的设置及其职责权限的制度、反垄断执法程序制度和反垄断法律责任制度,在不少国家还包括反垄断法的域外适用制度。

由于本书第三章专门介绍反垄断执法,因此本章主要介绍涉及《反垄断法》第二至第五章规定的四大实体制度和第七章的法律责任制度的基本内容。

(二)禁止垄断协议制度

《反垄断法》第二章规定了"垄断协议"。所谓垄断协议,就是指两个或两个以上的经营者,采取协议或默契等形式,共同对特定市场的竞争加以限制的行为。相对于垄断状态而言,垄断协议属于垄断行为。相对于滥用市场支配地位和经营者集中等结构性垄断行为而言,垄断协议属于非结构性垄断行为。相对于滥用市场支配地位在多数情况下由单个经营者所实施,垄断协议则总是由双方或多方所实施。由于这种行为以经营者之间的协议为典型形式,因此其又被简称为垄断协议或者限制竞争协议。

《反垄断法》第十三条第二款将垄断协议解释为"排除、限制竞争的协议、决定或者其他协同行为"。垄断协议可以从不同的角度加以分类。其中,从参与经营者之间的相互关系的角度,可以分为横向垄断协议和纵向垄断协议。

横向垄断协议,是指两个或两个以上因生产或销售同一类型产品或提供同一类服务而处于相互直接竞争中的经营者,通过共谋而实施的限制竞争行为。这种行为维持了分散的、表面上看来似乎是竞争性的市场结构,但由于众多分散的经营者采取协调或统一行动,因此其社会经济效果实际相当于特定市场上的行业垄断。而行业垄断的结果必然导致产量下降,价格上升,技术进步缓慢,消费者整体利益受损,资源配置无效益。同时,多个经营者的协议行为与单个经营者的垄断不同,它一般不会带来规模经济效益、有利于创新等积极效应。因此,这种行为常常要受到比较严格的管制。在美国,对这类行为中的多数适用本身违法原则,即只要认定通谋或协同行为的存在,根本无须实际考察其对竞争的危害,即可予以禁止和处罚。在欧盟,对这类行为一般是不予豁免的。

《反垄断法》第十三条规定,禁止具有竞争关系的经营者达成下列垄断协议:(一)固定或者变更商品价格;(二)限制商品的生产数量或者销售数量;(三)分割销售市场或者原材料采购市场;(四)限制购买新技术、新设备或者限制开发新技术、新产品;(五)联合抵制交易;(六)国务院反垄断执法机构认定的其他垄断协议。

纵向垄断协议,是指两个或两个以上在同一产业中处于不同阶段而有买卖关系的经营者,通过共谋而实施的限制竞争行为。与横向垄断协议不同,纵向垄断协议不是发生在直接竞争者之间,而是非竞争者之间的协议,它对于生产的社会化、经济的协调发展具有一定的积极意义,如保证产品或服务质量、经营者声誉以及消费者安全,消除"搭便车"现象,促进售后服务,增强不同品牌的同类商品间的竞争等,因而这种行为对竞争的危害相对于横向限制来说较小,它在各国受到的管制程度也较低,往往要区分不同的类型而分别对待。

《反垄断法》第十四条规定禁止经营者与交易相对人达成下列垄断协议:(一)固定向第三人转售商品的价格;(二)限定向第三人转售商品的最低价格;(三)国务院反垄断执法机构认定的其他垄断协议。

在禁止垄断协议制度中,针对特定行为的豁免规定是其重要组成部分。《反垄断法》第十五条也规定了垄断协议受到豁免的情况,即经营者能够证明所达成的协议属于下列情形之一的,不适用上述第十三条、第十四条的禁止规定:(一)为改进技术、研究开发新产品的;(二)为提高产品质量、降低成本、增进效率,统一产品规格、标准或者实行专业化分工的;(三)为提高中小经营者经营效率,增强中小经营者竞争力的;(四)为实现节约能源、保护环境、救灾救助等社会公共利益的;(五)因经济不景气,为缓解销售量严重下降或者生产明显过剩的;(六)为保障对外贸易和对外经济合作中的正当利益的;(七)法律和国务院规定的其他情形。其中,属于前款第一项至第五项情形,不适用有关禁止规定的,经营者还应当证明所达成的协议不会严重限制相关市场的竞争,并且能够使消费者分享由此产生的利益。

作为由同行业的经营者自愿组成的,为会员提供服务与支持,以增进全体会员的共同利益为目的的非营利性组织,行业协会对市场竞争的影响是双重的。一方面,行业协会在沟通本行业与政府的关系,为会员企业提供信息等服务,实行行业自律,以及支持企业参与国际竞争等方面,发挥着促进竞争的积极作用;另一方面,行业协会也可能成为经营者实施垄断行为的工具,起到破坏市场竞争的消极作用,其行为天然地接近于限制竞争行为中的垄断协议。基于此,《反垄断法》第十六条明确规定:"行业协会不得组织本行业的经营者从事本章禁止的垄断行为。"

(三)禁止滥用市场支配地位制度

《反垄断法》第三章规定了"滥用市场支配地位"。反垄断法中禁止滥用市场支配地位制度是一项针对特定主体的行为规制。其基本的分析框架是:首先需要对市场支配地位进行认定,以确定行为的主体;同时,市场支配地位本身并不违法,只有在具有市场支配地位的企业有滥用这种地位的行为或者具有其他违法行为时,才受到反垄断法的禁止,因此需要对滥用市场支配地位的行为进行确认,而被指控滥用市场支配地位的行为人应当享有抗辩的权利;被认定为滥用市场支配地位的行为主体应当承担相应的法律责任。因此,对市场支配地位进行认定是禁止滥用市场支配地位制度的一项重要和复杂的基础性工作。

根据《反垄断法》第十七条第二款的规定,市场支配地位是经营者在相关市场内具有能够控制商品价格、数量或者其他交易条件,或者能够阻碍、影响其他经营者进入相关市场能力的市场地位。该法第十八条规定,认定经营者具有市场支配地位,应当依据下列因素:(一)该经营者在相关市场的市场份额,以及相关市场的竞争状况;(二)该经营者控制销售市场或者原材料采购市场的能力;(三)该经营者的财力和技术条件;(四)其他经营者对该经营者在交易上的依赖程度;(五)其他经营者进入相关市场的难易程度;(六)与认定该经营者市场支配地位有关的其他因素。

尽管在认定市场支配地位时市场份额不是惟一的因素,但是考虑到在多数情况下,市场份额又是最重要和最直观的因素,为增强法律规范的严密性和可操作性,还需要在上述情况之外根据市场份额作出必要的法律推断。《反垄断法》第十九条第一款规定,有下列情形之一的,可以推定经营者具有市场支配地位:(一)一个经营者在相关市场的市场份额达到二分之一的;

（二）两个经营者在相关市场的市场份额合计达到三分之二的；（三）三个经营者在相关市场的市场份额合计达到四分之三的。同时，该条第二款又规定：有前款第二项、第三项规定的情形，其中有的经营者市场份额不足十分之一的，不应当推定该经营者具有市场支配地位。

推定与认定在承担举证责任方面是不同的。推定的举证责任在于被推定者，而认定的举证责任在于作出认定的一方。如果被推定者不提出反证或者反证不为推定方认可，则该推定成立。既然是推定，那就要赋予被推定具有市场支配地位的经营者有进行反驳或者推翻推定的权利，即被推定的经营者可以证明相关市场上仍然存在实质性竞争，潜在竞争者没有进入市场的障碍，现有竞争者扩大产出没有障碍，购买者的市场力量强大等，从而使得该推定不能成立。因此第十九条第三款又规定："被推定具有市场支配地位的经营者，有证据证明不具有市场支配地位的，不应当认定其具有市场支配地位。"其目的是要使对经营者市场支配地位的推定尽可能建立在经济、科学、合理的基础上。当然，如果其提供的证据具有说明力，反垄断执法机构不应当认定其具有市场支配地位。

滥用市场支配地位是具有市场支配地位的经营者凭借该地位，在相关市场上实质性地排除、限制竞争，违背公共利益，损害消费者利益，从而为反垄断法所禁止的行为。《反垄断法》第十七条对滥用市场支配地位行为作了若干列举，并设有兜底条款，即经营者滥用市场支配地位的行为包括：（一）以不公平的高价销售商品或者以不公平的低价购买商品；（二）没有正当理由，以低于成本的价格销售商品；（三）没有正当理由，拒绝与交易相对人进行交易；（四）没有正当理由，限定交易相对人只能与其进行交易或者只能与其指定的经营者进行交易；（五）没有正当理由搭售商品，或者在交易时附加其他不合理的交易条件；（六）没有正当理由，对条件相同的交易相对人在交易价格等交易条件上实行差别待遇；（七）国务院反垄断执法机构认定的其他滥用市场支配地位的行为。以上规定涉及禁止不公平要价、掠夺性定价、拒绝交易、强制交易、搭售、差别待遇等具体滥用市场支配地位的行为，基本上涵盖了针对同业竞争者和针对交易相对人所实施的滥用行为，是比较完整和全面的。但是，这些规定比较原则，在实际适用中还存在许多具体问题需要解决。

对滥用市场支配地位行为都是按照合理分析规则进行分析的,因此被指控实施了滥用市场支配地位行为的经营者可以对有关指控进行抗辩,为自己的行为进行法律辩护。如果处于市场支配地位的经营者能够对自己被指控滥用市场支配地位的行为作出客观合理的解释,即它所采取的行为是为了维护自己合法利益的恰当手段,并且主观上出于善意等,反垄断执法机构就不应当认定其为滥用行为。

(四)控制经营者集中制度

《反垄断法》第四章规定了"经营者集中"。经营者集中是指下列情形:(一)经营者合并;(二)经营者通过取得股权或者资产的方式取得对其他经营者的控制权;(三)经营者通过合同等方式取得对其他经营者的控制权或者能够对其他经营者施加决定性影响。

经营者集中以其影响市场的效果和程度为标准,可以分为横向集中和非横向集中(包括纵向集中和混合集中)。横向集中是指因生产或销售同类产品,或者提供同种服务而处于相互直接竞争中的经营者之间的集中。纵向集中是指同一产业中处于不同阶段而实际上有买卖关系的经营者之间的集中。混合集中一般是指既不存在竞争关系也不存在买卖关系的企业之间的集中,即跨行业的经营者集中。不同类型的经营者集中有着不同的特点,它们对竞争的影响方式和程度不同,因而受反垄断法控制的程度也不尽相同。其中,横向集中所受到的控制是最严格的。

《反垄断法》规定经营者集中达到一定标准的应当事先向国务院反垄断执法机构申报,国务院反垄断执法机构应当自收到经营者提交的符合该法规定的文件、资料之日起三十日内,对申报的经营者集中进行初步审查,作出是否实施进一步审查的决定,并书面通知经营者。国务院反垄断执法机构作出决定前,经营者不得实施集中。国务院反垄断执法机构作出不实施进一步审查的决定或者逾期未作出决定的,经营者可以实施集中。

经营者集中达到下列标准之一的,经营者应当事先向国务院商务主管部门申报,未申报的不得实施集中:(一)参与集中的所有经营者上一会计年度在全球范围内的营业额合计超过100亿元人民币,并且其中至少两个经营者上一会计年度在中国境内的营业额均超过 4 亿元人民币;(二)参与集中的所有经营者上一会计年度在中国境内的营业额合计超过 20 亿元人民币,并且其中至少两个经营者上一会计年度在中国境内的营业额均超过 4 亿元人民币。营业额的计算,应当考虑银行、保险、证券、期货等特殊行业、领域的实际情况,具体办法由国务院商务主管部门会同国务院有关部门制定。

审查经营者集中应当考虑下列因素:(一)参与集中的经营者在相关市场的市场份额及其对市场的控制力;(二)相关市场的市场集中度;(三)经营者集中对市场进入、技术进步的影响;(四)经营者集中对消费者和其他有关经营者的影响;(五)经营者集中对国民经济发展的影响;(六)国务院反垄断执法机构认为应当考虑的影响市场竞争的其他因素。

经营者集中具有或者可能具有排除、限制竞争效果的,国务院反垄断执法机构应当作出禁止经营者集中的决定。但是,经营者能够证明经营者集中对竞争产生的有利影响明显大于不利影响,或者符合公共利益的,国务院反垄断执法机构可以作出对经营者集中不予禁止的决定。国务院反垄断执法机构对不予禁止的经营者集中,可以决定附加减少集中对竞争产生不利影响的限制性条件。国务院反垄断执法机构应当将禁止经营者集中的决定或者对经营者集中附加限制性条件的决定,及时向社会公布。

对外资并购境内企业或者以其他方式参与经营者集中,涉及国家安全的,除依照本法规定进行经营者集中审查外,还应当按照国家有关规定进行国家安全审查。

(五)禁止滥用行政权力排除、限制竞争制度

《反垄断法》既在总则第八条原则规定"行政机关和法律、法规授权的具有管理公共事务职能的组织不得滥用行政权力,排除、限制竞争";同时,又在第五章专章规定了"滥用行政权力排除、限制竞争",内容涉及指定交易、妨碍商品在地区之间自由流通、招投标活动中的地方保护、排斥或者限制在本地投资或者设立分支机构、强制经营者从事垄断行为、制定含有排除、限制竞争内容的规定。具体行为表现包括:

1. 行政机关和法律、法规授权的具有管理公共事务职能的组织滥用行政权力,以任何方式限定或者变相限定单位和个人只能经营、购买、使用指

定的经营者提供的商品。

2. 行政机关和法律、法规授权的具有管理公共事务职能的组织滥用行政权力,实施下列行为,妨碍商品在地区之间自由流通:(一)对外地商品设定歧视性收费项目、实行歧视性收费标准,或者规定歧视性价格;(二)对外地商品规定与本地同类商品不同的技术要求、检验标准,或者对外地商品采取重复检验、重复认证等歧视性技术措施,限制外地商品进入本地市场;(三)采取专门针对外地商品的行政许可,限制外地商品进入本地市场;(四)设置关卡或者采取其他手段,阻碍外地商品进入或者本地商品运出;(五)妨碍商品在地区之间自由流通的其他行为。

3. 行政机关和法律、法规授权的具有管理公共事务职能的组织滥用行政权力,以设定歧视性资质要求、评审标准或者不依法发布信息等方式,排斥或者限制外地经营者参加本地的招标投标活动。

4. 行政机关和法律、法规授权的具有管理公共事务职能的组织滥用行政权力,采取与本地经营者不平等待遇等方式,排斥或者限制外地经营者在本地投资或者设立分支机构。

5. 行政机关和法律、法规授权的具有管理公共事务职能的组织滥用行政权力,强制经营者从事本法规定的垄断行为。

6. 行政机关滥用行政权力,制定含有排除、限制竞争内容的规定。

(六)反垄断法律责任制度

《反垄断法》第七章规定了"法律责任"。反垄断法律责任一般是以行政责任为主、民事责任和刑事责任配合的综合性法律责任体系。但在《反垄断法》中没有规定垄断行为的刑事责任。

《反垄断法》对于三种垄断行为规定了以罚款为主的行政责任形式。根据《反垄断法》第四十六条的规定,经营者违反本法规定,达成并实施垄断协议的,由反垄断执法机构责令停止违法行为,没收违法所得,并处上一年度销售额百分之一以上百分之十以下的罚款;尚未实施所达成的垄断协议的,可以处五十万元以下的罚款。经营者主动向反垄断执法机构报告达成垄断协议的有关情况并提供重要证据的,反垄断执法机构可以酌情减轻或者免除对该经营者的处罚。行业协会违反本法规定,组织本行业的经营者达成垄断协议的,反垄断执法机构可以处五十万元以下的罚款;情节严重的,社会团体登记管理机关可以依法撤销登记。

根据《反垄断法》第四十七条至第四十九条的规定,经营者滥用市场支配地位,由反垄断执法机构责令停止违法行为,没收违法所得,并处上一年度销售额百分之一以上百分之十以下的罚款。经营者违法实施集中的,由国务院反垄断执法机构责令停止实施集中、限期处分股份或者资产、限期转让营业以及采取其他必要措施恢复到集中前的状态,可以处五十万元以下的罚款。对于前述所涉及的罚款,反垄断执法机构确定具体罚款数额时,应当考虑违法行为的性质、程度和持续的时间等因素。

对于滥用行政权力排除、限制竞争行为的法律责任,《反垄断法》第五十一条规定,行政机关和法律、法规授权的具有管理公共事务职能的组织滥用行政权力,实施排除、限制竞争行为的,由上级机关责令改正;对直接负责的主管人员和其他直接责任人员依法给予处分。反垄断执法机构可以向有关上级机关提出依法处理的建议。法律、行政法规对行政机关和法律、法规授权的具有管理公共事务职能的组织滥用行政权力实施排除、限制竞争行为的处理另有规定的,依照其规定。

《反垄断法》第五十条规定了民事责任,即"经营者实施垄断行为,给他人造成损失的,依法承担民事责任。"这一规定比较笼统,在反垄断民事诉讼实践中有一系列问题需要进一步明确。除了适用《民事讼诉法》的相关规定外,还需要最高人民法院制定有针对性的司法解释。《最高人民法院关于审理垄断民事纠纷案件适用法律若干问题的规定(征求意见稿)》已于2011年4月向社会公布。该司法解释出台后,将作为人民法院审理此类案件的依据之一。

二、反不正当竞争法律制度

(一)《反不正当竞争法》的立法背景

新中国成立后,我国在相当长的一段时期实行中央高度集中的计划经济体制,在社会经济生活中,竞争基本上是缺席的。直到1978年实行改革开放后,竞争机制被引入,市场竞争为经济社会带来的巨大变化有目共睹。竞争是市场经济的本质特征,公平竞争是市场经济健康发展的必然要求。因为,竞争同世界上任何事物一样具有两重性,优胜劣汰的竞争压力之下可以产生优化资源配置等积极的企业行为和社会效果,也可能产生不正当交易等消极的企业行为和社会效果。发挥竞争的积极作用的前提是做到有序竞争。有序竞争要求"游戏规则"为先,这些规则包括法律、法规、行业规范、国际惯例等,其中竞争法无疑是最重要的组成部分。正因如此,凡是实行市场经济的国家,无论其政治和社会制度如何,都把竞争法作为本国经济运行的基本制度。

我国在建立和完善社会主义市场经济体制过程中,不断根据国情并遵循国际通行的竞争规则,设计、制定和完善相关竞争政策和法律。最初是经济学界就社会主义经济中是否存在竞争、竞争的形式和内容等进行激烈的争论,中国现代竞争立法就在争论中得以起步。1980 年 10 月国务院发布的《关于开展和保护社会主义竞争的暂行规定》和其后的《广告管理条例》、《国营工业企业暂行条例》等规定中,都部分涉及了反不正当竞争的基本内容。在当时的市场环境下,制止现实经济生活中的不正当竞争行为的需要,使反不正当竞争的专门立法被提上日程。真正全面系统地进行反不正当竞争立法是从 1987 年开始的,在此期间,地方性立法相对活跃,1985 年武汉市率先制定了《制止不正当竞争行为试行办法》后,上海、江西等地也先后制定相关规定,这些地方性竞争规定的试行,丰富了我国反不正当竞争的执法实践,为全国性统一立法提供了宝贵经验。1992 年初,反不正当竞争立法被列入全国人大常委会立法计划,由国家工商行政管理局成立专门起草小组,完成征求意见稿,1993 年经过专家论证和人大常委会审议通过,《反不正当竞争法》于 1993 年 12 月 1 日起实施,我国反不正当竞争从此走向了有法可依的新时代。

(二)立法宗旨

立法宗旨即制定法律的目的。《反不正当竞争法》第一条规定开宗明义:"为保障社会主义市场经济健康发展,鼓励和保护公平竞争,制止不正当竞争,保护经营者和消费者的合法权益,制定本法。"具体而言,包括以下几个层面:

一是鼓励和保护公平竞争,制止不正当竞争行为。市场主体是在优胜劣汰中进行市场竞争的,而优胜劣汰必须遵循一定的规则。市场竞争就像是一场体育比赛,为保证比赛的正常进行,就必须有一套场上队员都必须遵守的比赛规则,只有这样比赛才会精彩、激烈。同样为保证市场竞争机制的正常运转,首先要确立一套大家共同遵守的竞争规则。《反不正当竞争法》就承担这个重要的使命。它通过规定哪些行为是不正当竞争行为,以及如何制裁不正当竞争行为,为市场竞争行为制定出一套"游戏规则",划出了一条警戒线,经营者只要不越过这条警戒线,就可以各显其能,展开充分而自由的竞争。反之,则必须被制止。对市场竞争行为予以规范是《反不正当竞争法》制定和实施的最直接目的,既要运用竞争机制的积极作用,同时又要防止竞争机制的消极作用。一方面对一切公平竞争进行鼓励和保护,另一方面对各种不正当竞争行为加以制止和惩罚。法律保障经营者在市场活动中公开、公平地进行竞争,鼓励诚实的经营者通过自己的努力取得市场优势,从而保持竞争的公平性和有效性,使竞争始终成为企业发展的动力,带动整个社会生产力不断提高。

二是保护经营者和消费者的合法权益。现实经济生活中不正当竞争行为,不但扰乱、破坏了社会经济秩序,而且使其他经营者和广大消费者的合法权益受到了严重的损害。有些不正当竞争行为更是败坏了社会风气,助长腐败现象。例如假冒伪劣商品的泛滥,不仅给我国许多名牌产品带来了灾难性后果,也给消费者造成了难以估量的损害。《反不正当竞争法》的制定和实施,在保护经营者合法权益的同时,也起到了保护消费者权益的重要作用。

三是保障社会主义市场经济健康发展。我们要建立的社会主义市场经济体制,就是要使市场在社会主义国家宏观调控下对资源配置起基础性作用,使经济活动遵循价值规律的要求,适应供求关系的变化,通过价格杠杆和竞争机制的功能,把资源配置到效益较好的环节中去,并给企业以压力和动力,实行优胜劣汰;运用市场对各种经济信号反应比较灵敏的优点,促进生产和需求及时协调,以利于进一步解放和发展生产力。《反不正当竞争法》就是从法律上保障社会主义市场经济健康发展。

(三)反不正当竞争法律体系及相关配套规定

1.《反不正当竞争法》共分为五章三十三条,规制不正当竞争行为和限制竞争行为,属于杂糅式立法。规制的不正当竞争行为包括假冒他人注册商标、仿冒知名商品特有的名称、包装、装潢、冒用他人姓名或企业名称的仿冒行为,虚假表示、虚假宣传的误导行为,商业贿赂、侵犯商业秘密、不正当有奖销售、商业诋毁行为。限制竞争行为包括公用企业或其他具有独占地位经营者限制竞争、滥用行政权力限制竞争、低价倾销、搭售和附加不合理条件、串通招投标行为。

2. 配套规章:《反不正当竞争法》实施后,国家工商行政管理局先后制定颁布了六部配套规章(见下表),解决了执法中的一些实际问题。

1993 年 12 月 24 日	19 号令	关于禁止有奖销售活动中不正当竞争行为的若干规定
1993 年 12 月 9 日	20 号令	关于禁止公用企业限制竞争行为的若干规定
1995 年 7 月 6 日 (1998 年 12 月 3 日)	33 号令 (86 号令 修订)	关于禁止仿冒知名商品特有的名称、包装、装潢的不正当竞争行为的若干规定
1995 年 11 月 23 日	41 号令	关于禁止侵犯商业秘密行为的若干规定
1996 年 11 月 15 日	60 号令	关于禁止商业贿赂行为的暂行规定
1998 年 1 月 6 日	82 号令	关于禁止串通招标投标行为的暂行规定

3. 地方性法规:迄今为止,全国已有北京、上海、天津、重庆、河北、黑龙江、江苏、浙江、河南、湖北、海南等二十余个省、自治区、直辖市、计划单列市、副省级城市的人大制定颁布了反不正当竞争地方法规。在《反不正当竞争法》的总体框架下,结合各地自身实际情况对相关规定进行细化和补充。

4. 行政解释:就实践中遇到的法律适用问题,通过请示批复等途径,国家工商行政管理总局还对《反不正当竞争法》作了一系列行政解释,对同类型的案件具有指导意义。

(四)《反不正当竞争法》的主要特征

一是借鉴国外立法经验并与中国的实际相结合。由于立法较晚,因而我国《反不正当竞争法》注重借鉴国外竞争法的先进经验与技术,同时又具有鲜明的中国特色。从调整范围看,既包括垄断和限制竞争行为,又包括传统意义上违背诚实信用原则的不正当竞争行为。对上述两类行为国外立法有合并、分立、杂糅交叉等方式,并无固定一致的做法。我们立法时主要从国内经济发展水平和实际需要出发,不拘泥于形式,着重规范那些在我国经济生活中亟须加以规范的不正当竞争行为,因而将部分比较突出的限制竞争行为纳入到《反不正当竞争法》中予以规制,如行政性垄断作为不正当竞争行为之一规定在《反不正当竞争法》中,是富有中国特色的独创之举。

二是集实体性与程序性规定为一体。《反不正当竞争法》共五章三十三条,除总则和附则外,还有不正当竞争、监督检查、法律责任几个章节,其中在实体规定中,列举了十一种不正当竞争行为,而且在总则中规定了概括性一般规定,使法律不局限于所列举行为,体现了原则性与灵活性的结合;在程序性规定中,规定了具体执法机关的监督检查权,规定了相应的法律责任,也规定了国家鼓励、社会监督等内容。

三是司法救济与行政救济并举。不正当竞争具有侵害诚实消费者利益和危害公共利益的双重性质。与司法救济途径相比,行政救济具备更快捷简便的优点,因此《反不正当竞争法》在赋予受害人司法救济权利同时,更侧重于通过行政手段对不正当竞争进行主动干预,具有较强的行政干预色彩。

四是确定工商行政管理部门为不正当竞争行为的监督机关。在机构设置上,各国通行做法是创设一个新的机构,专司反不正当竞争之职责。我国没有设立新的机构,而是从现有的具备相应职能的行政管理机关中选择了市场监控体系比较健全、市场监管经验比较丰富、具有综合性经济监管和行政执法职能的工商行政管理部门行使该项职能。

五是规定了较为完整的法律责任。由于竞争法是市场经济法律体系中的一项基本法律,因而它不仅与经济法律体系中的其他法律有密切的联系,而且还与民法、刑法有着密切关系。与同期其他经济立法相比,《反不正当竞争法》的法律责任力度较大,此外,既规定了民事、行政责任,也规定了刑事责任。

(五)不正当竞争行为的概念及要素

《反不正当竞争法》第二条第二款规定,"本法所称的不正当竞争,是指经营者违反本法规定,损害其他经营者的合法权益,扰乱社会经济秩序的行为。"这一概念是对不正当竞争行为的界定,包括以下四要素:

1. 行为性

《反不正当竞争法》重点调整不正当竞争行为,体现了行为法性质。而不正当竞争行为的主体是经营者,正确理解《反不正当竞争法》中的"经营者"成为必要前提。按照《反不正当竞争法》第二条第三款规定:"本法所称的经营者,是指从事商品经营或者营利性服务(以下所称商品包括服务)的法人、其他经济组织和个人。"客观的营业性和主观的营利性是经营者的本质特征,《反不正当竞争法》把实际从事市场交易的单位和个人都界定为经营者,是一种统称,只要以营利为目的向社会提供商品或服务的单位和个人,实施了违反《反不正当竞争法》规定的行为,就构成了不正当竞争行为。因此,在实践中不能以是否领取营业执照作为认定不正当竞争行为主体的标准。无论何种性质的单位和个人,只要其在实施或者参与实际从事市场交易中有违反《反不正当竞争法》所禁止的不正当竞争行为,就属于《反不正当竞争法》规定的"经营者"。这就不难解释为什么医疗机构及其医务人员在从事医疗活动过程中违法收受医药公司回扣,同样能够按照《反不正当竞争法》相关规定定性处罚了,换言之,针对的是收受回扣的行为主体,并不因为该主体还存在正常的医疗活动而将其排除在《反不正当竞争法》中的"经营者"之外。

2. 违法性

不正当竞争行为必须是"违反本法规定的行为",这是分析判断具体市场交易行为属于正当竞争还是不正当竞争的根本标准。对我国《反不正当竞争法》第二条第二款规定的"违反本法规定"的行为,包括违反我国《反不正当竞争法》第五条至第十五条规定的十一种行为,行政机关可以认定并给予行政处罚。同时,这十一种行为的具体规定对于在市场竞争中涌现出的形形色色的不正当竞争行为已不能涵盖。对此,一些《反不正当竞争法》明确列举的十一种行为之外的广义的不正当竞争的行为,如果违背了"自愿、平等、公平、诚实信用"原则,或者违背了"公认商业道德",即违反了《反不正当竞争法》原则性规定的,也可以被认定为不正当竞争行为。

3. 侵权性

按照我国《反不正当竞争法》的规定,不正当竞争是侵犯其他经营者合法权益的行为,具有民事侵权性质。任何一种通过不正当手段获取竞争优势的不正当竞争行为,都会损害市场经济中诚实经营者的合法权益,该合法权益包括其他经营者的知识产权、财产权、名誉权等合法权益。根据我国《反不正当竞争法》第二十条的规定,被侵害的经营者的合法权益受到不正当竞争行为损害的,可以向人民法院提起诉讼。

4. 危害性

不正当竞争行为虽有民事侵权性质,但并非单纯的民事侵权行为,扰乱社会经济秩序是其又一本质特征。竞争是市场经济的灵魂,通过竞争,可以优胜劣汰,充分调动经营者的生产经营积极性和创造性,优化资源配置,降低经营成本,促进市场经济健康发展。不正当竞争则是通过不正当的手段,助长恶劣的经营作风,妨碍正常的交易秩序,毒化社会风气,影响对外贸易。因此,不正当竞争行为会破坏健康的市场机制形成,是扰乱社会经济秩序的行为。有些行为从表象上看可能对交易双方都是有利的,但这类行为对一般消费者乃至整个社会公共利益均有严重危害性,因此需要对其予以制止。

(六)市场竞争的基本原则

《反不正当竞争法》第二条第一款规定:"经营者在市场交易中,应当遵循自愿、平等、公平、诚实信用的原则,遵守公认的商业道德。"这是对市场竞争基本原则的规定。市场竞争的基本原则,是指所有市场交易活动所必须遵守的根本性准则,其实质是对市场经济规律向竞争活动提出的基本要求的高度抽象概括。其主要作用在于为所有经营者从事各种具体的、正当的市场交易活动提供最基本的依据,为执法机关衡量各种具体的市场交易活动的正当性与非正当性提供最基本的标准。一般地说,凡是符合这些基本原则的市场交易活动,即是正当竞争行为;凡是违反这些基本原则的市场交易活动,即是不正当竞争行为。

1. 自愿原则

自愿原则是指经营者在法律允许的范围内,可以自主地从事市场交易活动,即可以根据自己内心的意愿,决定确立、变更或终止商事法律关系。《反不正当竞争法》中的自愿原则,是市场经济自主性特征的要求,它与我国民法中自愿原则的基本精神是一致的。根据这一原则,经营者以欺骗、强制的手段从事交易,或者利用自己的经济优势迫使交易对方接受不合理交易条件的行为,都属于不正当竞争行为;政府及其所属部门滥用行政权力,限定他人购买其指定企业的商品等行为,也是与自愿原则相背离的行为。

2. 平等原则

平等原则是指经营者在法律规定的范围内从事市场交易活动,都具有平等的法律地位,享有平等的权利能力,没有地位高低之分。经营者不论经济实力强弱,所有制或地区、国别等属性如何,在市场交易中,都具有平等的法律地位。根据这一原则,经营者在市场交易中不得强迫对方进行交易,也不得滥用经济优势或依法具有的独占地位妨碍其他经营者的公平竞争。

3. 公平原则

公平原则是指经营者在市场交易活动中均应受到公正的对待,在市场交易关系中,交易双方在享有权利和承担义务上不能显失公平,更不能一方只享有权利,另一方只承担义务。经营者的正常经营活动和其他合法权益不受任何不正当的妨害。根据这个原则,经营者盗用他人的竞争优势,诋毁竞争对手的商业信誉,滥用经济优势排挤竞争对手,以及政府机关利用行政权力限制经营者正当竞争活动等行为,都具有明显的不正当竞争或妨碍公平竞争的性质。

4. 诚实信用原则

诚实信用原则是指经营者在市场交易中应该保持善意,不事欺诈,并且恪守诺言,信守合同。不得采用欺骗手段从事市场交易活动,谋取非法利益,侵害其他经营者的合法权益。根据这个原则,对其他经营者的商品、营业场所或设施等制造混淆的行为,虚假广告行为,欺骗性有奖销售行为,以及违反约定泄露他人商业秘密等行为,均属于不正当竞争行为。

5. 遵守公认的商业道德的原则

《反不正当竞争法》在规定自愿、平等、公平、诚实信用四项原则的同时,还规定经营者在市场交易中应当遵守公认的商业道德。我们也应该把它理解为市场交易的一项基本原则。那么,这项原则的基本内容是什么,反不正当竞争法中并没有明确规定。我们认为,它们应该是前四项基本原则之外,为所有经营者或者某个行业的经营者们所公认和普遍遵守的、具有积极社会意义的市场交易行为准则。例如,经营者应该尊重竞争对手或消费者的隐私权;经营者应当尊重客户的生活习惯和宗教信仰,等等。这些商业道德准则一般是在长期反复的市场交易活动中形成的。需要说明的是,自愿、平等、公平、诚实信用的原则,是最重要的商业道德,也是法律化了的商业道德。但它们的内涵毕竟有一定的限度,不可能完全包括所有的商业道德,特别是不能完全包括某些行业内所特有的行为准则。因此,为了更全面地确定判断市场交易行为公正性的标准,该法才在规定自愿、平等、公平、诚实信用原则的同时,又规定了遵守公认的商业道德的原则。这将使《反不正当竞争法》能够更全面、灵活地发挥规范市场交易行为的作用。

在学习和理解该法关于市场交易基本原则的规定时,还有必要明确另一个问题,即国家的某些倾斜性经济政策与公平竞争环境的关系问题。有人认为国家对某些地区、某些行业、某些类企业实行倾斜政策,即给予税收、贷款等方面的优惠待遇;在这样的条件下,没有公平竞争可言。事实上,公平竞争并不是指所有企业在市场交易活动中,都享有绝对相同的权利,承担绝对相同的义务,而是指他们都享有完全平等的民事主体的法律地位,可以在法律规定的范围内,去自主地从事市场交易活动,得到进入或退出市场的平等机会,在正当利益受到侵害时,能够得到同样的法律保护。所有经营者都必须依照法律规定从事市场交易活动,任何人不能超越法律行事。总之,公平竞争是在法律规定基础上的竞争,国家倾斜性经济政策并不影响经营者间的公平竞争。

（七）《反不正当竞争法》修订工作

随着我国市场经济的不断发展和市场竞争的日趋激烈,出台于 1993 年我国市场经济确立初期的《反不正当竞争法》已不能适应我国市场经济日益发展的需要,特别是 2008 年 8 月《反垄断法》施行后,《反不正当竞争法》与《反垄断法》之间需要进行调整对象的区分和衔接。因此,修订、完善《反不正当竞争法》显得十分迫切和必要。国家工商行政管理总局受国务院委托,于 2003 年着手开展《反不正当竞争法》修订工作。在广泛征求社会各界意见的基础上,形成了《反不正当竞争法(修订稿)》,并于 2008 年 12 月将《修订稿》报请国务院审查,目前仍在审查过程中。

第二节　市场规范管理法律制度

一、《合同法》和《合同违法行为监督处理办法》

（一）《合同法》中有关工商行政管理的主要职责

合同是商品经济的产物,是平等民事主体的自然人、法人、其他组织之间设立、变更、终止民事权利义务关系的协议。合同法是调整平等主体的自然人、法人、其他组织之间设立、变更、终止民事权利义务关系的法律规范。合同监督管理,是指工商行政管理部门和其他有关行政主管部门对利用合同危害国家利益、社会公共利益的违法行为进行监督和处理的行政监督管理活动。

我国合同法经历了从《经济合同法》到《合同法》的衍变过程。

为保障社会主义市场经济的健康发展,保护经济合同当事人的合法权益,维护社会经济秩序,促进社会主义现代化建设,1981 年 12 月 13 日,五届全国人大四次会议通过了《经济合同法》。《国务院批转国家经委、国家工商行政管理局、国务院经济法律研究中心关于执行经济合同法若干问题的意见的请示》(国发[1982]73 号)规定:中央及地方各级工商行政管理局负责统一管理经济合同。从此,形成了以工商行政管理部门为主管机关,各业务主管部门分工负责的经济合同监管体制。1993 年 9 月 2 日第八届全国人大常委会第三次会议通过了《全国人民代表大会常务委员会关于修改〈中华人民共和国经济合同法〉的决定》,《经济合同法》的修改,突出了合同自由的原则,合同行政监督管理的色彩被弱化。

全国人大常委会法制工作委员会根据第八届全国人大常委会的立法规划,从 1993 年 10 月起着手进行《合同法》的起草工作,1997 年 5 月起向全国征求意见,1998 年完成了《合同法(草案)》并提请第九届全国人大常委会审议。第九届全国人大常委会在第四、五、六、七次会议上,对《合同法(草案)》进行了四次审议。1999 年 3 月 15 日,九届全国人大二次会议通过了《合同法》。《合同法》的制定和实施,实现了合同法律的法典化,适应了市场经济体制的要求,进一步完善了我国的合同法律制度,更好地规范了社会主义市场经济的交易行为,有力地促进了社会主义现代化建设的发展。《合同法》第一百二十七条"工商行政管理部门和其他有关行政主管部门在各自的职权范围内,依照法律、行政法规的规定,对利用合同危害国家利益、社会公共利益的违法行为,负责监督处理"的规定,是工商行政管理部门对合同行为进行监督处理的最主要法律依据。

(二)《合同违法行为监督处理办法》

在 2008 年之前,工商行政管理部门对合同违法行为的监管,主要依据《关于查处利用合同进行的违法行为的暂行规定》(国家工商行政管理局第 38 号令颁布、第 86 号及 97 号令修订)。2008 年,由于《投机倒把行政处罚暂行条例》的废止,《关于查处利用合同进行的违法行为的暂行规定》也被废止,从而造成了工商行政管理部门对合同违法行为的监督处理既无法律法规级的规范,也无规章级的规范,合同监管处于没有具体依据的状态。

2009 年,国家工商行政管理总局根据《合同法》以及《国务院办公厅关于印发〈国家工商行政管理总局主要职责内设机构和人员编制规定〉的通知》中的有关规定,开始着手起草新的《合同违法行为监督处理办法》(国家工商行政管理总局令第 51 号),并于 2010 年 11 月 13 日开始实施。该办法以保护国家利益、社会公共利益为核心,以保障交易安全、维护经济秩序为基本原则。《合同违法行为监督处理办法》对利用合同,以非法占有为目的,用虚构事实或者隐瞒真相的方法骗取财物;利用合同,采用贿赂、胁迫、恶意串通等方法,牟取非法利益和经营者利用合同格式条款,免除自身责任、加重消费者责任、排除消费者权利的行为,分别作出了禁止性规定。

二、《担保法》、《物权法》和《动产抵押登记办法》

(一)《担保法》中有关工商行政管理的主要职责

1995 年 6 月 30 日,第八届全国人大常委会第十四次会议通过《担保法》,并于同年 10 月 1 日起施行。《担保法》第四十一条、第四十二条规定:以企业的设备和其他动产抵押的,办理抵押登记的部门为财产所在地的工商行政管理部门;抵押合同自登记之日起生效。根据《担保法》的规定,国家工商行政管理局在 1995 年 10 月颁布了《企业动产抵押物登记管理办法》(国家工商行政管理局第 35 号令),对办理抵押物登记的程序、审查内容,以及违反登记有关规定的处罚作出了具体规定。依照《担保法》和国家工商行政管理局《企业动产抵押物登记管理办法》的规定,全国工商行政管理系统从 1995 年 10 月起开始开展企业动产抵押物登记工作。1998 年 12 月 3 日,国家工商行政管理局重新修订了《企业动产抵押物登记管理办法》。1999 年 8 月 16 日又下发了《关于贯彻实施〈企业动产抵押物登记管理办法〉若干问题的意见》(工商市字〔1999〕212 号),进一步完善和规范了抵押登记工作。

(二)《物权法》中有关工商行政管理的主要职责

2007 年 3 月 16 日,十届全国人大五次会议通过了《物权法》,并于 2007 年 10 月 1 日起施行。《物权法》是明确物的归属,发挥物的效用,保护权利人的物权的基本法律,是我国民法的核心内容,对于维护社会主义基本经济制度、完善社会主义市场经济体制具有重要意义,与人民群众的根本利益也息息相关。

《物权法》明确规定,企业、个体工商户、农业生产经营者以"现有的以及将有的生产设备、原材料、半成品、产品抵押的,应当向抵押人住所地的工商行政管理部门办理登记","抵押权自抵押合同生效时设立;未经登记,不得对抗善意第三人"。对比《担保法》,《物权法》增加了个体工商户和农业生产经营者为动产抵押登记的主体;开放了浮动抵押的模式;动产抵押登记地由动产所在地改为抵押人住所地;抵押合同由之前《担保法》规定的登记生效改为登记对抗,未经登记不得对抗善意第三人。

(三)《动产抵押登记办法》

鉴于《物权法》在动产抵押登记效力、登记管辖、登记范围等方面作出了不同于《担保法》的一系列规定,国家工商行政管理总局于 2007 年 10 月 12 日颁布了《动产抵押登记办法》(国家工商行政管理总局令第 30 号),原《企业动产抵押登记物管理办法》同时废止。新的《动产抵押登记办法》根据《物权法》的规定,将登记范围从固定抵押扩大到浮动抵押;将个体工商户和农业生产经营者纳入了登记主体范围;把登记地点从财产所在地变为抵押人住所地;同时从方便登记的角度出发,简化了登记程序,减少了审查内容,取消了罚则,确立了当场登记制度。

三、《拍卖法》和《拍卖监督管理暂行办法》

(一)《拍卖法》中有关工商行政管理的主要职责

新中国成立后,随着计划经济体制的确立,以及国家对资本主义工商业的社会主义改造的完成,拍卖行业在中国逐渐消失。直到 20 世纪 80 年代中期,随着中国经济体制改革的不断深化,国家确立了社会主义市场经济的发展方针,商品流通体制向多元化发展,拍卖业才得以恢复和发展。在经济发达地区工商行政管理部门的积极扶持和培育下,拍卖企业逐步地建立起来。

为了规范拍卖行为,维护拍卖秩序,保护拍卖活动各方当事人的合法权益,1997 年 1 月 1 日《拍卖法》正式施行。《拍卖法》从以下几个方面规定了工商行政管理部门的法律监督职责:

1. 拍卖企业可以在设区的市设立。设立拍卖企业必须经所在地的省、自治区、直辖市人民政府负责管理拍卖业的部门审核许可,并向工商行政管理部门申请登记,领取营业执照。

2. 拍卖人及其工作人员不得以竞买人的身份参与自己组织的拍卖活动,并不得委托他人代为竞买。参与竞买或者委托他人代为竞买的,由工商行政管理部门对拍卖人给予警告,可以处拍卖佣金一倍以上五倍以下的罚款;情节严重的,吊销营业执照。

3. 拍卖人在自己组织的拍卖活动中拍卖自己的物品或者财产权利的,由工商行政管理部门没收拍卖所得。

4. 委托人参与竞买或者委托他人代为竞买的,工商行政管理部门可以对委托人处拍卖成交价百分之二十以下的罚款。

5. 竞买人之间、竞买人与拍卖人之间恶意串通,给他人造成损害的,拍卖无效,应当依法承担赔偿责任。由工商行政管理部门对参与恶意串通的竞买人处最高应价百分之十以上百分之三十以下的罚款;对参与恶意串通的拍卖人处最高应价百分之十以上百分之五十以下的罚款。

6. 未经许可登记设立拍卖企业的,由工商行政管理部门予以取缔,没收违法所得,并可以处违法所得一倍以上五倍以下的罚款。

1997 年 1 月 22 日,国家工商行政管理局下发了《关于贯彻实施〈中华人民共和国拍卖法〉的通知》(工商公字[1997]第 25 号),要求各级工商行政管理机关认真贯彻《拍卖法》,依法清理原有的拍卖企业,查处各类拍卖违法行为。

(二)《拍卖监督管理暂行办法》

根据各地工商行政管理机关普遍反映的《拍卖法》执法过程中遇到的问题,2001 年 1 月 15 日,国家工商行政管理局颁布了《拍卖监督管理暂行办法》,并于 2001 年 3 月 1 日起施行。这是 1997 年《拍卖法》实施后我国出台的第一部调整拍卖法律关系和行政管理关系的行政规章,对拍卖备案、现场监督、恶意串通、保密约定等问题作了具体规定,并附以相应的行政责任。

四、《农业生产资料市场监督管理办法》

为了进一步加强农资市场监督管理,规范农资市场经营行为,维护农资市场秩序,保护农民群众的合法权益,2009 年,国家工商行政管理总局制定颁布了《农业生产资料市场监督管理办法》(国家工商行政管理总局令第 45 号)。《农业生产资料市场监督管理办法》对《产品质量法》、《消费者权益保护法》、《种子法》、《农药监督管理条例》、《国务院关于进一步深化化肥流通体制改革的决定》等法律、法规中赋予工商行政管理部门的监管职责进行了梳理,并对落实农资市场开办者和经营者责任、健全农资经营者索证索票制度、规范农资商品质量监测、依法受理并处理辖区内农资消费者的申诉和举报、完善农资市场日常监管制度等方面作出相应的规定。

五、《网络商品交易及有关服务行为管理暂行办法》

2008 年国家工商行政管理总局"三定"方案明确规定:国家工商行政管理总局负责监督管理网络商品交易及有关服务行为。为切实履行监管职责,2010 年,国家工商行政管理总局制定颁布了《网络商品交易及有关服务行为管理暂行办法》(国家工商行政管理总局令第 49 号)。该办法紧紧围绕"两个促进和两个维护"的指导思想,从市场准入、市场交易、市场竞争、注册商标权保护、消费者权益保护等方面确立了网络商品交易及有关服务行为的基本准则。《办法》共分为六章四十四条,明确了网络经营者和提供网络交易平台服务的经营者的责任义务,对工商行政管理部门促进发展、规范经营行为、保护消费者权益、查处违法行为等方面作出了规定。这是我国第一部促进和规范网络商品交易及有关服务行为的行政规章。它的公布施行,为促进网络经济发展、规范网络商品交易市场秩序、保护消费者和经营者的合法权益提供了有力的法律支撑和保障,标志着网络商品交易及有关服务行为初步纳入了法制化的轨道。

六、《经纪人管理办法》

为确立经纪人的法律地位,保障经纪活动当事人的合法权益,规范经纪行为,促进经纪业的健康发展,根据有关法律、行政法规,1995 年,国家工商行政管理局制定颁布了《经纪人管理办法》(国家工商行政管理局令第 36 号)。《经纪人管理办法》从经纪人资格管理、经纪组织设立条件以及经纪活动规范三个方面作出了相应的管理规定。2003 年《行政许可法》出台以后,国家工商行政管理总局按照有关规定,对原《经纪人管理办法》作出了修改。新的《经纪人管理办法》(国家工商行政管理总局令第 14 号)于 2004 年 8 月颁布实施,新办法中取消了工商行政管理部门对经纪执业人员资格的认定,增加了经纪人将经纪执业人员基本情况明示于营业场所的规定,要求经纪人和委托人签订的经纪合同应当附有执行该项经纪业务的经纪执业人员的签名,建立了经纪人及经纪执业人员备案制度。新办法对经纪人及经纪执业人员的违法违规行为作了更加具体的规定。同时,为了促进经纪行业的良好发展,《经纪人管理办法》中还增加了设立经纪人自律组织的相关内容。

第三章　反垄断执法

反垄断执法是反垄断法实施的重要方式,也是行政执法的具体领域,是实现反垄断法基本价值和政策目标、发挥其作用的关键和必由之路。本章从反垄断执法的意义和特点、相关市场界定、本身违法规则和合理规则、执法机构和权限以及反垄断执法的主要内容等方面进行介绍。

第一节　反垄断执法的意义和特点

一、反垄断执法的意义

反垄断执法属于行政执法的范畴。行政执法一般是指行政机关依据法定的权限和程序实施行政管理职权,针对特定人或特定事项,对外部采取的能产生直接行政法律效果的具体行政行为。反垄断执法就是专门的反垄断执法机构依法调查和处理垄断行为所进行的行政执法活动。相对于有关主体(经营者、消费者等)就垄断行为追究民事责任而依法向法院提起的民事诉讼的所谓私人实施,反垄断执法就是反垄断法的公共实施。

由于反垄断执法是反垄断法实施的一种非常重要的方式,因此反垄断执法的意义也要置于反垄断法实施中来认识。反垄断法的实施就是反垄断法所确立的制度规则在社会经济生活中得以实现的活动,是反垄断法律规范通过一系列制度和机制从“书本上的法”转化为“行动中的法”的过程。反垄断法的实施是一个动态的过程,即将反垄断法律规范的要求转化为社会主体的行为,将反垄断法律规范中的国家意志转化为现实关系,使反垄断法律规范的抽象规定具体化,由可能性转变为现实性的过程。反垄断法实施目的是反垄断法的实现,即反垄断法律规范在社会主体行为中的具体落实——权利被行使,义务被履行,禁令被遵守。

对于法律实施的意义,许多法学家都作过精辟的论述。美国法学家庞德指出:"法律的生命在于它的实行。"①美国法学家博登海默分析道:"如果包含在法律规则部分中的'应然'内容仍停留在纸上,而并不对人的行为产生影响,那么法律只是一种神话,而非现实。另一方面,如果私人与政府官员的所作所为不受符合社会需要的行为规则、原则或准则的指导,那么社会中的统治力量就是专制而不是法律。因此,规范性制度的存在以及对该规范性制度的严格遵守,乃是在社会中推行法治所必须依凭的一个不可或缺的前提条件。"②前苏联法学家雅维茨说得更直白:"如果法的规定不能在人们和他们的组织的活动中,在社会关系中得到实现的话,那法就什么都不是。"③毫无疑问,这些论述也完全适用于反垄断法的实施。

反垄断法的实施是实现反垄断法基本价值和政策目标、发挥其作用的关键和必由之路。从应然状态来讲,反垄断法具有通过保护竞争来实现合理配置资源、提高经济效率、保护消费者和社会公共利益乃至实现经济民主化等多方面的经济和社会目标和功能。这些应然的目标和功能要转化为现实,一方面要有比较完善和合理的制度规则,这是要由立法来解决的法治的前提问题;另一方面则要使得这些制度规则能够得到有效的实施,这里的法律实施是法治的核心和关键问题。虽然有了反垄断法,但如果其不能得到有效的实施,甚至根本得不到实施,那么这样的法律制定得再好也只能是一纸空文,非但不能发挥法律规范、导向和保障的积极作用,反而降低了法律的权威性和严肃性,恶化了法治环境。因此,在《反垄断法》已经出台的情况下,该法的实施就成为问题的关键。

反垄断执法在反垄断法的实施中具有特别重要的意义。虽然由反垄断法

---

① [美]罗斯科·庞德:《法理学》(第一卷),邓正来译,中国政法大学出版社 2004 年版,第 353 页。

② [美]E·博登海默:《法理学:法律哲学与法律方法》,邓正来译,中国政法大学出版社 1999 年版,第 239 页。

③ [苏]雅维茨:《法的一般理论——哲学和社会问题》,朱景文译,辽宁人民出版社 1986 年版,第 170 页。

和反不正当竞争法共同组成的竞争法在总体上是兼具公法与私法性质的,但是相对于反不正当竞争法来说,反垄断法更多地体现了公法的性质。相应地,凡是建立了反垄断法律制度的国家和地区,都有各自形式的反垄断执法机构,并且其所进行的执法活动在反垄断法的实施中发挥着主导作用①。而反不正当竞争法的情况则有所不同,因为有些国家(如德国等)虽然有反不正当竞争法,但并没有专门的反不正当竞争执法机构,其实施是由受害者依法向法院提起民事诉讼。专门机构的反垄断执法在反垄断法的实施中处于主导地位的原因主要有两个方面:一方面是因为在反垄断法领域获得引起法律干预的信息并不容易。首先,反垄断法具有高度的专业性,对于一般人而言,理解反垄断法的相关技术框架是困难的,所以一般人并不容易鉴别能引起反垄断法进行干预的信息;其次,在市场上从事反竞争行为的企业大多数是一些实力雄厚的企业,他们拥有各种手段以防止人们获取他们违法的信息;最后,从事反竞争行为的企业在主观上大多数是故意的,他们也知道从事这些违法行为将会为他们带来何种不利后果,所以必然会千方百计地掩盖他们的违法行为,一般人要发现他们的违法行为更不容易。另一方面是因为在创制法律的威慑力方面,公共主体具有私人主体不能替代的地位。法律的实施以一定程度的威慑力的存在为基础,体现威慑力的制裁措施在现实中的实际运用则主要依赖公共主体。尤其是现代反垄断法在制裁方面越来越偏重于行政制裁,行政性质的公共主体在运用反垄断法所规定的制裁措施来制裁行为人并在创制对现实或潜在的违法行为的威慑力方面处于中心地位。②

在我国反垄断法的实施中,专门的反垄断执法机构无疑也是处于主导地位的。一方面,反垄断执法机构具有其独特的优势,如拥有专门的执法人员和法定的执法权限,在调查取证的过程中有国家强制力的支持,因此相对于私人提起民事诉讼而言,专门机构的行政执法可能更为高效,也更有保

---

① 但美国强调反垄断法的公共实施与私人实施同等重要,属于所谓反垄断法的二元执行(实施)体制。而且,如果从单纯的案件数量上来衡量的话,其私人实施比公共实施更为重要。参见王健:《反垄断法的私人执行——基本原理与外国法制》,法律出版社2008年版,第1页,第11页。

② 李国海:《反垄断法实施机制研究》,中国方正出版社2006年版,第35页。

障。另一方面,《反垄断法》中的基本制度也主要是围绕专门机构的行政执法来设计的。例如,该法在基本实体制度方面的规定明显是针对行政执法而展开的,相关兜底条款(第十三条第一款第(六)项、第十四条第(三)项和第十七条第一款第(七)项)更是直接规定为"国务院反垄断执法机构认定的"其他行为;第六章专门规定了反垄断执法机构对涉嫌垄断行为的调查;在第七章法律责任中的大部分条文也是规定反垄断执法机构追究违法者行政责任的内容。与之形成鲜明对照的是,该法在反垄断法的私人实施方面仅在第五十条笼统规定:"经营者实施垄断行为,给他人造成损失的,依法承担民事责任。"

二、反垄断执法的特点

由于反垄断执法既是作为反垄断法实施的一种方式,也是作为行政执法的一个具体领域,因此反垄断执法的特点一方面是相对于反垄断法实施的其他方式而言的,另一方面也是相对于其他行政执法而言的。

基于法的实施的一般分类,反垄断法实施的基本方式可大致上归纳为反垄断法的遵守(守法)、反垄断法的执行(行政执法)和反垄断法的司法适用(司法),它们在反垄断法的实施中各有其作用和特点。

守法不需要通过国家机关的介入和强制力来实施反垄断法,这是反垄断法实施最符合效益的途径,也是最理想的实施方式。由于法律是有关权利和义务的规则,法律实施也就是法律关系主体依法行使权利(权力)、履行义务的过程,因此法律关系的主体都是法律实施的主体。进一步说,公民、法人和其他组织等其他社会主体是比行政机关、司法机关更为普遍、更为重要的法律实施主体,因为在行政机关、司法机关作为法律实施主体的情况下,通常都有其他社会主体的参与,而在其他社会主体作为法律实施主体的许多情况下,并不需要行政机关、司法机关的介入。[1] 基于此,在当前看待我国反垄断法实施状况时,不仅要看到反垄断执法机构调查和处理了多少涉嫌垄断行为和法院判决了多少垄断纠纷案件的被告败诉,而且应当看到反

---

① 李利军:《法律实施观念的革新》,《法制日报》2007 年 10 月 21 日。

垄断执法机构在反垄断法的宣传普及和竞争倡导方面做了哪些工作,有多少经营者和社会主体在实际的经济活动中已经按照《反垄断法》的相关制度规则行事,特别是主动改变了以前实施的可能与这些规则不一致的做法。在《反垄断法》2008年8月1日实施前后,不少企业(包括跨国公司)主动修改了其原来的文件、合同中有可能与该法的规则相违背的内容。

与守法相比,行政执法和司法都属于通过国家机关的介入和强制力来实施反垄断法的方式。由于法作为一种社会规范的基本特征之一是其得到国家强制力的保证或者由国家强制力来保证实施,因此运用国家权力的行政执法和司法活动在法的实施中就具有非常重要的地位和作用,是更容易被感知的或者说是"有形的"法的实施方式。这一点在具有明显国家干预性和公法色彩的反垄断法中表现得更加突出。这一方面是基于反垄断法实施对于立法的相对独立性,另一方面是基于反垄断法的不确定性依赖实施过程加以克服。① 实际上,守法对任何法的实施来说都是普遍的和共同的要求,其在反垄断法中并无太多的特殊之处,无非也是表现为当事人按照法律的要求行事。而在行政执法和司法方面,不同的法律就有非常明显的差别,尤其是在反垄断法中,其所涉及的反垄断执法机构、执法程序、法律责任的追究、宽恕政策的适用以及法院的反垄断审判(尤其是垄断民事纠纷案件的审判)和反垄断法的域外适用等都有很多具有自身特色的地方。正因为如此,反垄断法实施中受到关注的主要还是反垄断行政执法和反垄断民事诉讼方面,尤其是前者。

与司法适用具有被动性、消极性和交涉性相比,行政执法具有主动性和单方性的特点。主动性意味着行政执法是为了实现国家行政管理职能而进行的一种活动,它必须依职权积极自觉地采取行动,而不是被动地进行;单方性意味着行政执法行为在维护行政相对人合法权利的前提下,仅靠行政执法机关一方的意志即可依法实施。

虽然专门机构的反垄断执法在反垄断法的实施中发挥着主导作用,但是反垄断执法机构在实施反垄断法中的作用不仅仅表现在具体的行政执

---

① 　李国海:《反垄断法实施机制研究》,中国方正出版社2006年版,第10-19页。

法上,还表现在进行反垄断法的宣传普及和进行竞争倡导上。反垄断法的宣传普及对于提高民众的反垄断法律意识,培育全社会的竞争文化具有非常重要的意义。很多国家和地区的反垄断执法机构非常重视利用各种媒体宣传普及反垄断法,一些国家(如新加坡)的反垄断执法机构还将反垄断法的基本知识制作成非常生动有趣的卡通或者动画节目在电视上播放,提醒经营者在市场竞争中要遵守基本的反垄断法律规则,效果非常好。近年来,我国的相关反垄断执法机构也非常重视通过出版宣传手册、组织有奖比赛和报道典型案例等方式进行反垄断法知识的宣传普及。而竞争倡导在我国目前还是一个相对比较新的反垄断法实施方式。竞争倡导(Competition Advocacy),亦称竞争推进,是竞争主管机构实施的除执法以外所有改善竞争环境的行为。① 这些行为主要包括两类:其一,针对法律、政策的制定机构和管制机构的行为,以促进立法及管制以有利于竞争的方式设计、执行;其二,针对所有社会成员的行为,以提升其对竞争的益处以及竞争政策在促进和保护竞争中的作用的认知。例如,向立法机构提出有利于竞争的立法建议;向管制机构提出取消(修改)不合理限制竞争之管制措施的建议;发布指导企业行为的指南等。反垄断执法机构除了负责执行反垄断法外,还需要承担倡导竞争的任务,这也是实施反垄断法的一个重要方式。国际经验表明,竞争倡导有利于促进执法。转型经济国家竞争机构需要在反垄断法制定、实施的初期,给予倡导优先于执法的地位。② 对此,我国已有学者进行了专门的研究,认为反垄断执法针对私人限制竞争,竞争倡导关注政府干预限制竞争的风险。分析各国竞争倡导的制度路径,借鉴其成功经验并结合我国现实诉求,我国竞争倡导制度构建的重点在于引入立法优先咨询制度、推动准入管制的放松、逐步缩减反垄断除外适用范围、健全对管制的竞争评估、帮助企业进行合规制度建设,以形成多样化的倡导工具。③

---

① International Competition Network(ICN), Advocacy and Competition Policy, 2002, p. i.

② ICN, Advocacy and Competition Policy, 2002, p. iii.

③ 参见张占江:《竞争倡导研究》,《法学研究》2010 年第 5 期。

作为行政执法的一个具体领域,反垄断执法无疑具有行政执法的一般属性,如执法主体的法定性和国家代表性、执法具有主动性和单方意志性、执法具有较大的自由裁量性等。但同时,反垄断执法也具有不同于其他领域行政执法的特点,突出地表现在反垄断执法活动的技术性和专业性更强,因而具有明显的经济政策性,并且在很大程度上依赖经济学分析工具。

反垄断法具有非常明显的经济政策性。这不仅表现在反垄断法的制定、修改本身与国家的经济政策密切相关,而且表现在其执法活动也带有很强的政策性,从而具有较大的灵活性,同样的法条在不同的国家以及不同国家的不同时期的执行情况可能有很大的差异。"条文大同小异的反垄断法,在美国被执行的力度就比在诸如日、韩等国要严厉得多;在美国,不同时期对反垄断法的执行力度也是不一样的。"①例如,民主党的克林顿政府和共和党的小布什政府对微软垄断案就有着不同的态度。正是由于反垄断法的政策性明显,因此它在很多国家往往被称为竞争政策法或者反垄断政策。英国的约翰·亚格纽认为竞争法(反垄断法)"是与经济政策紧密相关的法律领域,因而并不是特别适合于司法推理。"②反垄断法的经济政策性及由此而派生的灵活性使得其适用的难度较大,因为"公平交易法几乎不可避免地充满概括条款或不确定法律概念,例如竞争、独占、市场、市场占有率、景气等'法律'名词皆是,再加上随着经济现象的不断变化,经济学理论的不断更新,公平交易法的运作很难像一般法律一样,依传统的法律解释方法得出合理的结果。"③德国的闵策励认为,在反垄断法里,黑白之间即合法与不合法之间的明晰区别往往是没有的,几乎全部都是昏暗不明的灰色区域。"同一形式和内容的法律行为由于各种情况可能是合法的,也有可能是非法的。例如,签订买卖合同和建立公司(或联合、协作关系)的合同,是市场经济条件下最普通的法律行为,保护签订合同的自由就是保护竞争法的一个内容。但是这样的合同也有可能是套购合同或建立垄断组织的合同,亦即破坏竞

---

① 史际春、邓峰:《经济法总论》,法律出版社 1998 年版,第 59 页。
② [英]约翰·亚格纽著:《竞争法》,徐海等译,南京大学出版社 1992 年版,第 18 页。
③ 苏永钦:《经济法的挑战》,台北五南图书出版公司 1994 年版,第 125 页。

争的合同。"①反垄断法的这一特点就对有关执法者的经济理论素养和政策水平提出了更高的要求。

在反垄断执法中,经济学分析工具无疑具有非常重要的地位。经济学研究理性选择,探求对有限资源的最佳配置方式。而反垄断则以促进竞争为目的,通过竞争促使生产者以最少资源消耗及最低价格水平来满足消费者的需求。生产者之间的竞争使得消费者在不同价格的产品和服务之间进行选择,从而使得消费者的欲望和社会机会成本相匹配。② 经济学研究和反垄断法目的之间的内在契合,使得经济学与反垄断执法之间具有难以割裂的关联。随着以产业组织理论为核心的经济学理论的蓬勃发展,现代反垄断法的内涵得以更为明晰地界定,反垄断执法更能体现立法的目的。

反垄断法作为对经济关系的法律调整,与经济学理论和经济政策本来就有密切的关系,但在反垄断法发展的早期,相关经济学理论对反垄断执法的影响并不明显。随着产业经济学的产生特别是哈佛学派的出现,经济学理论及其主导下的国家经济政策对反垄断执法产生了深远的影响,这一点在美国反垄断执法的发展变化中表现得特别明显。20 世纪 70 年代以前,美国反垄断执法主要受哈佛学派的影响,70 年代以后,则受芝加哥学派的影响。哈佛学派认为,市场结构决定市场行为,市场行为产生市场绩效。因此,反垄断执法关注的重点不是企业行为,而是市场结构。60 年代至 70 年代初,美国联邦司法部和联邦贸易委员会的反垄断执法和最高法院的若干重要判例就充分体现了哈佛学派的反垄断理论。从 70 年代起,美国芝加哥学派作为反托拉斯法理论中的一股强大力量登上了历史的舞台。该学派的主要观点是:反托拉斯的首要目标在于促进经济效益,应以此评价企业行为。他们认为,竞争行为,尤其是提高经济效益的竞争行为,就其本性而言,是要损害竞争对手的。关键不在于某种行为是否损害竞争者或排斥竞争对手,而在于它是否促进社会的经济效益。从这一点出发,芝加哥学派强调,对实施反托拉斯法的适当标准的分析重点,应从市场份额转向经济效益。

---

① [联邦德国]闵策励:《联邦德国的反垄断法》,载《法学研究》1986 年第 6 期。

② [美]欧内斯特·盖尔霍恩、威廉姆·科瓦契奇、斯蒂芬·卡尔金斯:《反垄断法与经济学》,任勇、邓志松、尹建平译,法律出版社 2009 年版,第 47 页。

受其影响,美国联邦司法部于 1982 年、1984 年、1992 年对合并指南作了三次修改。其他国家和地区的情况虽有差异,但在经济学理论和经济政策越来越多地影响反垄断法的立法和执行这一点上是有共同之处的。相关经济学理论的发展,使得反垄断法的实施得到了充分的理论支撑。用芝加哥学派的代表人物波斯纳法官的话来说:"今天在反托拉斯问题上,难道还有其他的观点(经济学以外的观点)吗?"①

的确,现代各国的反垄断执法中很少没有经济学的影子。例如,各种反垄断法指南中大量出现经济学概念和相关制度设计。除了并购指南中用于界定相关市场的 SSNIP 测试,用于衡量市场集中度的 HHI 指数等较为熟知的部分,即便在一些具体问题上,经济学的影响力也随处可见。例如,芝加哥学派扭转了人们对搭售的先天性排斥,表明了搭售中存在的有利因素,其观点在美国《纵向交易限制指南》中就得以体现。② 由于相应的规范性文件中包含了经济学的思想和制度设计,这使得执法机构中也出现了更多的经济学家的身影,并在案件处理中和法学家一起协作。美国司法部反托拉斯局工作人员有 850 名,其中律师 250 名,经济学家 60 名。美国联邦贸易委员会共有 1100 名工作人员,具体负责反垄断执法的竞争局有 500 人,其中律师 250 名,经济学家 50 名。欧盟负责反垄断执法的机构是欧盟委员会下属的竞争总司,目前共有 850 人,律师和经济学家各占 60% 和 40%。德国联邦卡特尔局有大约 330 名雇员,120 名为政府公务员,法律和经济学专业人员各占一半。经济学家的作用在相当程度上或许比人们通常想象的更大,因为和那些认为反垄断基本没有什么问题的简单的经济学模型不同,今天通常同时使用价格理论和博弈论的经济学家能够想象出所有的限制竞争策略、市场失灵和对他们的救济。因此,经济学家的创造性为各种反垄断律师预见的管制形式提供了合理性。

当然,任何事物都具有两面性。在强调经济学分析在反垄断执法中的重要性的同时,我们也应当客观地看待以经济学理论为基础进行的反垄断

---

① 苏力:《反托拉斯法》"代译序",法律出版社 2003 年版,第 10 页。

② 李剑:《搭售理论的经济学和法学回顾》,《云南大学学报·法学版》2005 年第 2 期。

分析的不足。经济学的一些理论非常复杂,其中有许多可能甚至是无法检验的。但对于中国目前的反垄断法研究和反垄断执法而言,经济学分析不是太多,而是远远不够。可以说,经济学分析是我国反垄断法执法中的一个不可或缺的重要工具。

第二节　反垄断执法机构及权限

一、国外反垄断执法机构的设置

自由公平的竞争秩序的确立与维护仅有反垄断法实体规范本身是不够的,还需要有相应的执法机构保证这些规定的有效执行。设置专门的反垄断执法机构是反垄断法作为现代经济法的典型和核心部分不同于民商法的一个重要方面。民商法一般只需规定实体的权利、责任等问题,在遇有违法情形时由受害者请求司法机关给予民事救济,无需规定专门的执行机构;而反垄断法则因体现了国家对市场经济的积极干预,除了需当事人自觉遵守与民事救济外,一般还要有一个专门机构负责执法。合理设置反垄断执法机构并处理好其内部的组成以及与外部其他机构之间的关系是保证反垄断执法效果的一个关键问题。

从已经制定和实施反垄断法的国家和地区来看,其所建立的反垄断执法机构是不完全一致的。

在机构设置的方式上,有的是通过反垄断法或相关法律直接设立新的执法机构,如美国依《联邦贸易委员会法》创设的联邦贸易委员会,日本依《禁止垄断法》创设的公正交易委员会,我国台湾地区依"公平交易法"创设的"公平交易委员会"等。有的是通过反垄断法在现有的行政机关中指定反垄断的执法机关,如美国《谢尔曼法》指定司法部和州司法总长负责执行该法,德国《反限制竞争法》指定联邦经济部长领导卡特尔局执行该法等。

在机构设置的数量上,有的由一个机关作为反垄断执法机构,如日本的公正交易委员会、俄罗斯的联邦反垄断局等。有的则由两个或者两个以上的机关作为反垄断执法机构,如美国的联邦贸易委员会和司法部的反托拉斯局,英国的公平贸易办公室和竞争委员会以及特定情况下的贸易与产业部大臣①。这两种体制各有所长,单一的反垄断执法机构便于反垄断权力集中,处理问题程序简便,效果迅速,而设置多个反垄断执法机构便于扩大反垄断执法的活动范围和权限,加强反垄断执法力度。②

　　在专门机构的性质及隶属关系上,有的反垄断执法机构具有准司法性,如美国的联邦贸易委员会、日本的公正交易委员会,他们分别隶属于总统和内阁总理大臣,皆独立从事反垄断法的执行活动,与一般行政机关在组成上有区别,均属委员会式。他们除享有一般行政权限外,还享有准司法权和准立法权,其裁决案件的程序大体类似于法院。有的则以纯行政机关作为反垄断执法机构,这是欧洲多数国家所采取的体制,如德国卡特尔局、英国的公平贸易办公室,他们分别隶属于经济部长和贸易与产业部大臣。这些专门行政机关的上级领导也以政策决策方式参与执行反垄断法,但专门机构在具体案件的裁决上有相当的独立性,例如德国卡特尔局,其决议处在对卡特尔案件作出裁决时,不管是经济部长还是卡特尔局长都不得对具体案件发布指令。③ 准司法性执行机构的地位和独立性均高于纯行政性执行机构,有利于其独立依照反垄断法作出裁决;而纯行政性执行机构体制实行专门行政机关的法律决策与其上级领导的政治决策相结合,据认为这有利于反垄断法被稳定的、高效率的贯彻执行。④

　　在与反不正当竞争执法机构的关系上,有的实行反垄断执法机构与反不正当竞争执法机构合一,即由一个机构统一来执行两个法(或两方面内容合在一起的法),如澳大利亚的竞争与消费者委员会和我国台湾地区的"公平交易委员会"。有的则实行反垄断执法机构与反不正当竞争执法机构的分立,或者有反垄断执法机构而没有专门的反不正当竞争行政执法机构,如德国卡特尔局和法国的竞争委员会只负责执行反垄断法。反垄断执法机构

---

　　①　张嫚:《英国竞争法的制度演进》,《中国工商管理研究》2004 年第 10 期。

　　②　曹海晶:《论我国反垄断行政执法机构的设置》,《华中师范大学学报》1996 年第 5 期。

　　③　德国联邦卡特尔局长沃尔夫先生在 1997 年 11 月北京中德反垄断法比较研讨会上的发言。

　　④　曹士兵著:《反垄断法研究》,法律出版社 1996 年版,第 68 页。

同时执行反不正当竞争法有利于做到竞争法执行的统一与协调,而反垄断执法机构只执行反垄断法则任务单纯,有利于集中精力专司专业性强、复杂程度高的反垄断法。

总之,在反垄断执法机构的具体设置体制上各国的做法是不完全一致的,存在着这样或那样的差异。而这些差异又不能直接表明孰优孰劣,各国的不同做法是在各自特定的历史条件下由多种因素所决定的决策者政策选择的结果。

二、我国反垄断执法机构的设置

如何设置我国的反垄断执法机构一直是我国制定反垄断法过程中的重点和难点问题,备受各方关注。尽管一些学者主张不要在现有机构中指定反垄断执法机构,而宜在反垄断法中创设一个统一、独立和权威的执法机构,但是由于新设机构的难度比较大,并且现有机构中涉及反垄断职能的不止一个,因此在我国反垄断法的历次起草文本中基本上都是规定执法机构由国务院规定。

我国反垄断机构的设置既要考虑现实可行性,维持有关部门分别执法的现有格局,保证反垄断法颁布后的顺利实施;又要具有一定的前瞻性,为今后机构改革和职能调整留有余地。基于此,《反垄断法》第九条和第十条共同确立了反垄断执法的机构设置和管理体制。反垄断机构的设置可分为两个层面:第一个层面是设立国务院反垄断委员会,负责组织、协调、指导反垄断工作;第二个层面是设立反垄断执法机构,负责相关的反垄断执法工作。这种"反垄断委员会+反垄断执法机构"的双层架构模式比较符合现阶段中国的实际情况,既吸收借鉴了国外的先进做法,又具有中国特色。

(一)国务院反垄断委员会

《反垄断法》第九条规定:"国务院设立反垄断委员会,负责组织、协调、指导反垄断工作,履行下列职责:(一)研究拟订有关竞争政策;(二)组织调查、评估市场总体竞争状况,发布评估报告;(三)制定、发布反垄断指南;(四)协调反垄断行政执法工作;(五)国务院规定的其他职责。"、"国务院反垄断委员会的组成和工作规则由国务院规定。"

　　为了保证反垄断工作的统一性、公正性和权威性,依照《反垄断法》第九条的规定,国务院反垄断委员会于2008年8月1日正式成立。作为国务院的一个议事协调机构,反垄断委员会具有联席会议的性质,主任由国务院分管副总理担任。副主任由商务部部长、国家发展和改革委员会主任、国家工商行政管理总局局长、国务院分管副秘书长担任。委员会委员由发展改革委、工业和信息化部、监察部、财政部、交通运输部、商务部、国资委、国家工商行政管理总局、知识产权局、国务院法制办公室、银监会、证监会、保监会、电监会、中国人民银行、国家统计局这十六家单位的主管负责人担任。反垄断委员会下设专家咨询组,聘请法律、经济等方面的专家和有关人员组成,为委员会重大问题的研究提供科学咨询。反垄断委员会的总体职责是"组织、协调、指导反垄断工作"。也就是说,国务院反垄断委员会从总体和全局出发,对反垄断工作进行全面组织、协调和指导,任何行业、领域的反垄断工作都无一例外地包括在内,但其并不直接参与具体的反垄断执法工作。

　　具体而言,国务院反垄断委员会的职责包括如下几个方面:

　　第一,研究拟订有关竞争政策。竞争政策是指市场经济国家为了保护和促进市场竞争而实施的经济政策,是一个国家关于市场竞争的基本态度、总体目标以及发展策略等的综合体现,对竞争立法和执法具有根本性的指导意义,决定着竞争立法和执法的基本取向。一个国家的竞争政策与该国的经济发展阶段、经济体制、市场竞争状况、产业政策以及其他社会公共政策密切相关。拟订竞争政策,是一项关系经济生活全局,涉及面广、专业性强的重要工作。国家通过制定和实施竞争政策,确保竞争机制在市场中发挥作用,达到提高生产效率,优化资源配置的目的。竞争政策是制定反垄断法的依据之一,反垄断法是竞争政策的法律表现形式。反垄断法明确由国务院反垄断委员会负责研究拟定有关竞争政策,使竞争政策的研究拟定有一个法定的、明确的机制,这对于保证及时提出并适时调整有关竞争政策,保证竞争政策的科学性、统一性和权威性,具有非常重要的意义。

　　第二,组织调查、评估市场总体竞争状况,发布评估报告。市场总体竞争状况的调查、评估是市场体系建设的一项重要基础性工作,对于反垄断法规定的垄断行为,在具体定性上要看其是否排除、限制市场竞争。市场竞争状况是反垄断执法的重要依据,比如在认定经营者是否具有市场支配地位以及对经营者集中进行审查时,都需要考虑市场竞争状况。另外,市场总体竞争状况的调查、评估,将来也可以作为从总体上评价、检验反垄断法实施效果的重要依据,并在很大程度上反映总体投资环境。因此,国务院反垄断委员会作为中国反垄断工作的最高管理机构,应更多地从宏观角度出发,研究市场总体竞争状况,深层次研究市场经济竞争中存在的问题,形成报告并提出建议,供国务院决策部门参考,为反垄断执法部门提供指导。实际执行中,市场总体竞争状况的调查、评估一般应定期进行。其他一些国家反垄断法中也规定了有关反垄断机构的类似职责,如德国《反限制竞争法》第四十四条规定:垄断委员会每两年制作一份鉴定书,对德国企业集中化的现状和预期发展作出评估,对有关合并监控的法律规定的适用作出评价,并对其他竞争政策方面的现实问题发表意见。

第三,制定、发布反垄断指南。反垄断指南是指由国务院反垄断委员会制定、公布实施反垄断的政策性文件,它指引竞争政策的方向,指导具体反垄断执法机构的行动。反垄断执法工作是一项专业性很强的工作,对经营者的市场行为是否排除、限制竞争,构成垄断行为,需要根据实际的市场竞争状况,运用经济学分析方法等手段进行判断。从其他许多国家和有关国际组织的实际做法来看,反垄断法只能是构建起反垄断的基本制度框架,具体的、可操作性的内容还要依靠权威机构制定的反垄断指南来解决。例如,如何具体认定经营者之间的协议是否构成垄断协议,如何认定一项协议是否属于法律规定可以豁免的协议,如何具体认定构成滥用市场支配地位的行为,如何判断经营者的集中是否排除、限制竞争等,在具体实践中,往往需要靠依照法律规定的原则所制定的反垄断指南来指引。如美国司法部和联邦贸易委员会就分别制定并发布了《横向合并指南》、《知识产权许可反托拉斯指南》、《国际经营反托拉斯执法指南》、《关于竞争者之间合谋的反托拉斯指南》等一系列指南。国务院反垄断委员会需要按照法律的规定,根据我国的市场竞争状况和经济发展状况,适时地制定、修改有关的反垄断指南,以保证反垄断法在实践中得到正确、有效地贯彻、实施。2009年5月24日,国务院反垄断委员会发布了《关于相关市场界定的指南》,对相关市场的界定提供指导,提高了国务院反垄断执法机构执法工作的透明度。制定反垄断指南是一项长期的任务,国务院反垄断委员会应继续按照法律的规定,根据我国的市场竞争状况和经济发展状况,适时地制定、修改有关的反垄断指南,以保证反垄断法在实践中得到更好的贯彻实施。

第四,协调反垄断行政执法工作。反垄断法并没有明确由哪个部门承担反垄断执法工作,而是授权国务院作出规定。当前以及在今后相当长的一段时期内,中国反垄断执法工作仍将由多个部门分别承担,部门之间一旦协调不好,就可能出现执法不统一的问题,影响反垄断法的公正性和权威性。为保证反垄断法执法的统一性,反垄断法专门规定由国务院反垄断委员会负责协调反垄断行政执法工作,促使各部门按照统一的执法原则、执法程序、执法尺度去执行反垄断法。同时,由于反垄断执法具有很强的政策性,对于重大反垄断案件的处理,不仅要考虑反垄断法以及其他有关法律的规定,还要综合考虑国家产业政策、案件处理后的社会效果以及国家利益、社会公共利益和消费者利益等多种因素。如果部门之间的意见出现分歧,为保证重大反垄断案件的妥善处理,国务院反垄断委员会有必要对其进行协调。与此同时,国务院反垄断执法机构也要主动配合并向国务院反垄断委员会报告有关工作情况,自觉维护国务院反垄断委员会的权威性。

第五,国务院规定的其他职责。除了前面四项职责以外,国务院可以根据实际需要,赋予国务院反垄断委员会其他职责,以更好地执行反垄断法。

(二)反垄断执法机构

《反垄断法》第十条规定:"国务院规定的承担反垄断执法职责的机构(以下统称国务院反垄断执法机构)依照本法规定,负责反垄断执法工作。国务院反垄断执法机构根据工作需要,可以授权省、自治区、直辖市人民政府相应的机构,依照本法规定负责有关反垄断执法工作。"

根据2008年7月和8月先后公布的国务院有关机构的"三定"方案,国家工商行政管理总局、国家发展和改革委员会、商务部分别负责相关的反垄断执法工作。其中,国家工商行政管理总局负责垄断协议、滥用市场支配地位、滥用行政权力排除、限制竞争的反垄断执法(价格垄断行为除外)等方面的工作;国家发展和改革委员会依法查处价格垄断行为;商务部依法对经营者集中行为进行反垄断审查。这样,我国既不是实行反垄断执法机构与反不正当竞争执法机构完全合一的模式,也不是实行反垄断执法机构与反不正当竞争执法机构完全分立的模式,而是既分立又有交叉。国家工商行政管理总局及其授权的省级工商行政管理部门负有反不正当竞争执法和部分的反垄断执法职责。

1. 商务部反垄断局

商务部反垄断局根据国务院批准的《商务部主要职责内设机构和人员编制规定》于 2008 年 8 月设立。其主要职责包括:起草经营者集中相关法规,拟定配套规章及规范性文件;依法对经营者集中行为进行反垄断审查;负责受理经营者集中反垄断磋商和申报,并开展相应的反垄断听证、调查和审查工作;负责受理并调查向反垄断执法机构举报的经营者集中事项,查处违法行为;负责依法调查对外贸易中的垄断行为,并采取必要措施消除危害;负责指导我国企业在国外的反垄断应诉工作;牵头组织多双边协定中的竞争条款磋商和谈判;负责开展多双边竞争政策国际交流与合作;承担国务院反垄断委员会的具体工作。

2. 国家发展和改革委员会价格监督检查与反垄断局

根据反垄断法的职责要求以及国务院批准的《国家发展和改革委员会主要职责内设机构和人员编制规定》,国家发展改革委原下属的价格监督检查司全权承担国家发展改革委对价格型垄断行为的查处,具体包括价格型垄断协议行为、价格型的滥用市场支配地位行为、滥用行政权力排除、限制价格竞争的行为三方面的执法工作。2011 年 7 月,经中央编办批准,国家发展和改革委员会价格监督检查司更名为价格监督检查与反垄断局。

3. 国家工商行政管理总局反垄断与反不正当竞争执法局

国家工商行政管理总局反垄断与反不正当竞争执法局根据国务院批准的《国家工商行政管理总局主要职责内设机构和人员编制规定》设立。其主要职责为:负责拟定有关反垄断、反不正当竞争的具体措施、办法;承担有关反垄断执法工作;查处市场中的不正当竞争、商业贿赂、走私贩私及其他经济违法案件,督查督办大案要案和典型案件。目前,该局在反垄断方面设有两个处,即反垄断执法处和反垄断法律指导处。

　　针对我国现有的这种反垄断执法体制,为使其能够有效发挥作用,需要理顺一系列的关系,包括国务院反垄断委员会与国务院反垄断执法机构之间的关系,三个主要的反垄断执法机构(国家工商行政管理总局、国家发展和改革委员会、商务部)之间的关系,管制性产业监管机构与三个主要的反垄断执法机构之间的关系,国务院反垄断执法机构与其授权的执行反垄断工作的省级人民政府相应机构之间的关系以及反垄断行政执法机构与司法机关(法院)之间的关系。[①]　其中,管制性产业监管机构与反垄断执法机构之间的关系,也就是对设立了专门监管机构的行业的垄断行为是由国务院反垄断执法机构还是由有关行业监管机构进行调查和处理,非常敏感、复杂,存在很多争议,涉及部门之间的权限划分问题,在起草过程中相关条文也是经常反复的。《反垄断法(草案)》曾经规定:对本法规定的垄断行为,有关法律、行政法规规定应当由有关部门或者监管机构调查处理的,依照其规定。有关部门或者监管机构应当将调查处理结果通报国务院反垄断委员会。有关部门或者监管机构对本法规定的垄断行为未调查处理的,反垄断执法机构可以调查处理。反垄断执法机构调查处理时,应当征求有关部门或者监管机构的意见。最后通过的《反垄断法》虽然取消了这个规定,但在该法实施的过程中,这个问题仍然存在,需要协调解决。由于反垄断法在性质上属于市场经济的基本的、具有普遍性意义的法律规则,它应统一实施于各个行业和部门,反垄断执法机构的职权也不应被各个行业监管机构所分解,以利于反垄断法的统一实施。即使考虑到这些行业的特殊性,行业监管机构可以参与各自行业内的反垄断执法,也不应排除反垄断执法机构的执法,并且应真正实现他们之间权限的合理划分和实施过程中的协调合作。在这种情况下,需要国务院反垄断委员会发挥其组织、协调、指导反垄断工作的职能,保证反垄断执法的顺利进行。

三、工商行政管理部门反垄断职责、权限及程序

　　反垄断执法具有很强的法律性、专业性和复杂性。《反垄断法》关于反

---

① 时建中:《反垄断法实施仍有四难》,《瞭望》2008 年第 32 期。

垄断执法属中央事权但又可以授权执法、举报采用书面形式并提供相关事实和证据、垄断协议宽大制度、经营者承诺制度、垄断案件时限等的规定,有其鲜明的特点,与其他法律法规的有关规定存在很大区别。依据《反垄断法》对反垄断执法程序作出一些特殊规定,是工商行政管理部门有效开展反垄断执法的前提条件。根据《反垄断法》和国务院的有关原则规定,国家工商行政管理总局2009年6月发布了《工商行政管理机关查处垄断协议、滥用市场支配地位案件程序规定》和《工商行政管理机关制止滥用行政权力排除、限制竞争行为程序规定》,对工商行政管理部门反垄断职责、权限及程序等分别作出了规定。

(一)工商行政管理部门反垄断的职责、权限

反垄断执法旨在维护国家的整体竞争秩序和市场的统一性。为此,世界各国一般都将反垄断执法作为中央事权,将执法权集中于中央,在地方设立负责执法的派出机构。《反垄断法》同样也将我国反垄断执法作为中央事权,明确规定国务院反垄断执法机构负责反垄断执法工作。同时,考虑到我国地域广大,为确保反垄断执法覆盖全国范围,法律规定国务院反垄断执法机构根据工作需要,可以授权省、自治区、直辖市人民政府相应的机构负责有关反垄断执法工作。

就工商行政管理部门的反垄断执法工作而言,有关省、自治区、直辖市工商行政管理局经国家工商行政管理总局授权可以承担有关反垄断执法工作。据此,《工商行政管理机关查处垄断协议、滥用市场支配地位案件程序规定》规定,国家工商行政管理总局统一负责垄断协议、滥用市场支配地位方面的反垄断执法工作,根据工作需要,可以授权有关省级工商行政管理局负责垄断协议、滥用市场支配地位方面的反垄断执法工作。鉴于查处垄断协议、滥用市场支配地位行为案件具有极强的专业性和复杂性,为保障垄断案件的查办质量,国家工商行政管理总局需要在立案、调查、处罚等环节加强对办案工作的指导和督查。因此,对垄断协议、滥用市场支配地位方面的案件,除需要国家工商行政管理总局直接查办的外,其余的采取个案授权的方式,授权有关省级工商行政管理局立案查处。被授权的省级工商行政管理局不得再次向下级工商行政管理局授权。

根据《工商行政管理机关查处垄断协议、滥用市场支配地位案件程序规定》的规定,国家工商行政管理总局负责查处全国范围内有重大影响的以及认为应当由其管辖的垄断行为。对于以下三种情形的案件,国家工商行政管理总局可以授权省级工商行政管理局负责查处:一是该行政区域内发生的;二是跨省、自治区、直辖市发生,但主要行为地在该行政区域内的;三是国家工商行政管理总局认为可以授权省级工商行政管理局管辖的。

对于滥用行政权力排除、限制竞争的行为,《反垄断法》第五十一条规定:"行政机关和法律、法规授权的具有管理公共事务职能的组织滥用行政权力,实施排除、限制竞争行为的,由上级机关责令改正;对直接负责的主管人员和其他直接责任人员依法给予处分。反垄断执法机构可以向有关上级机关提出依法处理的建议。"也就是说,查处滥用行政权力排除、限制竞争行为的权力在上级机关,反垄断执法机关对该行为没有处罚权,但有建议权。据此,《工商行政管理机关制止滥用行政权力排除、限制竞争行为程序规定》比照《反垄断法》确立的反垄断执法授权制度,规定国家工商行政管理总局和省级工商行政管理局可以向有关上级机关提出依法处理的建议。根据该规定,国家工商行政管理总局对国务院所属部门、省级人民政府滥用行政权力排除、限制竞争的,可以向国务院提出依法处理的建议;对法律、法规授权的具有管理全国公共事务职能的组织滥用行政权力排除、限制竞争的,可以向管理该组织的机关提出依法处理的建议。省级工商行政管理局对省级人民政府所属部门、省以下地方人民政府及其所属部门滥用行政权力排除、限制竞争的,可以向有关上级机关提出依法处理的建议;对法律、法规授权的具有管理地方公共事务职能的组织滥用行政权力排除、限制竞争的,可以向管理该组织的机关提出依法处理的建议。

(二)工商行政管理部门反垄断的一般程序规则

1. 举报和立案

反垄断执法机构依法对涉嫌垄断行为进行调查的前提是立案。一般说来,反垄断执法机构据以立案所获得的信息来自不同的渠道,其中,来自相关单位和个人的举报是最主要和最基本的,因为相关人员往往是垄断活动最广泛、最直接的感受者、发现者。为了保护举报人的安全和举报的积极性,反垄断执法机构对举报人要予以保密。

根据《反垄断法》第三十八条的规定,反垄断执法机构依法对涉嫌垄断行为进行调查。对涉嫌垄断行为,任何单位和个人有权向反垄断执法机构举报。反垄断执法机构应当为举报人保密。举报采用书面形式并提供相关事实和证据的,反垄断执法机构应当进行必要的调查。这是由于垄断行为比较复杂,不采取书面形式难以说清相关情况,并且在一般情况下,举报采取书面形式并提供相关事实和证据的,表明举报情况可信程度较高,实施垄断行为的可能性也较大。

工商行政管理部门依据职权,或者通过举报、其他机关移送、上级机关交办等途径,发现垄断行为并依法查处。任何单位和个人有权向工商行政管理部门举报涉嫌垄断行为,工商行政管理部门应当为举报人保密。举报采取书面形式的,应当包括以下内容:(一)举报人的基本情况。举报人为个人的,应当提供姓名、住址、联系方式等。举报人为经营者的,应当提供名称、地址、联系方式、主要从事的行业、生产的产品或者提供的服务等;(二)被举报人的基本情况。包括经营者名称、地址、主要从事的行业、生产的产品或者提供的服务等;(三)涉嫌垄断的相关事实。包括被举报人违反法律、法规和规章实施垄断行为的事实以及有关行为的时间、地点等;(四)相关证据。包括书证、物证、证人证言、视听资料、计算机数据、鉴定结论等,有关证据应当有证据提供人的签名并注明获得证据的来源;(五)是否就同一事实已向其他行政机关举报或者向人民法院提起诉讼。

国家工商行政管理总局和省级工商行政管理局负责举报材料的受理。省级以下工商行政管理部门收到举报材料的,应当在五个工作日内将有关举报材料报送省级工商行政管理局。受理机关收到举报材料后,应当进行登记并对举报内容进行核查。举报材料不齐全的,应当通知举报人及时补齐。对于匿名的书面举报,如果有具体的违法事实并提供相关证据的,受理机关应当进行登记并对举报内容进行核查。

省级工商行政管理局应当对主要发生在本行政区域内涉嫌垄断行为的举报进行核查,并将核查的情况以及是否立案的意见报国家工商行政管理总局。省级工商行政管理局对举报材料齐全、涉及两个以上省级行政区域的涉嫌垄断行为的举报,应当及时将举报材料报送国家工商行政管理总局。

国家工商行政管理总局根据对举报内容核查的情况,决定立案查处工作。国家工商行政管理总局可以自己立案查处,也可以根据《工商行政管理机关查处垄断协议、滥用市场支配地位案件程序规定》第三条的规定授权有关省级工商行政管理局立案查处。国家工商行政管理总局对自己立案查处的案件,可以自行开展调查,也可以委托有关省级、计划单列市、副省级市工商行政管理局开展案件调查工作。省级工商行政管理局对经授权由其立案查处的案件,应当依据该规定组织案件调查等相关工作。

2. 调查措施和程序

垄断行为具有较强的隐蔽性,其认定也比较复杂,需要掌握充分的证据,因此反垄断执法机构在案件调查中需要采取必要措施,以确保案件调查的顺利进行。

工商行政管理部门调查涉嫌垄断行为,经向有权查处垄断案件机关的主要负责人书面报告并经批准,可以采取下列调查措施:(一)进入被调查的经营者的营业场所或者其他有关场所进行检查;(二)询问被调查的经营者、利害关系人或者其他有关单位或者个人,要求其说明有关情况;(三)查阅、复制被调查的经营者、利害关系人或者其他有关单位或者个人的有关单证、协议、会计账簿、业务函电、电子数据等文件、资料;(四)查封、扣押相关证据;(五)查询经营者的银行账户。

工商行政管理部门执法人员调查案件,不得少于两人,并应当出示执法证件。工商行政管理部门调查涉嫌垄断行为时,可以要求被调查的经营者、利害关系人或者其他有关单位或者个人(以下简称被调查人)在规定时限内提供以下书面材料:(一)被调查人的基本情况,包括组织形式、名称、联系人及联系方式、营业执照或者社会团体法人登记证书、法人组织代码副本复印件。经营者为个人的,提供身份证复印件及联系方式;(二)被调查人为经营者的,还应提供近三年的生产经营状况、年销售额情况、缴税情况、与交易相对人业务往来及合作协议、境外投资情况等,上市公司还要提供股票收益情况;(三)被调查人为行业协会的,还应提供行业组织章程、相关产业政策依据、本行业生产经营规划以及执行情况、与涉嫌垄断行为有关的会议、活动情况及文件等;(四)就工商行政管理部门提出的相关问题所作的说明;(五)工商行政管理部门认为需要提供的其他书面材料。工商行政管理部门及其工作人员对执法过程中知悉的商业秘密负有保密义务。

3. 调查中的权利和义务

(1)被调查人陈述意见的权利。在对涉嫌垄断行为的调查中,被调查人享有相应的权利,承担相应的义务。《反垄断法》第四十三条明确规定:被调查的经营者、利害关系人有权陈述意见。反垄断执法机构应当对被调查的经营者、利害关系人提出的事实、理由和证据进行核实。

(2)被调查人的配合调查义务。《反垄断法》第四十二条明确规定:被调查的经营者、利害关系人或者其他有关单位或者个人应当配合反垄断执法机构依法履行职责,不得拒绝、阻碍反垄断执法机构的调查。对工商行政管理机关依法实施的调查,拒绝提供、不完全提供或者超过规定时限提供有关材料、信息,或者提供虚假材料、信息,或者隐匿、销毁、转移证据,或者有拒绝、阻碍调查行为的,依照《反垄断法》第五十二条的规定处理。

(3)反垄断执法机构及其工作人员的保密义务。反垄断执法机构及其工作人员在执法过程中,有可能涉及、了解有关单位和个人的商业秘密,对其知悉的商业秘密予以保密是其从事反垄断执法的基本要求。这是《反垄断法》第四十一条所明确规定的。商业秘密是指不为公众所知悉、能为权利人带来经济利益、具有实用性并经权利人采取保密措施的技术信息和经营信息。在反垄断执法过程中,工商行政管理部门及其工作人员可能接触到企业的商业秘密,其应当严格遵守职业道德和法律规定,对执行职务时知悉的商业秘密予以保密,否则将依法追究其法律责任。

4. 处理和公布

反垄断执法机构经过调查,确认行为人有垄断行为的,应当依照法定程序进行处理,依法作出决定,是行政执法的最后阶段,也是调查权行使的结果,包括予以处罚、不予以处罚、从轻、减轻或者免除处罚等。《反垄断法》第四十四条规定:反垄断执法机构对涉嫌垄断行为调查核实后,认为构成垄断行为的,应当依法作出处理决定,并可以向社会公布。

根据相关规定,工商行政管理部门对主动报告达成垄断协议有关情况并提供重要证据的经营者,可以酌情减轻或者免除处罚。对垄断协议的组织者,不适用前款规定。重要证据应当是能够启动调查或者对认定垄断协议行为起到关键性作用的证据。经营者能够证明所达成的协议符合《反垄断法》第十五条规定情形的,工商行政管理部门可以对有关行为予以豁免。工商行政管理部门对涉嫌垄断行为调查核实后,认定构成垄断行为的,应当依法作出行政处罚决定。国家工商行政管理总局对重大垄断案件,在作出行政处罚决定前应当向国务院反垄断委员会报告。经授权的省级工商行政管理局应当依法作出中止调查、终止调查或者行政处罚决定,但在作出决定前应当向国家工商行政管理总局报告。省级工商行政管理局应当在作出决定后 10 个工作日内,将有关情况、相关决定书及案件调查终结报告报国家工商行政管理总局备案。

国家工商行政管理总局研究决定不适用《反垄断法》,但可以适用其他工商行政管理法律、法规处理的举报,应当及时转送有关工商行政管理部门依法处理。属于其他行政机关管辖的,应当依法移送其他有权机关。省级以下工商行政管理部门可以依照其他法律、法规的规定,对发生在本行政区域内的公用企业或者其他依法具有独占地位经营者的限制竞争行为进行监督检查。工商行政管理部门对依法查处的垄断案件,可以向社会公布。

5. 特殊程序规则(经营者承诺制度)

(1)经营者承诺制度的主要内容和意义。经营者承诺制度,也称和解制度。《反垄断法》第四十五条借鉴了有关国家和地区的经验,规定了我国的经营者承诺制度。其基本内容是:对反垄断执法机构调查的涉嫌垄断行为,被调查的经营者承诺在反垄断执法机构认可的期限内采取具体措施消除该行为后果的,反垄断执法机构可以决定中止调查。中止调查的决定应当载明被调查的经营者承诺的具体内容。反垄断执法机构决定中止调查的,应当对经营者履行承诺的情况进行监督。经营者履行承诺的,反垄断执法机构可以决定终止调查。有下列情形之一的,反垄断执法机构应当恢复调查:①经营者未履行承诺的;②作出中止调查决定所依据的事实发生重大变化的;③中止调查的决定是基于经营者提供的不完整或者不真实的信息作出的。

垄断行为排斥、限制市场竞争,妨碍市场机制正常发挥作用。这种行为涉及内容广泛、复杂,同时又因经济形势、市场情况的变化而不断变化。如果反垄断执法机构对所发现的涉嫌垄断行为有案必查、一查到底,在理论上完全符合法治的精神和原则,但在实际中却很难行得通。尤其是在查处某些垄断协议行为和滥用市场支配地位行为时,需要经过比较长的过程,往往耗时费力,取证难度大。例如,美国的司法部就反垄断与美国电话电报公司(AT&T)进行了长达 10 年的法律较量,在 1974 年美国司法部向美国电话电报公司提起反垄断指控,美国电话电报公司于 1984 年被一分为八,保留原公司名称的美国电话电报公司只能经营长话业务,被肢解的七个小公司只能经营市话业务,并且受政府的监督和管制。与其耗费大量的时间、人力、物力,最后通过制裁来消除违法后果,不如建立一种机制,让涉嫌违法的经营者自觉地纠正自己的行为。有条件地停止或结束调查,就是各国反垄断法基于这种考虑建立的一项机制。据统计,大多数国家的反垄断执法机构每年接到的相关举报和受理的涉嫌垄断案件的数量很多,但只有不到十分之一的案件调查终结并最后定案予以处罚。绝大多数案件在调查过程中因涉嫌垄断的行为人承诺改正并自动消除违法行为的影响和后果而终止程序,同样取得了反垄断法律制度设计的理想结果。目前大多数国家的反垄断法都规定了这种制度。如美国联邦贸易委员会和司法部反托拉斯局处理的许多案件,都是以和解形式结案的。欧盟竞争总司处理的案件,不少也是通过和解方式结案的。

我国《反垄断法》规定的经营者承诺制度成功地借鉴了上述经验,同时也很好地体现了我国行政处罚与教育相结合,以教育为目的的立法精神和原则。反垄断法的目的不是为了处罚违法经营者,而是为了预防和制止垄断行为,保护市场竞争,保护消费者利益,促进经济健康发展。对于反垄断执法机构来说,垄断行为的调查取证困难,研究分析具有较大不确定性,是一项内容复杂、成本高昂的工作。承诺制度可以在达到让被调查者停止违法垄断行为的目的的情况下,尽快了结该类案件,以便集中精力于那些重要的、复杂的、对方又不愿让步的案件。对于被调查者来说,反垄断调查将有损经营者的声誉,而且一旦经营行为最终被认定违反反垄断法,其所面临的严厉处罚更会对生产经营活动造成不利影响。经营者承诺在反垄断执法机构认可的期限内采取具体措施消除其后果,以换取反垄断执法机构的中止调查,不仅可以避免漫长的调查和诉讼程序对自己经营活动的影响,还可以避免通过正式程序最后可能要承担的严重后果。这应是一个双赢的结果。

不同国家和地区的反垄断法在经营者承诺制度的具体设计上有一些细微差别,有的由反垄断执法机构与被调查者直接达成和解协议,有的要求双方达成的和解协议须经过法院批准才能最终生效,但基本精神是一致的。

(2)工商行政管理部门对经营者承诺制度的具体适用。根据相关规定,涉嫌垄断行为的经营者在被调查期间,可以提出中止调查的申请,承诺在工商行政管理部门认可的期限内采取具体措施消除行为影响。中止调查申请应当以书面形式提出,并由法定代表人、其他组织负责人或者个人签字并盖章。申请书应当载明以下事项:(一)涉嫌违法的事实及可能造成的影响;(二)消除行为影响拟采取的具体措施;(三)实现承诺的日程安排和保证声明。工商行政管理部门根据被调查经营者的申请,在考虑行为的性质、持续时间、后果及社会影响等具体情况后,可以决定中止调查,并作出中止调查决定书。中止调查决定书应当载明被调查经营者涉嫌违法的事实、承诺的具体内容、消除影响的具体措施、时限以及不履行或者部分履行承诺的法律后果等内容。决定中止调查的,经营者应当在规定的时限内向工商行政管理部门提交履行承诺进展情况的书面报告。

为了落实被调查的经营者的承诺,工商行政管理部门应当对经营者履行承诺的情况进行监督,视市场竞争状况是否得到改善采取进一步措施。如果经营者履行承诺,并且切实消除了垄断行为的不良影响,改善了市场竞争状况,保护了消费者的利益,工商行政管理部门可以决定终止调查。此处的“可以”表明,决定终止调查属于工商行政管理部门的裁量权,由工商行政管理部门根据承诺执行情况和实际效果决定。

确定经营者已经履行承诺的,可以决定终止调查,并作出终止调查决定书。终止调查决定书应当载明被调查经营者涉嫌违法的事实、承诺的具体内容、消除影响的具体措施、履行承诺的具体步骤和时间、履行承诺的结果等内容。

如果工商行政管理部门发现存在下列情形之一,应当恢复调查:(1)经营者未履行承诺。"未履行"包括根本没有履行和未充分履行,后者的判断标准不仅应当考虑承诺规定的内容,还应当考虑执行承诺的实际效果。(2)作出中止调查决定所依据的事实发生重大变化。行政决定的事实基础发生重大变化,反垄断执法机构应当恢复调查。(3)中止调查的决定是基于经营者提供的不完整或者不真实的信息作出的。这里所称的"不完整或者不真实的信息"是指经营者为了使工商行政管理部门接受其承诺而提供的、对工商行政管理部门作出中止调查决定产生实质影响的信息。如果中止调查决定是经营者通过欺诈获得的,应当恢复调查。虽然法律未规定恢复调查应制作决定,但按照法理和操作程序,恢复调查仍应属一项行政决定。

第三节　反垄断执法的主要内容

根据国务院新"三定"方案规定,国家工商行政管理总局负责垄断协议、滥用市场支配地位、滥用行政权力排除、限制竞争方面的反垄断执法工作,价格垄断行为除外。为便于工商行政管理部门认真履行国家赋予的反垄断职责,严格依法行政,国家工商行政管理总局根据《反垄断法》的规定,制定和发布了《工商行政管理机关禁止垄断协议行为的规定》、《工商行政管理机关禁止滥用市场支配地位行为的规定》、《工商行政管理机关制止滥用行政权力排除、限制竞争行为的规定》,均自 2011 年 2 月 1 日起施行。以下依据《反垄断法》和这三个实体规章,对工商行政管理部门反垄断执法的主要内容进行简要介绍。

一、查处垄断协议行为

(一)垄断协议的认定

《反垄断法》第十三条第二款规定,垄断协议是指排除、限制竞争的协议、决定或者其他协同行为。该法第十六条对行业协会组织本行业的经营者从事垄断协议行为也作了禁止性规定。从垄断协议达成的方式看,既有经营者之间达成的,也有行业协会组织经营者达成的。从垄断协议的表现方式看,既有书面的协议和书面决定,也有口头的协议和口头决定,还有一种既非书面又非口头、彼此间心照不宣的默契行为,称为其他协同行为。《工商行政管理机关禁止垄断协议行为的规定》对垄断协议的概念作了进一步细化规定,即垄断协议是指违反《反垄断法》第十三条、第十四条、第十六条的规定,经营者之间达成的或者行业协会组织本行业经营者达成的排除、限制竞争的协议、决定或者其他协同行为。协议或者决定包括书面形式和口头形式。其他协同行为是指经营者虽未明确订立书面或者口头形式的协议或者决定,但实质上存在协调一致的行为。

《反垄断法》中的"其他协同行为"属于默示共谋型垄断协议行为,相对于美国《谢尔曼法》第一条规定的"其他方式的共谋"或者通常所指的默示共谋,《欧共体条约》第八十一条规定的"协同一致的行为"。它包括能涵盖经营者之间任何种类的合作行为,只是不包括真正的协议,也不包括行业协会的决议。其具有隐蔽性或暗藏主观合意性,即其合意往往采取默示共谋、默契或心照不宣的手段达成,不表露于公众之下,或行为者之间不采取明示的意思联络,不易被公众所发现,在认定时难度也更大。

对此,《工商行政管理机关禁止垄断协议行为的规定》第三条规定,认定其他协同行为,应当考虑下列因素:(一)经营者的市场行为是否具有一致性;(二)经营者之间是否进行过意思联络或者信息交流;(三)经营者能否对一致行为作出合理的解释。认定其他协同行为,还应当考虑相关市场的结构情况、竞争状况、市场变化情况、行业情况等。

(二)工商行政管理部门查处的垄断协议的主要表现形式

根据参与垄断协议的经营者之间是否具有竞争关系,一般将垄断协议分为横向垄断协议和纵向垄断协议。横向垄断协议是指具有竞争关系的经营者达成的垄断协议,这些经营者处于同一经济层面,如销售同类产品或者提供同类服务的经营者。横向垄断协议对竞争的危害既直接又严重,因而是各国反垄断法规制的重点。

《反垄断法》第十三条对横向垄断协议的表现形式作了列举式规定,并设有兜底条款。根据国务院新"三定"方案规定,国家工商行政管理总局负责查处除价格垄断协议之外的其他垄断协议的反垄断执法工作,因而工商行政管理部门负责查处的横向垄断协议是除该条第(一)项规定的"固定或者变更商品价格"之外的其他垄断协议行为。

《工商行政管理机关禁止垄断协议行为的规定》第四条至第七条对《反垄断法》第十三条第一款第（二）、（三）、（四）、（五）项规定的限制商品的生产数量或者销售数量、分割销售市场或者原材料采购市场、限制购买新技术、新设备或者限制开发新技术、新产品以及联合抵制交易行为作了细化规定。其内容是：

禁止具有竞争关系的经营者就限制商品的生产数量或者销售数量达成下列垄断协议：（一）以限制产量、固定产量、停止生产等方式限制商品的生产数量或者限制商品特定品种、型号的生产数量；（二）以拒绝供货、限制商品投放量等方式限制商品的销售数量或者限制商品特定品种、型号的销售数量。

禁止具有竞争关系的经营者就分割销售市场或者原材料采购市场达成下列垄断协议：（一）划分商品销售地域、销售对象或者销售商品的种类、数量；（二）划分原料、半成品、零部件、相关设备等原材料的采购区域、种类、数量；（三）划分原料、半成品、零部件、相关设备等原材料的供应商。

禁止具有竞争关系的经营者就限制购买新技术、新设备或者限制开发新技术、新产品达成下列垄断协议：（一）限制购买、使用新技术、新工艺；（二）限制购买、租赁、使用新设备；（三）限制投资、研发新技术、新工艺、新产品；（四）拒绝使用新技术、新工艺、新设备；（五）拒绝采用新的技术标准。

禁止具有竞争关系的经营者就联合抵制交易达成以下垄断协议：（一）联合拒绝向特定经营者供货或者销售商品；（二）联合拒绝采购或者销售特定经营者的商品；（三）联合限定特定经营者不得与其具有竞争关系的经营者进行交易。

纵向垄断协议是指具有交易关系的经营者达成的垄断协议，这些经营者处于不同的经济层面，如销售者与购买者。《反垄断法》第十四条对纵向垄断协议的表现形式作了列举式规定，并设有兜底条款。但由于列举的两类即"固定向第三人转售商品的价格"和"限定向第三人转售商品的最低价格"都属于价格垄断的范畴，因而不属于工商行政管理部门反垄断执法的范围。

由于经济生活的复杂多变，法律上的任何列举都无法穷尽现实中可能出现的垄断协议。因此，《反垄断法》第十三条第（六）项和第十四条第（三）

项分别规定了认定垄断协议的兜底条款,即由反垄断执法机构认定其他垄断协议。据此,《工商行政管理机关禁止垄断协议行为的规定》立足国家工商行政管理总局承担的反垄断职责,明确规定由国家工商行政管理总局负责依法认定除价格垄断协议之外的其他横向垄断协议和纵向垄断协议。

《反垄断法》第十六条规定,行业协会不得组织本行业的经营者达成本法禁止的垄断协议,该法第四十六条第三款规定了行业协会的法律责任,即行业协会违反本法规定,组织本行业的经营者达成垄断协议的,反垄断执法机构可以处五十万元以下的罚款;情节严重的,社会团体登记管理机关可以依法撤销登记。据此,《工商行政管理机关禁止垄断协议行为的规定》以列举方式,对行业协会从事的与垄断协议的有关行为作了细化规定。包括:制定发布含有排除、限制竞争内容的行业协会章程、规则、决定、通知、标准等;召集、组织或者推动本行业的经营者达成含有排除、限制竞争内容的协议、决议、纪要、备忘录等。

实际上,行业协会组织本行业的经营者达成垄断协议是比较常见的垄断行为。例如,"全国工商反垄断执法第一案"就是一起典型的由行业协会牵头组织的垄断协议案件。2009年3月3日,江苏省连云港市建筑材料和建筑机械行业协会成立的混凝土委员会组织连云港十八家预拌混凝土企业召开会议,协商制定了"预拌混凝土企业行业自律条款"、"检查处罚规定"等(即"11项规定")分割市场和固定价格的协议。为保障协议的落实,该协会还多次组织对成员单位的监督检查,并对背叛盟约的成员企业处以罚款。2011年初,江苏省工商行政管理局认定该行为属于《反垄断法》第十三条第一款第(三)项所禁止的"分割销售市场"的垄断行为,责令当事人停止违法行为,并对协会罚款20万元,对协会常设委员会会员单位作出没收违法所得136481.21元、罚款530723.19元的行政处罚决定。①

(三)垄断协议的处罚、宽大与豁免

经营者违反规定,达成并实施垄断协议的,由工商行政管理部门责令停止违法行为,没收违法所得,并处上一年度销售额百分之一以上百分之十以

---

① 《中国工商报》2011年1月26日。

下的罚款;尚未实施所达成的垄断协议的,可以处五十万元以下的罚款。行业协会违反规定,组织本行业的经营者达成垄断协议的,工商行政管理部门可以对其处五十万元以下的罚款;情节严重的,工商行政管理部门可以提请社会团体登记管理机关依法撤销登记。工商行政管理部门确定具体罚款数额时,应当考虑违法行为的性质、情节、程度、持续的时间等因素。经营者之间串通或者行业协会组织经营者串通,尚未达成垄断协议的,工商行政管理部门应当及时予以制止。经营者主动停止垄断协议行为的,工商行政管理部门可以酌情减轻或者免除对该经营者的处罚。对工商行政管理部门依照本规定作出的行政处罚等决定不服的,可以依法申请行政复议或者提起行政诉讼。

垄断协议宽大制度旨在鼓励垄断协议参与者主动报告有关情况,使执法机关能够及时发现案件线索和证据,有效查处垄断协议行为。目前,宽大制度已经成为国外反垄断执法机构查获垄断协议案件的重要制度。《反垄断法》对宽大制度作了原则性规定,即"经营者主动向反垄断执法机构报告达成垄断协议的有关情况并提供重要证据的,反垄断执法机构可以酌情减轻或者免除对该经营者的处罚。"为增强可操作性,《工商行政管理机关禁止垄断协议行为的规定》对重要证据的含义和范围、工商行政管理部门实施减轻或者免除处罚应把握的原则以及实施减轻或者免除处罚的具体办法等都作了进一步细化规定。

经营者主动向工商行政管理部门报告所达成垄断协议的有关情况并提供重要证据的,工商行政管理部门可以酌情减轻或者免除对该经营者的处罚。重要证据是指能够对工商行政管理部门启动调查或者对认定垄断协议行为起到关键性作用的证据,包括参与垄断协议的经营者、涉及的产品范围、达成协议的内容和方式、协议的具体实施情况等。工商行政管理部门实施减轻或者免除处罚,应当根据经营者主动报告的时间顺序、提供证据的重要程度、达成、实施垄断协议的有关情况以及配合调查的情况确定。第一个主动报告所达成垄断协议的有关情况、提供重要证据并全面主动配合调查的经营者,工商行政管理部门应当免除处罚。对主动向工商行政管理部门报告所达成垄断协议的有关情况并提供重要证据的其他经营者,工商行政管理部门可以酌情减轻处罚。

　　根据《反垄断法》的有关规定,对垄断行为的处罚包括没收违法所得和罚款。但考虑到违法所得与民法上的不当得利性质相似,适用宽大制度对有关处罚作减轻或者免除时,扣除违法所得会导致垄断行为人因垄断行为获得不当利益。因此,《工商行政管理机关禁止垄断协议行为的规定》第十三条规定:"本规定第十一条、第十二条所称的减轻或者免除处罚,主要是指对《反垄断法》第四十六条规定的罚款的减轻或者免除。"

　　垄断协议的豁免制度,是指经营者之间达成的协议虽然具有排除、限制竞争的后果,符合《反垄断法》禁止的垄断协议行为的构成要件,但是由于其整体上有利于技术进步、经济发展和社会公共利益,符合法定免责条款,因而从《反垄断法》的适用中予以排除。许多国家和地区的反垄断法都规定了豁免制度。《反垄断法》第十五条对垄断协议同样规定了豁免制度,即经营者能够证明所达成的协议属于下列情形之一的,不适用第十三条、第十四条的禁止规定:(一)为改进技术、研究开发新产品的;(二)为提高产品质量、降低成本、增进效率,统一产品规格、标准或者实行专业化分工的;(三)为提高中小经营者经营效率,增强中小经营者竞争力的;(四)为实现节约能源、保护环境、救灾救助等社会公共利益的;(五)因经济不景气,为缓解销售量严重下降或者生产明显过剩的;(六)为保障对外贸易和对外经济合作中的正当利益的;(七)法律和国务院规定的其他情形。其中,属于前款第一项至第五项情形,不适用有关禁止规定的,经营者还应当证明所达成的协议不会严重限制相关市场的竞争,并且能够使消费者分享由此产生的利益。

二、查处滥用市场支配地位行为

(一)市场支配地位的认定、推定与反证

　　市场支配地位的认定是工商行政管理部门查处滥用市场支配地位行为的前提和基础性工作。查处滥用市场支配地位行为案件,首先要认定经营者是否在相关市场具有市场支配地位,如果经营者不具有市场支配地位,则不属于《反垄断法》关于禁止市场支配地位的调整范畴。

　　根据《反垄断法》第十七条第二款的规定,市场支配地位是指经营者在相关市场内具有能够控制商品价格、数量或者其他交易条件,或者能够阻碍、影响其他经营者进入相关市场能力的市场地位。《工商行政管理机关禁止滥用市场支配地位行为的规定》在此基础上,对其他交易条件以及能够阻碍、影响其他经营者进入相关市场的含义作了进一步的细化规定。其中,其他交易条件是指除商品价格、数量之外能够对市场交易产生实质影响的其他因素,包括商品品质、付款条件、交付方式、售后服务等。能够阻碍、影响其他经营者进入相关市场,是指排除其他经营者进入相关市场,或者延缓其他经营者在合理时间内进入相关市场,或者其他经营者虽能够进入该相关市场,但进入成本提高难以在市场中开展有效竞争等。

对于如何认定市场支配地位,《反垄断法》第十八条规定了认定经营者具有市场支配地位应当依据的因素。《工商行政管理机关禁止滥用市场支配地位行为的规定》结合《反垄断法》的规定,对该条所列的每一项因素都作了细化规定。

1. 该经营者在相关市场的市场份额以及相关市场的竞争状况

市场份额是指一定时期内经营者的特定商品销售额、销售数量等指标在相关市场所占的比重。分析相关市场竞争状况应当考虑相关市场的发展状况、现有竞争者的数量和市场份额、商品差异程度以及潜在竞争者的情况等。

2. 该经营者控制销售市场或者原材料采购市场的能力

认定经营者控制销售市场或者原材料采购市场的能力,应当考虑该经营者控制销售渠道或者采购渠道的能力,影响或者决定价格、数量、合同期限或者其他交易条件的能力,以及优先获得企业生产经营所必需的原料、半成品、零部件及相关设备等原材料的能力。

3. 经营者的财力和技术条件

认定经营者的财力和技术条件,应当考虑该经营者的资产规模、财务能力、盈利能力、融资能力、研发能力、技术装备、技术创新和应用能力、拥有的知识产权等。对于经营者的财力和技术条件的分析认定,应当同时考虑其关联方的财力和技术条件。

4. 其他经营者对该经营者在交易上的依赖程度

认定其他经营者对该经营者在交易上的依赖程度,应当考虑其他经营者与该经营者之间的交易量、交易关系的持续时间、转向其他交易相对人的难易程度等。

5. 其他经营者进入相关市场的难易程度

认定其他经营者进入相关市场的难易程度,应当考虑市场准入制度、拥有必需设施的情况、销售渠道、资金和技术要求以及成本等。

在认定市场支配地位的各因素中,市场份额对于认定经营者的市场地位具有非常重要的作用。如果经营者在相关市场上占很大的市场份额,一般就可以推定经营者具有市场支配地位。因此,许多国家反垄断法都规定了市场支配地位的推定制度。《反垄断法》也对市场支配地位推定制度及其适用原则作了规定。该法第十九条第一款规定,有下列情形之一的,可以推定经营者具有市场支配地位:(一)一个经营者在相关市场的市场份额达到二分之一的;(二)两个经营者在相关市场的市场份额合计达到三分之二的;(三)三个经营者在相关市场的市场份额合计达到四分之三的。该条第二款规定,有前款第二项、第三项规定的情形,其中有的经营者市场份额不足十分之一的,不应当推定该经营者具有市场支配地位,又称微量不计原则。

推定制度允许有关经营者通过事实予以反证。《反垄断法》第十九条第三款规定,被推定具有市场支配地位的经营者,有证据证明不具有市场支配地位的,不应当认定其具有市场支配地位。《工商行政管理机关禁止滥用市场支配地位行为的规定》对此作了进一步细化规定,即"被推定具有市场支配地位的经营者,能够根据本规定第十条所列因素,证明其在相关市场内不具有控制商品价格、数量或者其他交易条件,或者不具有能够阻碍、影响其他经营者进入相关市场的能力,则不应当认定其具有市场支配地位。"

(二)滥用市场支配地位行为的主要表现

市场支配地位本身不违法,只有滥用这种地位才违法。《反垄断法》第十七条第一款第(一)项至第(六)项规定了六种具体滥用市场支配地位行为,即以不公平的高价销售商品或者以不公平的低价购买商品、以低于成本的价格销售商品、拒绝交易、限定交易、搭售或者附加不合理交易条件、差别待遇,该款第(七)项规定了兜底条款,由国务院反垄断执法机构认定其他滥用市场支配地位行为。

根据国务院反垄断职责分工,国家工商行政管理总局负责除《反垄断法》第十七条第一款第(一)项和第(二)项所列的与价格有关的滥用市场支配地位行为以外的其他各项所列的滥用市场支配地位行为的执法工作。为增强《反垄断法》有关规定的操作性,《工商行政管理机关禁止滥用市场支配地位行为的规定》第四条至第七条对拒绝交易的方式、限定交易的方式、搭售或者附加不合理交易条件的具体表现、差别待遇行为的表现形式等作了细化规定。其内容是:

禁止具有市场支配地位的经营者没有正当理由,通过下列方式拒绝与交易相对人进行交易:(一)削减与交易相对人的现有交易数量;(二)拖延、中断与交易相对人的现有交易;(三)拒绝与交易相对人进行新的交易;(四)设置限制性条件,使交易相对人难以继续与其进行交易;(五)拒绝交易相对人在生产经营活动中以合理条件使用其必需设施。在认定前款第(五)项时,应当综合考虑另行投资建设、另行开发建造该设施的可行性、交易相对人有效开展生产经营活动对该设施的依赖程度、该经营者提供该设施的可能性以及对自身生产经营活动造成的影响等因素。

禁止具有市场支配地位的经营者没有正当理由,实施下列限定交易行为:(一)限定交易相对人只能与其进行交易;(二)限定交易相对人只能与其指定的经营者进行交易;(三)限定交易相对人不得与其竞争对手进行交易。

禁止具有市场支配地位的经营者没有正当理由搭售商品,或者在交易时附加其他不合理的交易条件:(一)违背交易惯例、消费习惯等或者无视商品的功能,将不同商品强制捆绑销售或者组合销售;(二)对合同期限、支付方式、商品的运输及交付方式或者服务的提供方式等附加不合理的限制;(三)对商品的销售地域、销售对象、售后服务等附加不合理的限制;(四)附加与交易标的无关的交易条件。

禁止具有市场支配地位的经营者没有正当理由,对条件相同的交易相对人在交易条件上实行下列差别待遇:(一)实行不同的交易数量、品种、品质等级;(二)实行不同的数量折扣等优惠条件;(三)实行不同的付款条件、交付方式;(四)实行不同的保修内容和期限、维修内容和时间、零配件供应、技术指导等售后服务条件。

从各国反垄断法律制度及执法实践看,认定滥用市场支配地位行为一般都采取合理分析原则。具体讲,一种行为从行为表现上看,可能符合滥用市场支配行为的形式要件,但不能简单地认定其属违法行为,是否构成违法,需要作合理分析。《反垄断法》也不例外。《反垄断法》第十七条第一款第(一)项至第(六)项规定的六种滥用市场支配地位行为前都有"不公平"、"没有正当理由"等条件的限定。这说明,对滥用市场支配地位行为的认定,需要运用合理原则,结合具体案情及客观的市场条件综合分析。考虑到市场经济活动的复杂性与多变性,以及滥用市场支配地位案件的特殊性,《工商行政管理机关禁止滥用市场支配地位行为的规定》对认定正当理由需要考虑的因素予以明确,规定工商行政管理部门对正当理由的认定分析,除需要考虑经营者是否是基于自身正常经营活动及正常效益而采取的行为外,还需要充分考虑有关行为对经济运行效率、社会公共利益及经济发展的影响。

由于经济生活的复杂多变,法律上的任何列举都无法穷尽现实中可能出现的滥用市场支配地位行为。因此,《反垄断法》第十七条第一款第(七)项规定了认定滥用市场支配地位行为的兜底条款,即由国务院反垄断执法机构认定其他滥用市场支配地位行为。《工商行政管理机关禁止滥用市场支配地位行为的规定》立足国家工商行政管理总局承担的反垄断职责,通过一般条款,规定由国家工商行政管理总局依法认定除价格垄断行为之外,该规定未明确规定的其他滥用市场支配地位行为。

(三)对滥用市场支配地位行为的处罚

经营者违反规定,滥用市场支配地位的,由工商行政管理部门责令停止违法行为,没收违法所得,并处上一年度销售额百分之一以上百分之十以下的罚款。工商行政管理部门确定具体罚款数额时,应当考虑违法行为的性质、情节、程度、持续的时间等因素。

经营者主动停止滥用市场支配地位行为的,工商行政管理部门可以酌情减轻或者免除对该经营者的处罚。

对工商行政管理部门依照本规定作出的行政处罚等决定不服的,可以依法申请行政复议或者提起行政诉讼。

三、制止滥用行政权力排除、限制竞争行为

（一）滥用行政权力排除、限制竞争行为的主要表现

《反垄断法》第五章第三十二条至第三十七条对行政机关和法律、法规授权的具有管理公共事务职能的组织滥用行政权力实施排除、限制竞争行为作出了禁止性规定。根据《反垄断法》的规定,结合工商行政管理部门多年来依据《反不正当竞争法》制止政府及其所属部门滥用行政权力排除、限制竞争行为的执法实践,并参照国务院《关于禁止在市场经济中实行地区封锁的规定》(国务院令第 303 号)的有关规定,《工商行政管理机关制止滥用行政权力排除、限制竞争行为的规定》对行政机关和法律、法规授权的具有管理公共事务职能的组织滥用行政权力实施的排除、限制竞争行为作了细化规定。

《工商行政管理机关制止滥用行政权力排除、限制竞争行为的规定》第三条规定,行政机关和法律、法规授权的具有管理公共事务职能的组织不得滥用行政权力,从事下列行为:(一)以明确要求、暗示或者拒绝、拖延行政许可以及重复检查等方式限定或者变相限定单位或者个人经营、购买、使用其指定的经营者提供的商品或者限定他人正常的经营活动;(二)对外地商品执行与本地同类商品不同的技术要求、检验标准,或者采取重复检验、重复认证等歧视性技术措施,阻碍、限制外地商品进入本地市场;(三)采取专门针对外地商品的行政许可,或者对外地商品实施行政许可时采取不同的许可条件、程序、期限等,阻碍、限制外地商品进入本地市场;(四)设置关卡或者采取其他手段,阻碍、限制外地商品进入本地市场或者本地商品运往外地市场;(五)以设定歧视性资质要求、评审标准或者不依法发布信息等方式,排斥或者限制外地经营者参加本地的招标投标活动;(六)采取不平等待遇等方式,排斥或者限制外地经营者在本地投资或者设立分支机构或者妨碍外地经营者在本地的正常经营活动;(七)强制经营者之间达成、实施排除、限制竞争的垄断协议,强制具有市场支配地位的经营者从事滥用市场支配地位行为。第四条还规定,行政机关不得滥用行政权力,以决定、公告、通告、通知、意见、会议纪要等形式,制定、发布含有排除、限制竞争内容的规

定。前款规定适用于法律、法规授权的具有管理公共事务职能的组织。

（二）工商行政管理部门对滥用行政权力排除、限制竞争行为的建议权

《反垄断法》第五十一条对反垄断执法机构在制止滥用行政权力排除、限制竞争行为方面的建议权作了明确规定，即行政机关和法律、法规授权的具有管理公共事务职能的组织滥用行政权力，实施排除、限制竞争行为的，由上级机关责令改正；对直接负责的主管人员和其他直接责任人员依法给予处分。反垄断执法机构可以向有关上级机关提出依法处理的建议。法律、行政法规对行政机关和法律、法规授权的具有管理公共事务职能的组织滥用行政权力实施排除、限制竞争行为的处理另有规定的，依照其规定。

《工商行政管理机关制止滥用行政权力排除、限制竞争行为程序规定》对国家工商行政管理总局和省、自治区、直辖市工商行政管理局制止滥用行政权力排除、限制竞争方面的管辖范围作了具体规定。《工商行政管理机关制止滥用行政权力排除、限制竞争行为的规定》根据上述规定，明确规定了总局与省级局的建议权及相关内容，即国家工商行政管理总局和省、自治区、直辖市工商行政管理局可以就行政机关和法律、法规授权的具有管理公共事务职能的组织滥用行政权力排除、限制竞争的行为表现及其后果，向其有关上级机关提出依法处理的建议。

2011 年 7 月，国家工商行政管理总局公布了《反垄断法》施行后，我国工商行政管理部门首例依据《反垄断法》建议、纠正地方政府滥用行政权力排除、限制竞争行为的案件。2010 年 1 月 8 日，广东省某市政府召开政府工作会议，会议的主要内容是落实省政府加强道路交通安全管理，推广应用卫星定位汽车行驶记录仪的决定。会议相关决议以"市政府工作会议纪要 2010 年第 6 期"的形式印发相关部门执行。工商行政管理部门认定，该市政府的行政行为超出了法定权限和上级有关政策要求，干预了企业正常经营活动，导致排除、限制竞争的后果，违反了《反垄断法》的规定，构成行政机关滥用行政权力排除、限制竞争行为。在国家工商行政管理总局的指导下，广东省工商行政管理局向广东省政府正式作出"依法纠正该市政府上述滥用行政权力排除、限制竞争行为"的建议。2011 年 6 月 12 日，广东省政府作出复议决定，认为该市政府上述行政行为违反《反垄断

法》第八条、第三十二条和《道路交通安全法》第十三条的规定,属于滥用行政职权,其行为明显不当,决定撤销其具体行政行为。该市政府根据省政府决定,纠正了其滥用行政权力排除、限制竞争的行为,恢复了该市汽车GPS 运营市场的竞争格局。①

(三)工商行政管理部门对经营者以行政机关强制为由实施的垄断行为的处理

《反垄断法》第三十六条规定,行政机关和法律、法规授权的具有管理公共事务职能的组织不得滥用行政权力,强制经营者从事本法规定的垄断行为。实践中,经营者借用行政权力实施排除、限制竞争行为的情形比较突出,因此《工商行政管理机关制止滥用行政权力排除、限制竞争行为的规定》第五条对经营者以行政机关和法律、法规授权的具有管理公共事务职能的组织的行政强制或者变相强制为由,实施垄断行为的具体表现作了列举式规定。具体包括:以行政机关和法律、法规授权的具有管理公共事务职能的组织的行政限定为由,从事垄断协议和滥用市场支配地位的行为;以行政机关和法律、法规授权的具有管理公共事务职能的组织的行政授权为由,从事垄断协议和滥用市场支配地位的行为;以依据行政机关和法律、法规授权的具有管理公共事务职能的组织制定、发布的行政规定为由,从事垄断协议和滥用市场支配地位的行为。

《工商行政管理机关制止滥用行政权力排除、限制竞争行为的规定》对经营者涉嫌垄断行为的处罚作了转致规定,即经营者违反本规定第五条规定从事垄断行为的,依照《工商行政管理机关禁止垄断协议行为的规定》、《工商行政管理机关禁止滥用市场支配地位行为的规定》处理。经营者达成并实施垄断协议的,由工商行政管理部门责令停止违法行为,没收违法所得,并处上一年度销售额百分之一以上百分之十以下的罚款;尚未实施所达成的垄断协议的,可以处五十万元以下的罚款。经营者滥用市场支配地位的,由工商行政管理部门责令停止违法行为,没收违法所得,并处上一年度销售额百分之一以上百分之十以下的罚款。

---

① 《中国工商报》2011 年 7 月 27 日。

第四节　反垄断执法中的相关
市场界定和分析方法

一、反垄断执法中的相关市场界定

(一)相关市场界定与反垄断执法

相关市场的界定并不是反垄断法中的一项独立制度,但是它却是建立和执行反垄断法的基础。在已建立起反垄断法基本制度的国家和地区,相关市场的界定常常成为反垄断法执行中的一个非常关键的问题。因为在反垄断法中,大多数情况下对于涉嫌违法行为是通过分析其是否对竞争造成损害来决定其违法性的,这就必然涉及发生竞争的领域。而相关市场的界定就是要划定这种竞争领域范围的大小。只有通过相关市场的界定,才可知晓在一个市场上到底有多少竞争者,他们各自的市场份额有多大,进而才能判断涉嫌违法企业究竟能在多大程度上正在行使或者将来可能行使其市场支配力,从而使其行为具有或者产生限制竞争的违法性效果。在大多数场合,相关市场的界定实际上是竞争分析的出发点和基本前提,虽然其内容未必规定在反垄断法的具体条文里,但它却蕴含在反垄断法的各主要制度之中,并成为反垄断执法中的基础性工作。

作为竞争发生作用的领域,相关市场是指经营者在一定时期内就相关商品或者服务(以下统称商品)进行竞争的商品范围和地域范围。《反垄断法》第十二条第二款就是这样规定的。这里涉及两个方面的基本因素,即商品(往往也称为产品)和地域,相应地分别构成相关商品市场和相关地域市场。相关商品市场是指根据商品的特性、价格及其使用目的等因素可以相互替代的一组或者一类商品所构成的市场。相关地域市场,是指相关经营者供给或者消费者购买相关商品的地域范围,并且这一地域内的竞争条件基本一致。在这里,商品和地域只是界定相关市场过程中的两个维度,并非两个独立的市场,这意味着在确定一个具体案件的相关市场时,必须从不同的角度出发进行界定,这时界定出的相关市场才更加符合实际。此外,在相关市场的界定中有时还需要涉及所谓的相关时间市场,即在相关商品市场和相关地域市场内经营者所能展开竞争的时间范围。由于相关时间市场在很多情况下可以融入相关商品市场的界定之中,即在界定相关商品市场时应当考虑时间因素,因此可不将其作为一个单独的维度。一般说来,当商品的生产周期、使用期限、季节性、流行时尚性或知识产权保护期限等已构成商品不可忽视的特征时,界定相关市场应考虑时间性。在技术贸易、许可协议等涉及知识产权的反垄断审查工作中,可能还需要考虑知识产权、创新市场、技术市场等相关问题。

相关市场的界定一般是一个事实的认定问题,而不是一个立法上的规定问题,但是相关市场界定的这种技术中介往往可以体现反垄断执法的宽严,从而也体现出一定的政策性。如果市场界定得过于狭窄,就会夸大涉嫌企业实际行使着的或者将来可能会行使的市场支配力和其行为的反竞争效果,使其受到不应有的规制;而如果市场界定得过于宽泛,则该市场上有效竞争的程度就会被夸大,那些实际上行使或者将来可能会行使市场支配力,从事着反竞争行为的企业便有可能逃脱应有的规制。正如波斯纳所指出的:"市场集中率对于反托拉斯法实施的重要性,使得界定市场以计算被告的市场份额变得至关重要。由于市场界定具有足够的弹性,高度集中变得无所不在,数量惊人的良性兼并能够被弄得好像带有危险的垄断性。"[1]亚格纽也指出:"从某种程度上来说,产品的每一个供应者都会成为垄断者,如果市场规定得相当狭窄的话。"[2]在美国 1945 年对美国铝公司的反垄断判决中,法院仅将纯铝锭作为确定市场的依据,则美国铝公司就占有了该市场90% 的份额。而如果将铝废料也包括在市场内,美国铝公司就只占有 64%的份额;并且,如果将美国铝公司供应给它自己的制造设备排除在外的话,它的市场份额就仅有 33% 。在 1956 年美国政府指控杜邦公司垄断玻璃纸生产一案中,因为玻璃纸为杜邦公司独家生产和销售,政府认定该公司在玻璃纸产品市场上占有百分之百的市场份额。然而,美国最高法院在这个案

① 　[美]理查德·A·波斯纳:《反托拉斯法》(第二版),孙秋宁译,中国政法大学出版社 2003 年版,第 172 页。

② 　[英]约翰·亚格纽:《竞争法》,徐海等译,南京大学出版社 1992 年版,第 56 页。

件中将玻璃纸看作包装材料中的一种材料,而在包装材料这一产品市场上,杜邦公司仅占 18% 的市场份额。因此,政府在该案中败诉。[①] 可见,反垄断政策的宽严有时并不一定需要体现在立法条文的修改上,完全可以体现在反垄断执法时对相关市场的界定这个技术性操作中。

在我国《反垄断法》执行的过程中也必然会遇到相关市场界定这一基础的和重要的问题。实际上,早在实施 2006 年 8 月由国家六部委制定的《关于外国投资者并购境内企业的规定》中的反垄断审查规则的过程中,就已经现实地遇到了这个问题。根据该规定第五十一条、第五十二条的规定,商务部于 2006 年 11 月对浙江苏泊尔炊具股份有限公司和法国 SEB 国际股份有限公司的并购协议进行反垄断调查、听证。在这一过程中,各方争议的焦点在于市场占有率的确定。苏泊尔公司称,2005 年全国炊具行业的销售额约在 80 亿至 100 亿元人民币左右,苏泊尔公司在国内的销售额约 7 亿元人民币左右,市场占有率不到 10% ,远未达到该规定中要求的比例。SEB 目前在国内销量非常小,两者相加,也远不及该规定要求的 25% 的市场占有率。但据中国行业企业信息中心提供的资料,2005 年苏泊尔压力锅市场占有率 47.04% 。另据来自于国家统计局更为权威的数字,1999 年"苏泊尔"的市场占有率为 48.65% ,2000 年为 52.11% ,2001 年为 53.11% 。业内人士分析,这组数据只是城市的市场占有率,如果加上农村市场,"苏泊尔"的市场占有率将超过 70% 。对此,苏泊尔公司认为,在该规定中,市场占有率是针对某个行业而言的,压力锅只是炊具行业的一个产品。拿某个产品来指代一个行业是不合适的。[②] 显然,这里对市场占有率作出不同判断的决定因素是对相关市场的不同确定,即究竟应当将苏泊尔公司的压力锅置于压力锅市场还是置于整个炊具市场。

当然,并不是任何一个反垄断法案件都需要界定相关市场。一般来说,对于适用本身违法原则的行为,如固定价格、限制产量、分割市场等联合限

---

① 〔美〕马歇尔·C·霍华德:《美国反托拉斯法与贸易法规》,孙南申译,中国社会科学出版社 1991 年版,第 25 页。

② 曹虹:《从相关市场角度看我国反垄断法规的缺陷》,《中国经济时报》2006 年 12 月 22 日。

制竞争行为,其本身的反竞争性质非常明显,法律对此也有明文禁止规定,该种行为一经被认定成立即可判定为非法,无需再考虑其动机、手段以及对市场竞争影响的大小,因而相关市场的界定也就失去了意义。而对于适用合理原则的行为,其是否实质上限制竞争和构成违法,需要通过对企业的动机、行为方式以及对市场竞争的影响后果加以慎重考察后才能作出判断,因而需要界定相关市场。由于在反垄断法的实施中,适用本身违法原则的是少数,在大多数场合还是适用合理原则的,因而对大多数案件来说,界定相关市场是必不可少的前提性工作。

在进行相关市场界定时,有些案件只需要界定一个相关市场,而另一些案件可能需要界定出两个市场甚至多个市场。一般说来,在对滥用市场支配地位行为进行分析时只需界定一个相关市场,但在涉及搭售的案件中,在分析企业行为是否构成搭售以及搭售的合理性时,需要界定出两个相关市场:首先是界定出相关的搭售商品市场,以此认定涉嫌搭售企业在该市场上是否具有支配地位;其次是界定相关的被搭售商品市场,以认定搭售行为对于被搭售品市场竞争影响的程度,进而判断搭售是否违法。在垄断协议中,横向限制即在生产或销售过程中处于同一阶段的经营者之间的限制竞争行为,只需要界定一个相关市场,而纵向限制即处于不同生产经营阶段的经营者之间的限制竞争行为,由于当事人之间并不存在着直接的竞争关系,其主要目的是排除或限制协议以外的第三者参与竞争,一般也需要对两个市场加以界定:首先是界定出产品的制造商或供应商所在的相关市场(上游市场),其次是界定出产品的批发商或零售商所在的相关市场(下游市场)。类似地,在经营者集中审查中,对于横向的集中行为往往只需界定一个相关市场,但对于纵向的和混合的集中一般则须界定出两个或两个以上相关市场。

在相关市场的界定方面,西方国家的判例和法学理论上都有很多成熟的做法和精辟的见解,可供我国相关执法机关参考,但最终的实际操作还必须结合我国的具体国情。由于相关市场界定是反垄断法各主要制度的前提性和事实性问题,其未必适宜在反垄断法条文中作出非常具体的规定。对此,《反垄断法》第十二条第二款的原则规定大致勾画出了相关市场的范围和意义。至于相关市场界定中涉及的具体问题,可以作为反垄断法中的基本问题之一,由国务院反垄断委员会制定具体的指南。这方面具体规则的确立是很有必要的,一方面可以使得反垄断执法有比较明确的依据,另一方面有利于增加执法的透明度,使得当事人能够更方便地预测其行为在反垄断法上的后果。国务院反垄断委员会已于 2009 年 5 月发布了《关于相关市场界定的指南》。

(二)相关商品市场界定的基本分析框架

在界定相关市场时,相关商品市场是必须首先界定的,这是界定其他市场的前提。相关商品市场界定所要回答的基本问题是,事实上是哪些商品在市场上相互进行竞争。根据 1997 年欧共体委员会《关于相关市场界定的通告》第七条的规定,"相关产品市场是指根据产品的特性、价格及用途,而被消费者视为可互换或可相互替代的所有产品或者服务。"[1]美国法院的很多判决明确指出了确定相关商品市场的两个因素:一个是合理的可替代性,另一个是需求的交叉弹性。而合理的可替代性与需求的交叉弹性又是密切相关的,从一定意义上讲,合理的可替代性是需求的交叉弹性理论的实际运用,但合理的可替代性不仅涉及价格因素,也涉及其他因素;不仅关注需求层面,也在一定程度上考虑供给层面。因此,在界定相关商品市场时最主要的是要确定商品的可替代性,而且其中决定性的因素是用户或者消费者的看法。这里的商品可替代性不是那种因为某种商品市场的价格变化而影响到消费者在其他商品市场购买能力的"总体替代性",而是近似替代性,即具有相同或相似特性的、能够满足相同或相似需求的商品之间的可替代性。

在分析商品的可替代性时需要考虑到其功能、满足用户需要的适应性以及价格等因素,其具体的市场范围要根据不同案件所涉及的具体情况加以界定。在各国的反垄断执法实践中,确定商品之间的可替代性主要考虑以下因素:

1. 商品的物理性能和使用目的

通常,如果两个商品具有的物理性能相差很大,以至于它们实际上不具有相同的使用目的,那么就不能视为彼此具有可替代性。例如,欧共体委员

---

① 《关于相关市场界定的通告》,赵莉译,许光耀主编《欧共体竞争立法》,武汉大学出版社 2006 年版,第 421 页。下文引用该通告的地方出处相同。

会在 1991 年雷诺和沃尔沃一案中，将卡车分为运载量 5 吨和 16 吨以上的两个商品市场，理由是这两种卡车的技术差别很大而只能适用于不同的用途。①

确定商品之间的替代性时，只有商品在设计、物理构成以及其他技术特征上存在实质性差别时，我们才能把它们视为不同的商品，而不能仅仅因为一些不太显著的功能差异去否定它们之间的可替代性。同时，在认定这种差别时，虽然我们要考虑到生产者对于商品性能、功用的定位（主观功能），但更为重要的是，我们应当关注在消费者眼中，两种"不同"商品是否在某种功用上具有可替换性（客观功能），因为最终的市场毕竟是由消费者决定的。

2. 商品价格

如果两种商品价格差异较大，它们就不应被视为属于同一个商品市场。例如，普通汽车与豪华汽车，廉价香水与高级香水等，尽管它们有着相同的性能和用途，但由于价格悬殊，消费者往往并不认为它们具有可替代性。但是，按照商品的绝对价格区分商品市场的做法有时也存在着明显的错误，因为消费者一般都能意识到，商品价格的差异常常反映了不同的质量。欧共体委员会认为，起到决定作用的并不是绝对的价格差异，而是一种商品的价格变化是否对另一种商品的价格产生竞争性的影响。美国联邦贸易委员会在阻止斯丹普奥办公用品商店收购另一个办公用品"超市"连锁 Office Depot 时也分析道：同一种产品在不同类别的商店以不同的价格出售这一事实并不能说明存在两个市场。高价的商店可能提供的服务更多，价格的差异可能只反映了这些服务所增加的成本，这跟品牌产品的价格高于杂牌的同等产品可能只是抵消了较高的市场营销成本是同样的道理。②

如果同一市场上的两种商品是相互可替代的，一种商品的价格变化势必会影响另一种商品的价格，因此查明这两种商品的价格在以往的变动情况，可以确定它们相互替代的程度。在这里需要考虑价格水平的相似性和趋同性。

---

① 王晓晔：《欧共体竞争法研究》，中国法制出版社 2001 年版，第 78 页。

② ［美］理查德·A·波斯纳：《反托拉斯法》（第二版），孙秋宁译，中国政法大学出版社 2003 年版，第 184 页。

　　商品的价格因素又与需求的交叉弹性密切相关。"需求的交叉弹性"是用来测度一种商品的数量需求对另一种商品价格变化的敏感性的方法。需求的交叉弹性越高就越难显示供应者处于支配地位,因为一个商品如果价格上涨太多或供给受到限制,购买者将转而购买替代品;需求的交叉弹性低,则表示购买者不能够或不愿意转而购买替代品,而购买者的这种行为表明供应者比替代品供应者占有更为强大的市场优势。①

　　3. 消费者偏好

　　消费者偏好在界定相关商品市场时也是一个重要的因素。在消费者特别喜好某种商品的情况下,即便这种商品涨价,其也不愿意转向选择其他价格较为便宜的商品。消费者偏好是影响消费者需求的主观因素。在1997年《关于相关市场界定的通告》中,欧共体委员会提出要与主要的客户接触,搜集他们关于界定商品市场的观点以及划分市场范围所必要的信息。

　　4. 供给的替代可能性

　　在分析商品的可替代性时主要考虑需求替代性,即从需求层面看商品的替代性,也就是站在消费者的角度来看,不同的商品之间是否具有相同的或者类似的功能,可以满足消费者的同样需要,因而具有可互换性。但是,有时候也应考虑供给替代性,即从供给方面看商品的替代性,也就是站在生产者的角度考察,可以将哪些"潜在竞争"转化为现实竞争。

　　一种商品可能与其他任何商品都不具有直接的可转换性,但并不意味着只有该商品在相关市场界定的考虑之列。如果制造其他商品的供应商,能够在无需太大投入的情况下迅速转入生产可转换性商品,这些情况也应当归入该商品市场。例如,为一家肥皂公司生产的折叠纸盒跟为另一家公司生产的折叠纸盒看起来不是可以互换的,因为印在纸盒上的广告不同;而且,由于纸盒的生产者尽量为每个用户进行个性化的设计,也产生了设计和生产上的其他细微差别。但是,因为两种商品是使用同样的成分、设施、器材和工人生产出来的,一种商品的价格上涨超过竞争水平,就会导致生产另一种商品的企业迅速转到这种商品的生产中来,以利用其超竞争价格产生

---

　　① ［英］约翰·亚格纽:《竞争法》,徐海等译,南京大学出版社1992年版,第56页。

的利润空间。①

作为正确认定相关商品市场的辅助方法,供给的替代可能性从商品的制造商或者供应商可能面临的"潜在竞争"压力方面来考察商品的替代性。其典型例子是任何一种商品的制造商可能利用其现有的技术、设备在很短的时间内,转产其他相应商品,从而进入其他相关的商品市场,给该商品市场的原有竞争者带来更大的竞争压力。然而,这种情况却仅仅是个例外,因为企业转产到另一个相关市场的可能性取决于转移的成本和收益,有些企业要想转产则需要大幅度和高成本的变化,甚至需要实现一个行业向另一个行业的巨大跨越。所以,在欧盟委员会看来,因某一商品的提价而引起生产与其相邻接的商品的企业前来加入,由于通常需要花费大量的资金和时间,因此这种加入所产生的恢复对该"商品市场"内的竞争的效果是相当微弱的。

(三)相关地域市场界定的基本分析框架

相关地域市场是指一个有效竞争存在的地理范围。根据 1997 年欧共体委员会《关于相关市场界定的通告》第八条的规定,"相关地域市场是指所涉企业进行商品或服务供求活动的地区,该地区的竞争条件是充分同质的,并与相邻地区的竞争条件明显不同,因而能将其与相邻地区区分开来。"相关地域市场的范围可能是国内某个或某些地区,也可能遍及全国、若干国家组成的经济区域(如欧盟或其中几个国家)乃至全世界。对于中国这样一个地域辽阔,各地市场情况差异很大,而且又日益融合到世界市场的国家来说,界定相关地域市场在实施反垄断法的过程中有着更为重要的意义。

从欧美国家的实践来看,同界定相关商品市场的情况类似,界定相关地域市场也是考虑合理的可替代性以及与此密切相关的需求交叉弹性。如果两个地区属于同一个地域市场,一个地区的消费者应当可以非常方便地转向购买另一个地区的商品。如果企业及其竞争对手只在某个有限的地区销售其商品,而消费者无法或者很难从其他渠道购买该商品,则该地区可以构成一个独立的地域市场。但与相关商品市场的界定多以需求替代性为主的

---

① [美]理查德·A·波斯纳:《反托拉斯法》(第二版),孙秋宁译,中国政法大学出版社 2003 年版,第 176 页。

情况不同的是,在界定相关地域市场时多从供给替代性的方面加以考虑,即界定相关地域市场主要是关注在该市场中竞争条件的一致性。而所谓市场竞争条件的一致性,包括商品的分销方法、商品是否在同样的保护消费者法律条件下销售、消费者受到的售前或售后服务是否一致等。① 如果市场竞争条件大相径庭,那么即使商品功能相同或相似,也应该按照市场条件的不同将其归入不同的地域市场。

一般说来,在界定相关地域市场时应当考虑的因素主要涉及以下方面:

1. 运输成本和商品特性

确定相关地域市场的主要方法是考察企业的销售范围。在一定意义上说,企业的销售范围决定了其可以竞争的地域市场范围。而影响地域市场范围的主要因素是运输成本和商品特性。运费的高低可以决定供货区域的大小,因为随着商品运输距离的增加,相应的运费增加,必然将减少商品的利润额。因此,运输成本占商品价格总额比率的高低是决定相关地域市场范围的关键。而这又与商品本身的特性有很大的关系。对于那些分量重、体积大的商品,"由于相对于产品价值的运输成本很高,所以不是所有的产品制造商都可能对同样的顾客进行竞争。"② 与商品价值有关的商品运输成本使得企业将其销售活动限定在国内某一地区,甚至更小的地方。例如,几乎所有的水泥都是在其出产地的附近销售和使用,因为其既笨重体积又大,单位价值又低;而鞋子就可以在全国销售,因为其价值高,重量轻。

一般说来,易腐烂变质的商品,其市场的地域范围就受到限制。如普通面包的销售范围就很有限。而一些高科技商品,尤其是软件商品,其市场范围往往就是世界范围的。例如,在美国微软垄断案中,美国联邦地区法院法官杰克逊在 1999 年 11 月 5 日的事实认定中,是以全球范围作为确定微软的英特尔兼容个人电脑操作系统许可证这种商品的相关地域市场的。同时,对于运输成本的高低对供给替代的影响要与商品价格的上涨幅度联系在一起分析。这正如波斯纳所举例说明的:"如果小商品在堪萨斯城卖 25 美分,

---

① 阮方民:《欧盟竞争法》,中国政法大学出版社 1998 年版,第 119 页。

② [美]理查德·A·波斯纳:《反托拉斯法》(第二版),孙秋宁译,中国政法大学出版社 2003 年版,第 395 页。

在匹兹堡卖20美分,把小商品从匹兹堡运到堪萨斯城的运输成本是5美分,那么匹兹堡的销售商就不会在堪萨斯城进行销售。但是堪萨斯城的价格略微提高一点,就会把匹兹堡的销售商吸引过来。"①

2. 商品价格

在界定相关地域市场时同样需要考虑商品的价格。如果两个地区属于同一个地域市场,一个地区的消费者应当可以非常方便地转向购买另一个地区的商品。在这种情况下,一个地区的商品价格就会影响另一个地区的商品价格。这并不要求两个地区的商品价格必然是相同的。由于存在着前述的运输成本,同一相关地域市场但是来自不同地区的商品往往存在着一定的差异。但是,这个价格差别不能过大,否则消费者不会转向购买另一地区的商品。商品若属于同一市场,其价格将会很快趋于一致。一般说来,越是相互竞争的市场,在扣除运输成本之外,这些市场上的相似商品就越有可能具有相同的价格。

3. 消费者偏好

消费者的偏好不仅对界定相关商品市场有影响,而且对界定相关地域市场有影响。有时候,尽管两个地区的商品在用途上说是很好的替代品,但是由于消费者的特殊偏好,导致虽然本地区的商品价格上涨,消费者却没有将另一地区的价格相对较低的类似商品作为替代品。例如,德国人喜好德国啤酒,即使这种啤酒比其他国家生产的啤酒价格高,德国人仍然喜好纯正的德国啤酒。这说明,在界定地域市场方面,消费者的喜好仍然是一个重要因素。在1995年的 Mercedes – Benz/Kaessbohrer 合并案中,欧共体委员会认为城市公共汽车这种产品的地域市场只是德国。委员会指出,虽然德国市场是开放的,然而由于外国进口车的质量差,且德国政府在采购时倾向于购买本国的产品,这种车的地域市场就只是限于德国。②

4. 市场进入的障碍

相关地域市场的范围还会受到本国和外国的市场进入障碍的影响。这些

---

① ［美］理查德·A·波斯纳:《反托拉斯法》(第二版),孙秋宁译,中国政法大学出版社2003年版,第182页。

② 王晓晔:《欧共体竞争法研究》,中国法制出版社2001年版,第81页。

障碍有的是由法律上的规定造成,有的是由自然的原因造成的。市场进入障碍意味着新进入者比现有的市场主体要付出更大的成本,甚至无法进入。

就一个国家或地区的内部市场来说,市场进入的障碍主要有自然垄断和规模经济的要求,资金、设备和技术上的特殊要求,特定自然资源的稀缺性,专利等知识产权的独占性,政府对特定行业市场的准入规定,还有现有企业或者政府采取的人为限制措施,例如现有企业之间为阻碍新企业进入市场的垄断协议以及政府实行地区封锁等人为分割市场的措施。

随着世界经济一体化的进展及国内、国际市场的日益并轨,地域市场呈超越国界的趋势。要使不同国家或地区的市场构成一个相关地域市场,就要求这些地区有相同的竞争条件。而这方面往往存在种种限制,使得同一种商品的生产或销售处于不同的竞争条件,从而使它们处于不同的地域市场。虽然经过 GATT 和 WTO 的努力,关税壁垒和传统的非关税壁垒对贸易的限制情况已经大大改善,但同时,为 WTO 规则所允许或默认的隐蔽性较强的非传统的非关税壁垒却日益增多,如反倾销手段、贸易技术壁垒、绿色壁垒以及相关的管制制度,这些都可能成为国际贸易中的障碍,使得某种商品的竞争局限在国内市场范围内。

(四)用假定垄断者测试界定相关市场

在用上述方法界定经营者竞争的市场范围不够清晰或存在争议等复杂情况下,往往需要借助"假定垄断者测试"标准,用经济学分析工具分析所获取的相关数据,确定假定垄断者可以将价格维持在高于竞争价格水平的最小商品集合和地域范围,从而界定相关市场,以帮助解决相关市场界定可能出现的不确定性。这在美国被称为 SSNIP 测度标准。

所谓 SSNIP,即"小幅但显著的非临时性的涨价"(small but significant non-transitory increase in price)标准,就是当一种商品进行了一个数目不大但很重要且非临时性价格上涨时,客户是否愿意转向购买可以得到的其他替代品。如果回答是肯定的,两者便归入同一市场。在美国,这个标准一般被称为 5%标准,但现在随着不同行业的不同性质,这个涨价幅度可以大一点或者小一点。在欧共体,这一涨价幅度为 5% ~ 10%。但在运用该理论测度相关商品市场时,还应注意排除诸如突发事件的影响与新商品的上市等特殊的情况。

作为界定相关市场的一种分析思路,假定垄断者测试目前为各国制定反垄断指南所普遍采用。国务院反垄断委员会发布的《关于相关市场界定的指南》中也明确引入了这种分析思路。这种分析思路的基本内容如下:

假定垄断者测试一般先界定相关商品市场。首先从反垄断审查关注的经营者提供的商品(目标商品)开始考虑,假设该经营者是以利润最大化为经营目标的垄断者(假定垄断者),那么要分析的问题是,在其他商品的销售条件保持不变的情况下,假定垄断者能否持久地(一般为 1 年)小幅(一般为 5% ~ 10%)提高目标商品的价格。目标商品涨价会导致需求者转向购买具有紧密替代关系的其他商品,从而引起假定垄断者销售量下降。如果目标商品涨价后,即使假定垄断者销售量下降,但其仍然有利可图,则目标商品就构成相关商品市场。如果涨价引起需求者转向具有紧密替代关系的其他商品,使假定垄断者的涨价行为无利可图,则需要把该替代商品增加到相关商品市场中,该替代商品与目标商品形成商品集合。接下来分析如果该商品集合涨价,假定垄断者是否仍有利可图。如果答案是肯定的,那么该商品集合就构成相关商品市场;否则还需要继续进行上述分析过程。随着商品集合越来越大,集合内商品与集合外商品的替代性越来越小,最终会出现某一商品集合,假定垄断者可以通过涨价实现盈利,由此便界定出相关商品市场。

界定相关地域市场与界定相关商品市场的思路相同。首先从反垄断审查关注的经营者经营活动的地域(目标地域)开始,要分析的问题是,在其他地域的销售条件不变的情况下,假定垄断者对目标地域内的相关商品进行持久(一般为 1 年)小幅涨价(一般为 5% ~ 10%)是否有利可图。如果答案是肯定的,目标地域就构成相关地域市场;如果其他地域市场的强烈替代使得涨价无利可图,就需要扩大地域范围,直到涨价最终有利可图,该地域就是相关地域市场。

原则上,在使用假定垄断者测试界定相关市场时,选取的基准价格应为充分竞争的当前市场价格。但在滥用市场支配地位、共谋行为和已经存在共谋行为的经营者集中案件中,当前价格明显偏离竞争价格,选择当前价格作为基准价格会使相关市场界定的结果不合理。在此情况下,应该对当前价格进行调整,使用更具有竞争性的价格。此外,一般情况下,价格上涨幅度为 5%~10%,但在执法实践中,可以根据案件涉及行业的不同情况,对价格小幅上涨的幅度进行分析确定。在经营者小幅提价时,并不是所有需求者(或地域)的替代反应都是相同的。在替代反应不同的情况下,可以对不同需求者群体(或地域)进行不同幅度的测试。此时,相关市场界定还需要考虑需求者群体和特定地域的情况。

二、反垄断执法中的分析方法

反垄断法中所说的分析方法是有不同层面的,例如有相对于一般法律分析方法的经济分析等其他学科的分析方法。这里所说的反垄断执法中的基本分析方法是指在美国判例法中发展起来的、为许多国家所广泛接受的分析垄断或者限制竞争行为构成时所运用的本身违法规则和合理规则。本身违法规则(per se rule),是指某些行为因其明显的反竞争性而被依法确定为违法,凡发生这些行为就认定其违法,而不再根据具体情况进行分析判断。合理规则(rule of reason),是指对某些行为是否在实质上构成限制竞争并在法律上予以禁止不是一概而论,而需要对经营者的动机、行为方式及其后果加以慎重考察后作出判断,予以认定。

(一)本身违法规则与合理规则的利弊

本身违法规则的优势在于:第一,诉讼程序的简便性。适用本身违法规则对垄断案件进行分析,只需对该案件的事实证据进行认定。例如,只要存在固定价格行为,即认定其违法,而不需要对该案的事实进行长时间的后果分析,这缩减了诉讼时间,节约了法官和当事人的时间,节省了大量的诉讼资源。第二,判断标准的确定性。本身违法规则的适用可以提升反垄断法的预期性,约束法官和执法官员的自由裁量权,正确引导经营者的市场行为。

然而,在实践中这一规则天生地存在如下不足:第一,本身违法规则的制度基础是立法者对现实商业行为的概括提炼,可是商界风云变幻,此起彼伏,适用简明标准的努力常常在其覆盖范围与其试图规范的行为之间产生错位。"语言所固有的模糊性以及人类预见能力和知识的局限性,限制了决策者精确、全面地列举应当适用一般规则之具体情形的能力。因此,将判断标准抽象化为若干规则,注定面临涵盖面过宽或过窄的风险。"①以固定的法律框架去囊括丰富多变的商业行为,难以保障动态的司法公正。第二,面对商业行为的复杂形态,立法者和执法者、司法者不可能充分掌握每一个商业安排背后的信息,即存在信息的严重不对称性和商业智慧的缺陷。如果以行政执法和司法决策替代商业决策,会带来高昂的商业成本,影响资源的自由配置,不利于交易的促成和经济的发展,产生比市场失灵更为严重的政府失灵。

合理规则的优势在于:第一,灵活方便,适用面广。在美国的判例法上,属于典型的本身违法行为的有横向限制中的固定价格、限定产量、划分市场、联合抵制以及纵向限制中的维持转售价格等,其他的则一般适用合理规则。第二,适用合理规则分析作出的判决大部分有其合理性。基于经济学的分析作出的判决,比仅凭存在违法事实或具有特定形式即认定其违法更具有说服力,当事人也更易于接受。

但是,同样需要注意的是,任何分析方法都存在缺陷,当合理规则在"合理性"上被寄予很高希望的时候,它所花费的成本实际上是无法被忽略的。同时,绝对合理的结果是无法获得的,即便花费了更多的成本,对于一些在现实生活中广泛存在的行为,相对误差的存在可能使得合理规则的最终结果并不如想象中美妙。也就是说,即便是在最终结果上合理规则有很高的绝对准确性,但相对误差却可能使得被诉的行为被错误判决的比例仍然维持在一个高的水平上。这些因素的存在,使得在反垄断案件的分析之中本身违法规则尽管一直备受诟病,但仍然时常看到其身影。②

（二）本身违法规则与合理规则的关系

在反垄断法的历史上,人们似乎一直试图界定清楚两种方法各自的边

---

① Issac Ehrlich& Richard A. Posner, An Economic Analysis of Legal Rulemaking, Journal of Legal Studies, Vol. 3, No. 1, 1974, p 257, 267. 就反垄断法而言,过宽风险就是禁止促进或有益竞争的经营者之间的协议;过窄风险就是纵容了经营者之间损害竞争的协作。

② 李剑:《搭售案件分析的困惑与解释:基于合理原则和当然违法原则的差异与融合的分析》,《北大法律评论》2007 年第 8 卷第 1 辑,第 188 页。

界,但是,美国最高法院近期审理案件的结论是,"在合理规则和本身违法规则之间很难有明晰的界限",执法者正确的努力方向是"在两个极端之间寻求一把滑尺"。① 即按各种行为的性质分为不同的调查层次,形成类似光谱似的排列。

自20世纪70年代以来,美国法院逐渐屏弃将本身违法规则和合理规则作为相反的两极的极端处理案件的方式,而是将其看作是整体分析的两个部分。单纯适用本身违法规则的范围越来越小。在对某个行为决定适用本身违法规则之前就已经实际上进行过某种识别性的合理的分析,只是经过初步分析,某些行为的反竞争性质非常明显,因而不需要进行进一步的合理分析。本身违法规则和合理规则的适用范围有日益模糊的趋势。

考察位于光谱两极的案件,两种规则的区别足够清晰。对左边这一极,我们假设某个企业的创新政策被指控为垄断化行为,适用合理规则;在右边这一极,我们假设是一个赤裸裸的价格固定行为,适用本身违法规则。对前一案件,要对被告的市场力量及其行为所产生的竞争效果进行充分的调查;对后一个案件,只要证明发生了价格固定协议。

但是,在这两个极端行为之间的空间,灰色区域是相当大的。转售价格维持和搭售安排都是本身违法的,但对它们要进行的基本调查则要复杂得多,而对搭售的分析甚至还要证明存在某种程度的市场力量。相比之下,纵向非价格限制被认为应当适用合理规则,但有90%以上的案件中,只需对市场结构进行快速审查就很容易地审理完毕。一个复杂的本身违法的搭售安排所需要进行的调查,比一个简单的合理规则纵向限制案件所需要进行的调查可能要详细得多。②

(三)本身违法规则与合理规则的适用

在总结长期经验和经济学理论的基础上,美国司法部和联邦贸易委员会于2000年4月共同发布了《竞争者之间协调行为的反托拉斯指南》,其中

---

① [美]盖尔霍恩、科瓦契奇、卡尔金斯:《反垄断法与经济学》(第5版),任勇、邓志松、尹建平译,法律出版社2009年版,第166页。

② [美]霍温坎普:《联邦反托拉斯政策:竞争法律及其实践》(第3版),许光耀、江山、王晨译,法律出版社2009年版,第279页。

也分别运用了本身违法规则和合理规则的分析方法,着重体现了合理规则分析方法的运用。指南指出,某些类型的协议非常可能对竞争造成损害,并且没有重大的促进竞争的利益,以至于无法保证对其效果进行具体调查所需要的时间和费用。一经认定,这类协议就可能被指控为本身违法。未被指控为本身违法的其他协议都根据合理规则进行评估。合理规则分析主要将存在有关协议的竞争状态同不存在相关协议的竞争状态相比较。适用合理规则的中心问题是,与相关协议不存在时的正常情况相比,该相关协议是否会通过提高能力或增强利益驱动,来提高价格或降低产量、质量、减少服务或创新,从而可能损害竞争。为了提高当事人对一个协议可以适用合理规则分析的可预见性,指南还规定了竞争者之间协调行为的安全区,即除非特殊情况,如果在受到这个相关垄断协议影响的各个相关市场上,参与协调的竞争者总共的市场份额不超过 20% ,这个协议一般不会受到执法机构的指控。但是,安全区不适用于本身违法的协议、不进行详细的市场分析就可进行指控的协议以及合并分析所适用的竞争者之间协调行为。

美国在判例中发展出的反垄断分析方法对其他国家和地区分析垄断协议也产生了很大的影响,但在不同的国家、不同的时期,情况并不完全相同。有些以前适用本身违法规则的协议,随着情况的变化而逐步适用合理规则。在适用合理规则方面,《欧共体条约》第八十一条第一款所禁止的是"与共同市场不相容的"、"可能影响成员国之间的贸易并具有阻碍、限制或者扭曲共同市场内的竞争目的或者效果的"行为,欧洲法院则一般要根据其市场占有率、市场地位、财务资源、产品范围、贸易量、进入壁垒、行为影响范围等因素进行衡量。

由于《反垄断法》第十五条关于豁免的规定统一适用于第十三条的横向限制和第十四条的纵向限制,因此我国反垄断执法中没有严格意义上的所谓"本身违法"问题,都需要进行合理分析,至少要考虑到法定的豁免情况。但是,在具体执法中借鉴本身违法规则和合理规则的分析方法,有助于对那些明显具有反竞争性质的垄断协议进行有效规制,慎重适用豁免的规定。

第四章　反不正当竞争执法及其他经济检查执法

反不正当竞争执法及其他经济检查执法,是工商行政管理部门维护社会主义市场经济秩序,保护经营者和消费者合法权益,保护社会公共利益,促进公平交易,促进经济社会和谐稳定的重要内容。本章介绍了反不正当竞争执法及其他经济检查执法的意义和特点、具体职责、主要制度以及方法和手段。

第一节　意义和特点

一、反不正当竞争执法的意义和特点

(一)反不正当竞争执法的意义

一是维护公平竞争的市场秩序,维护国家经济安全,促进公平交易。从最一般的意义上说,公平交易就是市场交易过程及结果的公平、公正与合理。日常生活和经济交易中常常说的"买卖公道、童叟无欺",体现的就是公平交易的基本内涵。而在市场经济条件下,公平交易还有更深更广的含义,即从维护整个宏观的公平交易与公平竞争秩序的角度看待公平交易。对于反不正当竞争执法而言,其立足点就是维护公平竞争的市场秩序,促进经营者遵守自愿、平等、公平和诚实信用原则以及遵守公认的商业道德从事交易。

二是保护经营者和消费者的合法权益。不正当竞争行为在扰乱社会经济秩序的同时,更是直接侵害了经营者和消费者的合法权益。例如假冒他

人注册商标、仿冒知名商品特有的名称包装装潢、冒用他人企业名称等"傍名牌"行为、商业诋毁行为,直接损害了合法经营者的利益。引人误解的虚假宣传行为,使很多消费者深受其害,蒙受物质上、精神上的损害。因此,反不正当竞争执法在保护经营者合法权益的同时,也起到了保护消费者权益的重要作用。

（二）反不正当竞争执法的特点

一是体现了公权力对竞争秩序的监督。公平交易和公平竞争是市场运行的准则。为了制止破坏市场机制正常运行的不正当竞争行为,通过公权力的介入加强对竞争秩序的监督和执法是十分必要的。"徒法不足以自行",竞争的法律环境与秩序还不是十分规范,国家需要通过行政主管机关和司法机关的监督与执法来主动干预,维护社会整体利益;需要为受到或可能受到不公平竞争侵害的经营者提供及时迅速的救济;需要通过宣传法律并运用国家强制力制止、制裁违法以保证这些法律得以贯彻执行,从而维护竞争法律规范的权威性和强制性。

二是及时性和灵活性。广义上的反不正当竞争执法是国家行政执法机关和司法机关为了维护市场竞争秩序,保护公平竞争与交易,制止不正当竞争,依照法律、法规、政策的有关规定,对市场不正当竞争行为所进行的监督、检查、控制、协调以及处理等执法活动的总称,包括多类行政管理机关的行政执法和司法机关的司法。狭义上的反不正当竞争执法仅指工商行政管理部门的行政执法。工商行政管理部门的反不正当竞争行政执法是国家赋予的一项重要职责,指工商行政管理部门通过执行维护市场秩序的法律规定,确保市场交易符合自愿、平等、公平和诚实信用原则以及公认的商业道德。与司法相比,行政执法呈现出广泛、主动、及时、灵活的特点,而司法则具有程序性、稳定性、严密性、终局性,往往成为公平交易行政执法的继续和延伸。

三是执法内容既包括不正当竞争行为,也包括限制竞争行为。我国反不正当竞争执法的内容既包括限制竞争行为,又包括传统意义的不正当竞争行为。对上述两类行为国外立法有合并、分立、杂糅交叉等方式,并无固定一致的做法。我们立法时主要从国内经济发展水平和实际需要出发,不拘泥于形式,着重规范那些在我国经济生活中亟需加以规范的不正当竞争行为,因而将部分比较突出的限制竞争行为纳入到《反不正当竞争法》中予以规制。

二、经济检查执法的意义和特点

随着国家法制化进程的推进,依法治国、依法行政的理念深入人心,《行政诉讼法》、《行政许可法》、《行政处罚法》、《行政强制法》等一系列法律法规的颁布施行以及《投机倒把行政处罚暂行条例》的废止,使工商行政管理部门的执法环境发生很大变化。主要体现在对行政执法的制约和监督更加全面,更加有力;对执法的要求更高、更严;进一步明确了对经济检查工作的考量标准——促进经济社会的和谐稳定发展。

经济检查执法是指工商行政管理部门贯彻执行国家的法律、法规和规章,综合运用工商行政管理的职能,维护社会主义市场经济秩序,保护社会公共利益,促进经济社会的和谐稳定,是工商行政管理工作的重要组成部分。新时期,经济检查工作主要承担了军服管理、"扫黄打非"、打击非法拆解报废回收车辆和非法拼组装车、配合禁毒、反假币、处置非法集资、打私等项具体业务。经济检查工作内容丰富、涉及面广、政策性强、时效性强;侧重履行国家管理公共事务的职责,与其他行政部门或工商行政管理机关其他业务的协调配合比较多,强调实际操作能力和执行力。具有以下一些特点:

(一)经济检查工作是社会管理的一部分

所谓社会管理是以政府为核心的公共部门整合社会的各种力量,广泛运用政治的、经济的、管理的、法律的方法,强化政府的治理能力,提升政府绩效和公共服务品质,从而实现公共的福利与公共利益。经济检查工作所涉及的社会公共事务表现为不断发展变化的趋势,由以执行《投机倒把行政处罚暂行条例》为主要工作内容,发展为以执行《军服管理条例》、《报废汽车管理条例》等多部法规及部门规章为主要内容;经济检查的目的从依法维护市场秩序向推进社会整体协调发展转变;经济检查工作方式由执法向执法与调控、引导、规范转变。2007年党的十七大报告提出"建立健全党委领导、政府负责、社会协同、公众参与的社会管理格局"的要求,公共管理被纳入更完备的体系性框架之中,经济检查工作在公共管理体系框架中,侧重运用经济的、管理的、法律的手段实现维护社会和谐稳定的目标。

(二)经济检查创新是实现工商行政管理实践创新的内容之一

党的十七届五中全会提出社会管理创新,要求政府在现有社会管理条件下,运用现有的资源和经验,依据政治、经济和社会的发展态势,尤其是依据社会自身运行规律乃至社会管理的相关理念和规范,研究并运用新的社会管理理念、知识、技术、方法和机制等,对传统管理模式及相应的管理方式和方法进行改造、改进和改革,建构新的社会管理机制和制度,以实现社会管理新目标。社会管理工作的创新有赖于社会管理工作各个方面的改革创新,经济检查工作的创新和发展对于工商工作实现在"扫黄打非"、禁毒等方面建立与有关部门密切协作、互通信息、共享资源的社会管理模式具有重要意义。

(三)经济检查既重视法律、制度,更关注管理战略、管理方法

经济检查是一项涉及面广、协作性强、时效要求快、政治要求高的工作,在工作中既要全面,又要抓住源头性、根本性和基础性问题,既要重视法律制度,更要从大局出发,讲求战略和管理方法。要综合运用工商行政管理部门主体准入、商标管理、广告管理等多项职能,综合运用宣传引导、行政提示、行政告诫等多手段多方式,达到规范市场行为、维护社会和谐稳定的目标。特别在一些法律没有具体规范,但又明显有悖法律精神,并且有可能引发群体事件等不稳定因素的工作中,要注重方式方法,避免矛盾激化,强化制止行为,淡化行政处罚。

第二节　反不正当竞争执法

一、概述

(一)不正当竞争行为的监督检查机构和社会监督

1. 工商行政管理部门是监督检查不正当竞争行为的主管机关

《反不正当竞争法》第三条第一款规定:"各级人民政府应当采取措施,

制止不正当竞争行为,为公平竞争创造良好的环境和条件。"明确了政府制止不正当竞争行为的职责和义务。一方面政府所负有的公共服务职能本身就包括了创建和维护良好的市场环境,维护市场经济秩序;另一方面,制止不正当竞争有利于鼓励和保护公平竞争、保护经营者和消费者合法权益、保障市场经济的健康发展。

该条第二款规定:"县级以上工商行政管理部门对不正当竞争行为进行监督检查;法律、行政法规规定由其他部门监督检查的,依照其规定。"该款对具体履行监督检查职责的政府部门及法律适用作了规定,从中我们可以看到工商行政管理部门是《反不正当竞争法》最主要的执法机关,承担着反不正当竞争的主要职责。

2. 不正当竞争行为的其他监督检查机关

"法律、行政法规规定由其他部门监督检查的,依照其规定。"这一规定的含义是,对《反不正当竞争法》规定的某些不正当竞争行为,其他法律、行政法规也从另外的角度作了规定,并授权由其他部门进行监督检查的,被授权的其他部门可以根据有关的法律、行政法规对这些行为进行监督检查。诚然,制止不正当竞争需要各部门的合力,但这条规定在执法实践中也造成了法律肢解和冲突的尴尬,如在该法之后实施的《价格法》、《招标投标法》等法律中,对相关行为的处罚与《反不正当竞争法》并不能够完全衔接。

3. 对不正当竞争行为的社会监督

《反不正当竞争法》第四条第一款规定:"国家鼓励、支持和保护一切组织和个人对不正当竞争行为进行社会监督。"社会监督的主体包括除国家机关之外的一切个人或组织。社会监督的方法通常有披露、举报等,但对举报奖励问题并未涉及。

(二)工商行政管理部门监督检查不正当竞争行为的职权

工商行政管理部门监督检查不正当竞争行为时,依照《反不正当竞争法》第十七条规定,有权行使下列职权:

1. 调查询问权——提取言辞证据的渠道。按照规定程序询问被检查的经营者、利害关系人、证明人,并要求提供证明材料或者与不正当竞争行为有关的其他资料。

2. 查询、复制权——提取书证和视听资料。查询、复制与不正当竞争行为有关的协议、账册、单据、文件、记录、业务函电和其他资料，在复制件上应标明"经确认与原件无误"，并由出具书证人签名或盖章。

3. 检查财物权——提取物证和现场检查笔录制作。检查《反不正当竞争法》第五条规定的不正当竞争行为有关的财物，并制作现场检查笔录，由被检查人和检查人员签名或盖章。必要时可以责令被检查的经营者说明该商品的来源和数量，暂停销售，听候检查，不得转移、隐匿、销毁该财物。第二十八条规定，对不得转移、隐匿、销毁的财物，经营者违反了禁止性要求的，可处罚款。

4. 强制措施权——保全证据。《反不正当竞争法》第十七条第（三）项规定，监督检查部门在监督检查不正当竞争行为时，有权行使强制措施。

5. 行政处罚权——实施制裁。工商行政管理部门依法对违反《反不正当竞争法》尚未构成犯罪的行政管理相对人实施制裁。《反不正当竞争法》第四章规定的，主要就是工商行政管理部门对不正当竞争行为的具体行政处罚内容。

（三）不正当竞争行为的法律责任

与法律保护的手段相对应，《反不正当竞争法》对不正当竞争行为分别规定了民事责任、行政责任和刑事责任几种形式，是一种综合的运用。

1. 民事责任

在现代竞争法的孕育期，竞争法主要通过民事责任规范不正当竞争行为，即通过使不正当竞争者承担损害赔偿的民事责任，制止不正当竞争行为，进而保护消费者的选择权和其他经营者的合法竞争权。法律责任的起源在于民事侵权行为法。

我国现行《反不正当竞争法》在确定不正当竞争行为的民事责任时，设定的是一般侵权民事责任，不正当竞争者一般只承担"停止侵害"的责任，即使涉及赔偿，也只是对造成的损失承担等值赔偿责任；在损失难以计算时，赔偿额为侵权人因侵权所获得的利润。根据《反不正当竞争法》第二十条第一款规定，"经营者违反本法规定，给被侵害的经营者造成损害的，应当承担赔偿责任,被侵害的经营者的损失难以计算的,赔偿额为侵权人在侵权期间因侵权所获得的利润;并应当承担被侵害的经营者调查该经营者侵害其合法权益的不正当竞争行为所支付的合理费用。"

2. 行政责任

在行政责任方面,负责监督检查不正当竞争行为的工商行政管理部门,应当根据所调查的事实、证据和《反不正当竞争法》的有关规定,认定是否构成不正当竞争行为。经调查认定构成不正当竞争行为的,应当依照《反不正当竞争法》的有关规定追究行政责任。虽然低价倾销、搭售、商业诋毁三种行为没有相应的罚则,但从整体上讲《反不正当竞争法》仍强化了行政责任的规制作用,且根据行为不同确定不同的行政责任,体现了罚责相适应的原则。

我国对不正当竞争行为的行政处罚主要有以下几种:(1)责令停止违法行为,就是强制行为人停止不正当竞争行为。比如强制停止虚假广告宣传行为等;(2)没收违法所得,对假冒他人注册商标、擅自使用知名商品特有的名称、包装、装潢、实施商业贿赂行为和制作、发布虚假广告等行为的违法所得,予以没收;(3)处以罚款,这是在《反不正当竞争法》中最常见的处罚方法;(4)吊销营业执照,即不正当竞争行为者经教育仍不改正,给他人造成经济损失或其他影响的,可以吊销其营业执照。

《反不正当竞争法》对不正当竞争行为行政处罚的设定,采用了两种形式:一种是直接规定对不正当竞争行为行政处罚的种类和幅度;另一种是转致适用有关法律的规定处罚,如《反不正当竞争法》第二十一条对假冒他人的注册商标,擅自使用他人的企业名称或者姓名,伪造或者冒用认证标志、名优标志等质量标志,伪造产地,对商品质量作引人误解的虚假表示的,就作了依照《商标法》、《产品质量法》予以处罚的规定。

3. 刑事责任

为增强威慑力,对不正当竞争行为中情节恶劣和危害严重的行为进行制止,刑事手段必不可少。《反不正当竞争法》只作原则规定,具体罪名等依据《刑法》的相关规定。我国《反不正当竞争法》规定,销售伪劣商品,采用贿赂手段以销售或购买商品,情节严重,构成犯罪的,依法追究刑事责任。监督检查部门工作人员,滥用职权,玩忽职守和徇私舞弊,故意包庇犯罪行为人不受追诉,构成犯罪的,依法追究其刑事责任。此外,我国刑法还规定了侵害他人商业信誉和商品声誉罪、串通投标罪、侵犯商业秘密罪等,这些都是对《反不正当竞争法》刑事责任的补充。

二、对不正当竞争行为的执法

理论上,不正当竞争行为可以分为狭义的不正当竞争行为和广义的不正当竞争行为。狭义的不正当竞争行为,指的是传统的或典型意义上的不正当竞争行为,即经济主体采用欺骗、胁迫、利诱、诋毁以及其他违背诚实信用、公平竞争和商业惯例的手段所从事的市场交易行为。狭义的竞争法仅指规范此类交易行为的法律。从狭义的角度来看,不正当竞争行为有别于限制竞争行为。广义的不正当竞争行为,包括传统的违背诚实信用的不正当竞争行为(即狭义的不正当竞争行为)以及限制竞争行为。这些竞争行为的不公平、不正当,影响、阻碍、排斥、破坏了市场正常的交易秩序。从广义的角度来讲,限制竞争的行为都可纳入不正当竞争行为之列,我国现行的《反不正当竞争法》就采用了这种方式。在该法所规范的不正当竞争行为中,既包括传统的违背诚实信用的不正当竞争行为,又包括限制竞争的行为。

（一）仿冒行为

《反不正当竞争法》第五条前三项列举了三种行为:(1)假冒他人的注册商标;(2)擅自使用知名商品特有的名称、包装、装潢,或者使用与知名商品近似的名称、包装、装潢,造成和他人的知名商品相混淆,使购买者误认为是该知名商品;(3)擅自使用他人的企业名称或者姓名,让人误认为是他人的商品。这三项行为可以概括称为仿冒行为。

仿冒行为是指盗用他人商业信誉和商品声誉致使与他人商品发生混淆,并导致或足以导致市场误认或混淆的行为。商业信誉或商品声誉是经营者在市场开拓中付出劳动和资本,经过努力创造而来的。它往往通过商品的名称、商标、包装、装潢及经营者的名称、标记等体现出来,形成经营者特定的知识产权,并成为经营者市场竞争的优势。法律保护的是有效能的竞争,鼓励经营者在市场上以较有利的价格、质量、服务或其他条件去争取交易机会,鼓励经营者通过诚实的和创造性的经营去创造自己的品牌形象和企业形象,建立自己的商业信誉和商品声誉。法律反对不顾商业道德,盗用他人的商业信誉牟取非法利益的仿冒行为。仿冒行为主要有以下几个特点:一是盗用对象一般为他人商标、企业名称、特有的商品名称、包装、装潢等区别商品的标记和特征;二是盗用方式主要表现为模仿和冒充,即作相同使用或近似使用;三是盗用的后果是产生市场混淆,足以造成市场误认。仿冒作为传统的、典型的和常见的不正当竞争行为被各国反不正当竞争法所制止。

1. 假冒他人注册商标

《反不正当竞争法》中规定的"假冒他人注册商标"指的就是《商标法》中规定的侵犯他人注册商标专用权的几种情况。虽然《商标法》已经为注册商标提供了法律保护途径,但由于假冒他人注册商标这种行为的不正当竞争性质十分明显,属于典型的违背诚实信用等商业道德、危害社会经济秩序的不正当竞争行为。所以,作为确立市场竞争规则基本法的《反不正当竞争法》也从规范竞争行为的角度将该行为列举在其中。但如果某一违法行为既构成假冒他人注册商标的不正当竞争行为,又违反了《商标法》对注册商标专用权的保护规定,按照特别法优于普通法的原则,应优先适用《商标法》。

2. 仿冒知名商品特有的名称、包装、装潢

《反不正当竞争法》第五条第(二)项规定的"擅自使用知名商品特有的名称、包装、装潢,或者使用与知名商品近似的名称、包装、装潢,造成和他人的知名商品相混淆,使购买者误认为是该知名商品",就是仿冒知名商品特有的名称、包装、装潢行为。名称、包装、装潢作为商品的外在特征,本身就是知名商品的象征,属于经营者努力创造财富的成果。

(1)构成要件。仿冒知名商品特有的名称、包装、装潢行为的基本构成要件是:仿冒的对象是知名商品特有的名称、包装、装潢;仿冒表现为对知名商品特有的名称、包装、装潢擅自作相同或者近似使用,而且只要对知名商品特有的名称、包装、装潢三者之一作相同或者近似使用就符合这一要件;

从仿冒行为的后果看,造成和他人的知名商品相混淆,使购买者误认是该知名商品。

（2）认定关键点。认定仿冒知名商品特有的名称、包装、装潢行为,需要着重把握以下几个关键点:

一是对知名商品的认定。根据《反不正当竞争法》的立法精神以及国家工商行政管理局《关于禁止仿冒知名商品特有的名称、包装、装潢的不正当竞争行为的若干规定》的界定,知名商品为"在市场上具有一定知名度,为相关公众所知悉的商品"。认定知名商品,应重点掌握以下几点:第一,关于知名度。知名商品是具有一定知名度的商品。知名度达到何种程度才能称为知名商品,并无绝对的、量化的标准,要结合行销地区、时间、广告宣传量、市场占有率等多种因素来作出综合考量和判断。第二,关于相对性。知名商品的知名度表现为相关公众所知悉。相关公众是指在一定市场内与该商品有可能发生购买、使用、销售等关系的人,主要是该商品现实的或者潜在的消费者。由于不同种类的商品特性、用途、诉求对象不同,其所处的市场领域也不尽相同,因此判断是否广为人知不应也不可能以全社会任何人是否知悉为依据,而应控制在相关市场领域的相关大众范围内。因此知名商品是一个相对的概念,是相对于特定的市场情况而言的。第三,知名商品不是荣誉称号。知名商品代表着行销广泛、广为人知、有较好信誉或形成特定商品形象,但不是荣誉称号。县级以上工商行政管理部门在监督检查该类违法行为时,对知名商品和特有的名称、包装、装潢一并予以认定。

二是对特有的商品名称、包装、装潢的认定。《关于禁止仿冒知名商品特有的名称、包装、装潢的不正当竞争行为的若干规定》对特有的名称、包装、装潢作了具体界定,即指"商品名称、包装、装潢非为相关商品所通用,并具有显著的区别性特征。"因其特有,才产生了仿冒的行为,才有了混淆的可能性。其中,特有的商品名称是指与相关商品通用的名称有显著区别的商品名称,它属于知名商品独有的名称。已经作为商标注册的名称,虽然也是特有的名称,但归于商标领域,不再适用本项规定。特有的商品包装是指为识别商品以及方便携带、储运而使用在商品上的辅助物和容器。特有的商品装潢是指为识别与美化商品而在商品或者包装上附加的文字、图案、色彩及其排列组合。认定特有名称、包装、装潢,应当从两方面具体分析:第一,分析商品名称、包装、装潢是否具有显著的区别性特征;第二,分析确定"特有"的权利归属问题,归谁特有,应依照"使用在先"的原则予以认定。

三是对使用与他人相同或近似的名称、包装、装潢的认定。《反不正当竞争法》第五条第(二)项规定的行为有两种基本表现形式:一是擅自使用知名商品特有的名称、包装、装潢,简称相同使用;二是使用与知名商品近似的名称、包装、装潢,简称近似使用。

四是对混淆或者误认的认定。《反不正当竞争法》第五条第(二)项所称的"造成和他人的知名商品相混淆,使购买者误认为是该知名商品",既包括实际已经发生混淆或误认,也包括足以造成混淆或误认。根据《关于禁止仿冒知名商品特有的名称、包装、装潢的不正当竞争行为的若干规定》,对使用与知名商品近似的名称、包装、装潢,可以根据主要部分和整体印象相近,一般购买者施以普通注意力会发生误认等综合分析认定。一般购买者已经发生误认或者混淆的,可以认定为近似。同时,混淆或误认的后果既可以表现为直接将甲商品当成乙商品,也可以表现为对甲商品和乙商品之间的关系产生联想。

五是对使用在先原则的把握。使用在先原则用来分析确定"特有"的权利归属问题,仿冒行为各环节设计可能是不露破绽的,但从时间节点上看,仿冒的产品一定是迟到的,因此,谁使用在先谁就是权利人,这就是"使用在先"的原则。

六是对侵权物品和销售者的处理问题。《反不正当竞争法》并未对涉案侵权物品的处理作出规定,但《关于禁止仿冒知名商品特有的名称、包装、装潢的不正当竞争行为的若干规定》第八条列举了四种处理方式:(一)收缴并销毁或者责令并监督侵权人销毁尚未使用的侵权的包装和装潢;(二)责令并监督侵权人消除现存商品上侵权的商品名称、包装和装潢;(三)收缴直接专门用于印制侵权的商品包装和装潢的模具、印版和其他作案工具;(四)采取前三项措施不足以制止侵权行为的,或者侵权的商品名称、包装和装潢与商品难以分离的,责令并监督侵权人销毁侵权物品。同时,对于销售明知或者应知是仿冒知名商品特有的名称、包装、装潢的商品的,比照《关于禁止仿冒知名商品特有的名称、包装、装潢的不正当竞争行为的若干规定》第七条、第八条的规定予以处罚。在此,对于销售者要有"明知或应知"的主观要件要求。

七是与专利权的关系问题。《国家工商行政管理总局关于擅自将他人知名商品特有的包装、装潢作相同或者近似使用并取得外观设计专利的行为定性处理问题的答复》中明确,知名商品特有的包装、装潢受《反不正当竞争法》保护,对其应当按照使用在先的原则予以认定和保护。经营者擅自将他人知名商品特有的包装、装潢作相同或者近似使用,并取得外观设计专利的行为,侵害他人知名商品特有的包装、装潢的在先使用权,造成或者足以造成购买者误认或者混淆的,违反了《反不正当竞争法》第五条第(二)项的规定,构成不正当竞争行为,应当按照《反不正当竞争法》和国家工商行政管理局《关于禁止仿冒知名商品特有的名称、包装、装潢的不正当竞争行为的若干规定》予以查处。

(3)法律责任。仿冒知名商品特有的名称、包装、装潢的法律责任,依据为《反不正当竞争法》第二十一条第二款的规定,即"经济者擅自使用知名商品特有的名称、包装、装潢,或者使用与知名商品近似的名称、包装、装潢,造成和他人的知名商品相混淆,使购买者误认为是该知名商品的,监督检查部门应当责令停止违法行为,没收违法所得,可以根据情节处以违法所得一倍以上三倍以下罚款;情节严重的,可以吊销营业执照。销售伪劣商品,构成犯罪的,依法追究刑事责任。"

3. 仿冒他人企业名称或者姓名

《反不正当竞争法》第五条第(三)项规定,禁止"擅自使用他人的企业名称或者姓名,引人误认为是他人的商品"。企业名称或者姓名是经营者区别商品或服务来源的营业标志,是显示经营者营业或服务活动的外在特征。企业名称或者姓名体现了经营者通过付出努力和资本获得的无形财产,主要保护的是依附于名称中的商业信誉,并使参与市场竞争的不同经营者之间相区别。因此能否构成这种不正当竞争行为,关键看是否会产生引人误认或足以引人误认的后果。

(1)相关法律规定。我国《民法通则》确定了法人的名称权和公民的姓名权。国家工商行政管理总局发布的企业名称登记管理方面的相关规定确定了企业名称专用权的确认制度,该规定对企业名称提供了防御性保护,企业名称一经登记即取得专用权,在一定范围的地域内不允许同行业另一企业以该名称登记和使用该企业名称。《产品质量法》从产品质量管理的角度作出了生产者、销售者不得伪造或者冒用他人的厂名的规定。在《反不正当竞争法》中,企业名称或者姓名是一个广义的概念,与《产品质量法》不同,并非从产品质量角度,而是从盗用商业信誉角度,从保护公平竞争的角度对仿冒他人企业名称或者姓名的行为予以规范,为制止利用他人企业名称或者姓名进行不正当竞争提供了法律依据。

(2)行为特征。该行为具有两个基本特征:一是擅自使用他人的企业名称或者姓名,即未经他人许可而使用其企业名称或者姓名;二是引人误认为是他人的商品。引人误认为是他人的商品实质上是制造市场交易中商品来源的混淆,在此,"引人误认"并不要求在市场交易中已经造成购买者误认的实际后果,只要足以造成购买者对商品来源的误认,仿冒行为就已构成。如果经营者擅自使用他人的企业名称或者姓名不是用于商业目的,如在通信、文章中使用,不产生商品来源混淆的后果,则不构成仿冒行为;如果经营者在善意使用自己名称的过程中,客观上引起人们对商品来源的误认,也不构成仿冒行为,但对此种情况经营者应附加必要的说明或标注,以避免因混淆而使购买者受到损害。

在仿冒他人的企业名称或者姓名的行为中,被仿冒的企业名称或者姓名一般具有一定的知名度或较好的信誉,仿冒的目的常常是为推销伪劣和质次的商品,牟取非法利益。至于该项规定中的"擅自使用",其含义是指违法使用。违法使用既包括未经他人许可而使用他人的企业名称或者姓名的情况,也包括经他人非法许可而使用其企业名称或者姓名的情况。

(3)法律责任。根据规定,仿冒他人企业名称或者姓名给被仿冒的经营者造成损害的,应当承担民事损害赔偿责任和行政法律责任。行政法律责任依照《产品质量法》或《商标法》的相关规定承担。

4.“傍名牌”问题

“傍名牌”本身并非严格意义上的法律概念,工商行政管理部门一直以来对“傍名牌”现象予以关注的原因是现实的需要。近年来,一些搭知名商品便车的新手法不断出现、不断翻新,突出表现在利用商标权与名称权的冲突问题大做文章,如把他人企业名称注册为商标、把他人商标作为自己的名称商号等,其中虽然可能进行过一定的"技术处理",对他人的名称或商标经过深思熟虑进行过部分改动,但这种行为本身表明了当事人的主观恶意,客观上也已经或足以造成市场混淆。

近年来,根据国家工商行政管理总局反不正当竞争工作的总体安排和具体要求,各级工商行政管理机关从现状出发,大多采用个案处理的方式,在辖区范围内迅速组织开展专项整治,因地制宜不断加强对知名商品、知名企业知识产权的保护力度,制止利用知名商品搭便车、制造市场混淆等损害他人知识产权的不正当竞争行为。主要将与人民群众日常生活密切相关、影响人民生命健康的商品作为重点商品,即食品、保健品、药品、化妆品、文化用品等。重点地区为各小商品交易市场、星级宾馆内设商场、名牌特卖场、主要商业街(城)、大卖场、超市等重点市场(商场、宾馆),形成了较大的执法声势,取得了一定成效。目前"傍名牌"现象主要有以下几种表现方式:

一是与知名企业文字及图形商标相同或者近似,涉嫌违反《商标法》规定的商标侵权行为;二是产品包装装潢与知名企业授权生产的产品相近似,足以造成市场混淆的行为;三是利用权利冲突造成市场混淆的行为,包括在先注册的商标与在后登记的企业名称之间的权利冲突;在先登记的企业名称与在后注册的商标之间的权利冲突;在先登记的企业名称中的字号与在后登记的企业名称中的字号之间的权利冲突,即甲将乙在先登记注册的企业名称中的字号在不同的行政区划(包括境外)或者同一行政区划内的不同行业类别中登记注册为字号。

在查处"傍名牌"不正当竞争行为的法律适用方面,早在1999年4月,国家工商行政管理局专门下发了《关于解决商标与企业名称中若干问题的意见》,在一定程度上缓解了商标专用权与企业名称权冲突的问题。2007年8月,为进一步加大对"傍名牌"不正当竞争行为的打击力度,国家工商行政管理总局下发了《关于开展打击"傍名牌"不正当竞争行为专项执法行动的通知》,要求各级工商行政管理机关充分认识"傍名牌"不正当竞争行为的社会危害性,认真领会《反不正当竞争法》的立法本意,参照《最高人民法院关于审理不正当竞争民事案件应用法律若干问题的解释》的相关规定,根据"傍名牌"不正当竞争行为的具体表现,综合运用《反不正当竞争法》、《商标法》、《企业名称登记管理规定》等有关法律法规,依法调查处理"傍名牌"不正当竞争案件。对此,《通知》中制定了三条意见,便于在执法中具体操作:一是对突出、放大使用企业名称中的字号,构成假冒他人注册商标,侵犯他人注册商标专用权的,可以依照《反不正当竞争法》第五条第(一)项或者《商标法》第五十二条的规定认定处理。二是对简化使用企业名称,构成对商品的产地、生产者等作引人误解的虚假表示或虚假宣传的,可以依照《反不正当竞争法》第五条第(四)项或者第九条的规定认定处理。三是对企业名称(包括在中国境内进行商业使用的外国或者地区企业名称)中使用他人具有一定的市场知名度、为相关公众所知悉的企业名称中的字号,引人误认为是他人的商品的,可以依照《反不正当竞争法》第五条第(三)项的规定认定处理。总局《关于开展打击"傍名牌"不正当竞争行为专项执法行动的通知》下发后,各地工作蓬勃开展,但同时也有一些地方的工商行政管理部门心存顾虑,认为企业名称都是经过合法程序注册的,如果认定其侵权,工商行政管理部门会面临行政诉讼败诉的风险,因此在工作中不能充分施展拳脚。2008年2月,最高人民法院出台了《关于审理注册商标、企业名称与在先权利冲突的民事纠纷案件若干问题的规定》,明确了虽然具有工商登记注册的合法形式,但实体上构成不正当竞争行为的,依法可以认定为不正当竞争,这就进一步完善了反不正当竞争法律体系。该司法解释与总局在《通知》中关于处理"傍名牌"案件法律适用的规定是一致的,可以说司法机关与工商行政管理部门在处理"傍名牌"不正当竞争案件上已经形成共识。

(二)误导行为

《反不正当竞争法》禁止的误导行为主要分为虚假表示和虚假宣传两种。

1. 虚假表示

虚假表示是指《反不正当竞争法》第五条第(四)项规范的行为,即"在商品上伪造或者冒用认证标志、名优标志等质量标志,伪造产地,对商品质量作引人误解的虚假表示。"具体地说,是指经营者在商品上对商品的品质、荣誉、制造加工地、制作成分、性能用途、数量、有效期限等内容作虚伪不实或引人误解的表示或标注的行为。它包括三种类型:一是在商品上伪造或者冒用认证标志、名优标志等质量标志;二是伪造产地;三是对商品质量作引人误解的虚假表示。

　　虚假表示的行为表现具有广泛性,体现在商品上或其标签、包装上,这一点与虚假宣传不同,后者可游离于商品之外,通过广告或其他载体实现;该行为并不侵害特定经营者特有的财产权利,与仿冒行为也不同,更多地表现在对自身产品的虚假描述上;该行为或者虚构事实,或者隐瞒事实真相,对商品的质量、信誉等作虚假的或引人误解的表示。其本质表现为造成或者足以造成引人误解的后果。具体的行为表现为:一是伪造或者冒用认证标志、名优标志等质量标志。认证标志是质量认证机构准许经其认证产品质量合格的企业在产品或者其包装上使用的质量标志。名优标志是经国际或国内有关机构或社会组织评定为名优产品而发给经营者的质量荣誉标志。未经认证或未参加评比,以及经认证但不合格、经评比但未获名优的商品,经营者不得使用相关标志。实践中有擅自使用、到期限或被取消后继续使用、张冠李戴以低级别冒充高级别等违法形式。二是伪造产地。商品的产地是指商品的制造地、加工地或商品生产者的所在地。商品品质常与产地的地理特点、技术优势、地区信誉相联系,一旦标注就必须真实。《反不正当竞争法》对产地的规定旨在落实诚实信用原则,即标注产地必须诚实,不能对公众产生误导,如果在商品上隐匿真实产地或不标注真实产地,则构成伪造产地的不正当竞争行为。三是对商品质量作引人误解的虚假表示。这是指经营者在商品上对反映商品质量的各种内容作不真实的或令人误解的标注,使消费者无法或难以了解商品的真实情况,从而发生误认、误购的行为。对商品质量方面的标识,《产品质量法》及相关配套规定有明确的要求,如安全标准、使用性能、用途、规格、等级、主要成分和含量、计量单位、生产日期、有效期限、使用方法、生产者、警示标志等内容,违反上述规定作虚假或引人误解的标注构成虚假表示行为。

　　根据《反不正当竞争法》第二十一条的规定,对虚假表示行为依照《产品质量法》的相关规定处罚。

2. 虚假宣传行为

经营者的宣传是其市场营销活动的一部分,是重要的促销手段,也是现代商品经济社会中广大消费者和用户了解、选择商品或服务的重要依据。但是引人误解的虚假宣传将导致消费者无法正确选择商品以及市场秩序混乱,必须予以制止。

引人误解的虚假宣传是《反不正当竞争法》第九条规范的行为,是指经营者利用广告或者其他方法,对商品(含服务)的质量、制作成分、性能、用途、生产者、有效期限、产地等作引人误解的虚假宣传。虚假宣传行为的本质特征是造成或足以造成引人误解的后果。可能虚假,也可能真实但有歧义或使人产生错误联想,"引人误解"是指宣传的后果会导致消费者对商品质量造成错误的认识和理解,欺骗和误导消费者。根据《反不正当竞争法》第九条的规定,不论宣传的形式上是真还是假,只要存在引人误解的后果都是虚假宣传。不能简单以内容与事实是否相符来认定,如"意大利聚酯漆家具"的表述,尽管的确是存在两种断句方式,商家也辩称是用意大利漆生产的国产家具,但实际很可能造成消费者对家具由意大利生产的误解,构成虚假宣传行为。

引人误解的虚假宣传涉及的内容是很广的,《反不正当竞争法》列举出来的有商品的质量、制作成分、性能、用途、生产者、有效期限、产地等,但未列举的还有商品的规格、等级、生产日期、销售者、价格、售后服务、获奖获优情况、质量认证情况等,难以列举穷尽。应当认为凡会使消费者产生误解,影响消费者选购商品的内容都应当包括在内。

引人误解的虚假宣传,其表现方式是利用广告或者其他方法。"其他方法"指的是除广告方法之外的宣传方法,如新闻发布会、散发说明书、现场虚假演示、销售诱导等。

虽然《反不正当竞争法》第九条规定的重点是禁止经营者作引人误解的虚假宣传,但并未排除广告经营者的责任。广告经营者对广告该审查的不审查或者草率审查,发布虚假广告都要承担责任。

引人误解的虚假宣传,严重妨碍公平竞争,损害消费者利益,被称为"社会公害"。《反不正当竞争法》第二十四条对此规定了相应的责任:"经营者利用广告或者其他方法,对商品作引人误解的虚假宣传的,由监督检查部门责令停止违法行为,消除影响,可以根据情节处以一万元以上二十万元以下的罚款。"这里的消除影响,应由监督检查部门根据虚假宣传的影响程度,决定消除影响的方法、范围、次数及期限。广告经营者在明知或应知的情况下,代理、设计、制作、发布虚假广告的,由监督检查部门责令停止违法行为,没收违法所得,并依法处以罚款。

3. 虚假表示、虚假宣传与虚假广告

虚假表示与虚假宣传都是通过一定方式向购买者不真实地表达商品或服务的有关信息,结果都是对购买者造成欺骗。但与其他盗用竞争对手商业信誉和商品声誉的商业混淆行为不同之处在于,虚假宣传行为往往表现为"自卖自夸",一般不直接损害特定竞争对手的利益。虚假宣传行为是通过广告或其他方法,以动态的形式宣传商品或服务,而虚假表示则通过商品包装、标签、装潢等与商品密不可分的物品来达到宣传目的。《广告法》突出了广告的真实性,虚假广告宣传行为从内容上看与其他虚假宣传行为并无明显差异,区别主要在于传播途径的差异。在实际执法过程中,《广告法》与《反不正当竞争法》存在着一定的交叉地带,而两部法律的罚则不同。如何更精确地适用两部法律,还需要在今后的法律修改中给予进一步明确的界定。

(三)商业贿赂行为

商业贿赂是贿赂的一种形式,是随着商品经济的发展而逐步产生和发展起来的一种社会现象。在当今世界各国,商业贿赂行为普遍存在,已成为最主要的贿赂形式之一。我国改革开放后,经济竞争日渐激烈,由于市场机制不健全,曾在我国计划经济体制下较长一段时间内几乎绝迹的商业贿赂行为重新出现,成为严重破坏竞争秩序的社会公害,因此运用法律手段制裁商业贿赂行为,以保障经济健康发展,是非常必要的。2006年以来开展的治理商业贿赂专项工作,至今取得了明显成效,但面临的局势仍然很严峻。应当从政治和大局的高度看待和处理商业贿赂问题,以更加坚决的态度、更加有力的措施、更加扎实的工作狠抓案件查处,继续推进专项治理工作不断向

纵深发展。

1. 概念和特征

《反不正当竞争法》第八条对商业贿赂行为作了禁止性规定,即"经营者不得采用财物或者其他手段进行贿赂以销售或者购买商品。在账外暗中给予对方单位或者个人回扣的,以行贿论处;对方单位或者个人在账外暗中收受回扣的,以受贿论处。"根据国家工商行政管理局《关于禁止商业贿赂行为的暂行规定》的界定,商业贿赂是指经营者为销售或者购买商品而采用财物或其他手段贿赂对方单位或者有关人员,以争取交易机会或交易优惠条件的行为。

商业贿赂行为是市场交易当中的贿赂行为,具有以下几个特征:(1)从主观目的上看,是为了销售或购买商品,即争取交易机会或者交易优惠条件;(2)从行为本身看,是采用财物或者其他手段进行收买。其中财物是指现金、实物,如假借促销费、宣传费、赞助费、科研费、劳务费、咨询费、佣金等名义,给予对方单位或个人的财物。其他手段包括出国考察、免费旅游或度假,以及提供高额学费等各种方式;(3)从贿赂的对象看,一般是对方单位或者个人,但还包括对商品购销有直接影响的其他单位或个人。其中,经营者的员工采用商业贿赂手段为经营者销售或者购买商品的行为,属于执行职务的行为,在法律上应当认定为经营者的行为,应该由经营者承担责任。

2. 商业贿赂的成因

一是唯利是图。抢占市场是违法行为屡禁不止的根本原因,加之法制观念的淡薄,致使一些企业及不法分子受利益驱动,抱侥幸心理,不惜以身试法。有的企业受高额利润的诱使,往往以合法形式做掩盖,内外勾结从事商业活动,当前在医疗、旅游等行业情况尤为突出。二是相关行业管理体制不完善,"潜规则"造成企业从众心理。在某些行业,甚至把商业贿赂手法作为行业惯例,造成企业的法不责众心理。因此,在打击和防范商业贿赂方面,加强行业监管和自律尤为重要。就医药行业商业贿赂而言,其成因较为复杂。医药销售体制市场化后,药品经销企业间一定程度上存在无序竞争,各家公司为了生存纷纷采用支付回扣等不正当手段。在这样的行业环境下,就连部分规模较大、比较正规的销售企业也难以幸免,因为不遵守现行

"行业惯例"而独善其身的结局很可能是让出市场。对于药品回扣而言,药品回扣的成本主要由药品生产企业承担,药品的销售企业、医院、医生是其主要获益者。近年来,众多市场主体包括外资的介入,使医药市场的竞争日趋激烈。药品生产企业为了立足于市场,在促销中不断加大人力和财力的投入,除了在国家物价部门批准的生产出厂价上要承担大幅度的明示让利以外,还要承担医院、批发企业,甚至医生个人的以各种名义支出的促销费用,为医药购销中不正之风的滋生和蔓延创造了环境。

3. 产生的危害

(1)商业贿赂行为从根本上扭曲了公平竞争的本质,使价值规律和竞争规律无法发挥正常作用,阻碍了市场机制的运行,从而破坏了市场的交易秩序。它的存在和发展,干扰了经营者之间的公平竞争,使诚实信用经营的企业沦为受害者,影响了企业的生产、技术的进步和产品质量的提高,妨碍了经济健康发展。

(2)大量的商业贿赂行为使国家的税收大量流失,使国家和集体蒙受损失。

(3)商业贿赂行为为假冒伪劣产品大开方便之门,损害了广大消费者和经营者的合法权益。

(4)商业贿赂行为败坏商业风气,影响安定团结,已成为社会公害。

4. 与商业贿赂行为相关的几个概念

(1)回扣。《关于禁止商业贿赂行为的暂定规定》第五条规定,本规定所称回扣,是指经营者销售商品时在账外暗中以现金、实物或者其他方式退给对方单位或者个人一定比例的商品价款。给予、收受回扣是违法行为,《反不正当竞争法》第八条明确指出,"在账外暗中给予对方单位或者个人回扣的,以行贿论处;对方单位或者个人在账外暗中收受回扣的,以受贿论处。"

概括起来回扣有以下几个法律特征:一是秘密性,回扣是账外暗中给予或者收受的。"账外暗中"是指未在依法设立的反映其生产经营活动或者行政事业经营收支的财务账上按照财务会计制度规定如实记载,包括不记入财务账、转入其他财务账或者做假账。"账外暗中"是回扣的重要特征和法律要件,是合法与非法的本质界限;二是价内性,回扣是一定比例的商品价款,与某一交易的商品价款相关联;三是单向性,回扣是卖方退给买方单位或者个人的。

需要注意的是,回扣是最典型的商业贿赂行为表现方式,与其他类型的商业贿赂行为既有联系又有区别。实质都是通过给付对方不同形式的好处,进行收买、买通,促使交易达成。但"账外暗中"是回扣的法定要件,并不是其他商业贿赂行为的构成要件;回扣是一定比例的商品价款,而其他商业贿赂是在商品价款之外给付对方的好处;回扣一般发生在商品交易达成之时或之后,而其他商业贿赂未必发生在交易达成之时或之后;回扣是卖方退给买方单位或者个人的,而其他商业贿赂既可以是卖方给付买方的,也可以是买方给付卖方的。

(2)折扣。折扣是指经营者在销售商品时,为鼓励多买或及时付款,以明示并如实入账的方式给予对方的价格优惠。折扣包括两种形式:一是买方在支付价款时对价款总额按一定比例即时予以扣除,按照让利后的实际价款支付,双方均按让利后的价款开票入账;二是买方先支付价款总额,然后卖方再在价款总额中按约定的比例或数额退回一部分。《反不正当竞争法》第八条第二款规定,"经营者销售或者购买商品,可以以明示方式给对方折扣,可以给中间人佣金。经营者给对方折扣、给中间人佣金的,必须如实入账。接受折扣、佣金的经营者必须如实入账。"

折扣的实质是商品买卖中的让利、减价,是卖方给买方的价格优惠。对买方而言,所得的折扣实际上是自己省下来的钱,不是额外收入;对卖方而言,折扣是营业收入的减少。

需要注意的是,折扣与回扣是两个对应的概念,即二者都是卖方给买方的,都是商品价款的一部分。二者的区别主要体现在:第一,是否在账上明示是折扣和回扣的本质区别,也是区分合法与违法的界限。折扣明示入账,是买卖中正常的让利或减利,是一种合法行为;回扣账外暗中,是不正当竞争行为,按照商业贿赂论处。第二,给付的对象不完全相同。折扣只能给交易对方单位,而不能给予其经办人员;而回扣既可能给交易对方单位,落入单位小金库,也可能给对方单位的主管或者经办人员,落入其个人腰包。

(3)佣金。佣金是经营者销售或者购买商品时以明示和如实入账的方式给予为其提供服务的具有合法经营资格的中间人的劳务报酬。

佣金具有以下法律特征:佣金是商业活动中中间人所得的劳动报酬,它可以是买方给予的,也可以是卖方给予的,还可以是买卖双方给予的;收受佣金的中间人既要有独立的地位,又要有合法的经营资格,包括居间人和代理人,依法不具有合法经营资格的人不能拿佣金;交易者给予佣金必须以明示的方式,给予和接受佣金的,都必须如实入账,并依法纳税。

5. 法律责任

《反不正当竞争法》第二十二条规定,"经营者采用财物或者其他手段进行贿赂以销售或者购买商品,构成犯罪的,依法追究刑事责任;不构成犯罪的,监督检查部门可以根据情节处以一万元以上二十万元以下的罚款,有违法所得的,予以没收。"

6. 国家工商行政管理部门相关批复要点

(1)关于医院给付医生"CT 介绍费"的问题。医院以给付"介绍费"、"处方费"等各种名目的费用为手段,诱使其他医院医生介绍病人到本院作CT 检查或者其他检查的行为,构成《反不正当竞争法》第八条和国家工商行政管理局《关于禁止商业贿赂行为的暂行规定》所禁止的不正当竞争行为。这种行为不仅损害医疗服务秩序,而且极易增加公费医疗、劳保医疗单位及患者的负担,应当依法予以查处。

(2)关于以收买瓶盖方式推销啤酒的行为定性处理问题。啤酒公司以给付现金等方式向酒店服务员回收啤酒瓶盖,诱使酒店服务员向顾客推销其产品,实质是经营者为销售商品,采用给予财物的方式贿赂对其商品销售有直接影响的人。其行为在一定程度上排挤了其他经营者,也极易限制消费者的选择权,损害消费者的合法权益,扰乱正常的市场竞争秩序,构成《反不正当竞争法》第八条和国家工商行政管理局《关于禁止商业贿赂行为的暂行规定》第二条所禁止的商业贿赂行为,应当依法予以查处。

(3)关于旅行社或导游人员接受商场支付的"人头费"、"停车费"等费用的定性处理问题。《反不正当竞争法》第八条禁止经营者为销售或购买商品而采用财物或其他手段进行贿赂的行为,其实质是禁止经营者以不正当的利益引诱交易。经营者无论将这种利诱给予交易对方单位或个人,还是给予与交易行为密切相关的其他人,也不论给予或收受这种利益是否入账,只要这种利诱行为以争取交易为目的,且影响了其他竞争者开展质量、价格、服务等方面的公平竞争,就构成《反不正当竞争法》第八条禁止的商业贿赂。

(4)关于以贿赂手段承包建筑工程项目的定性处理问题。《反不正当竞争法》第二条第三款中的"营利性服务",是指以有偿提供劳务、技术、设施、信息、资金、产权及其他利益或条件等为主要特征的经营活动。建筑施工企业承包建筑工程项目,是以其劳务、技术、设施等来完成建设单位委托的建筑工程项目,并以此获取报酬的经营行为,其性质属于提供营利性服务,建筑施工企业属于《反不正当竞争法》规范的经营者。

(5)关于医院非法收受保险公司给予的"劳务费"定性处理问题。医院违反国家有关规定从事保险代理业务,收取保险公司给予的"劳务费",利用自己的便利条件为保险公司向患者推销保险,属于非法收受经营者给予的财物并为其牟取交易机会的行为。医院无论是否将收取的"劳务费"入账,其行为均违反了《反不正当竞争法》第八条和国家工商行政管理局《关于禁止商业贿赂行为的暂行规定》,构成商业贿赂行为,应当依法予以查处。

(6)关于工商行政管理部门能否查处收受贿赂的行为问题。《反不正当竞争法》第八条规定"经营者不得采用财物或者其他手段进行贿赂以销售或者购买商品",其中所指的贿赂既包括行贿也包括受贿。对于有关当事人在商品购销中收受贿赂的行为,工商行政管理部门应当依照《反不正当竞争法》的有关规定和国家工商行政管理局《关于禁止商业贿赂行为的暂行规定》进行查处。

(7)关于非营利性医疗机构是否属于《反不正当竞争法》规范主体问题。无论是营利性医疗机构,还是非营利性医疗机构,只要在购买药品或者其他医疗用品中收受回扣的,都应当按照《反不正当竞争法》的规定依法查处。

(8)关于公办学校收受商业贿赂行为问题。国家工商行政管理局《关于禁止商业贿赂行为的暂行规定》第九条第二款中的"有关单位",是指在商品交易中收受商业贿赂的单位。无论是公办学校,还是其他性质的学校,只要在购买商品(包括购买书籍)时收受商品销售者给予的商业贿赂,就可以按照《反不正当竞争法》和国家工商行政管理局《关于禁止商业贿赂行为的暂行规定》的有关规定予以处理。

（四）侵犯商业秘密行为

随着保护知识产权法律制度的不断发展，许多国家为了保护公平竞争，推动技术的进步，都已将商业秘密作为一种财产加以保护，从而使之成为知识产权保护法律制度的一个重要组成部分。对于商业秘密这种特殊的知识产权，《反不正当竞争法》对其特性、构成等都作出了比较明确的规定。国家保护包括商业秘密在内的知识产权，就是要通过保护权利人的合法权益不受侵犯，创造公平竞争的市场环境，鼓励经营者不断进行技术创新和管理创新，从而带动整个社会的进步。

在我国，商业秘密作为一个法律概念，最早出现在《民事诉讼法》中。我国在其他有关立法中对商业秘密问题虽也有所涉及，但没有形成专门的商业秘密保护制度。而《反不正当竞争法》不仅确认了商业秘密是一项知识产权，并且为其提供了行政保护手段。从保护公平竞争，制止不正当竞争的角度，将侵犯商业秘密的行为作为一种不正当竞争行为予以禁止，是对我国知识产权保护法律制度的发展和补充。它一方面体现在该法为权利人开发出来的不具备《专利法》上授予专利权条件的商业秘密提供了保护，另一方面体现在为权利人开发出来的虽然具备《专利法》上授予专利权的条件，但因不愿牺牲其秘密性而不申请专利的发明创造提供了保护途径。

1. 概念和特征

《反不正当竞争法》第十条第三款规定，商业秘密是指"不为公众所知悉、能为权利人带来经济利益、具有实用性并经权利人采取保密措施的技术信息和经营信息。"这一概念对商业秘密的法律特征和范围作了界定。商业秘密具有以下法律特征：

（1）秘密性：这是商业秘密的本质所在。只有未经公开或不为公众知晓，才能成为权利人特有的财产。商业秘密的秘密性，是指某项技术信息或某项经营信息没有为公众普遍知晓且不能从公开渠道直接获得。所谓"公开渠道"，一般包括：在公开发行的出版物上公开发表，并能付诸实施的；产品被公开销售、陈列的；有关信息被公开使用的；有关信息以口头谈话、报告发言、视听报道、模拟演示等形式为公众所知的。

（2）价值性：即能为权利人带来现实的或潜在的经济利益或竞争优势，经营者由于拥有该项技术或经营诀窍，与其他竞争者相比具有更强的竞争能力。如果某项技术革新在经营中创造的某项经营方法，不能提高劳动生产率或者增进经营效益，即使它不为公众所知晓，也不是商业秘密，因为它没有经济价值。

（3）保密性：这是权利人寻求法律保护的前提所在。作为商业秘密的技术信息和经营信息，首先它的权利人应当认为它是一项商业秘密，对该秘密予以保密，并采取了适当的合理的保密措施。所谓适当的保密措施，是指权利人根据不同信息的特点，采取的能够有效地对该信息进行控制和保护的措施。我国现阶段企业保护商业秘密的措施主要有：制定内部的保密规章制度，比如订立企业内部资料、文件、图纸的管理方法以及职工守则；与相关人员订立保密合同，如在聘用合同中明确规定在一定时期内不得泄露商业秘密等；加强对某些特殊领域的管理工作，如对涉及本企业商业秘密的关键部门、车间、资料室，严格限定人员出入、加强内部保密措施、禁止参观等。另外，企业与其他企业之间商业秘密的保密措施主要以合同约定为主。经营者是否采取保密措施，不仅是某项信息能否成为商业秘密的条件，也是寻求法律保护的前提。

2. 商业秘密的权利人

商业秘密权利人包括依法对商业秘密享有所有权和使用权的公民、法人和其他组织，即合法拥有或控制商业秘密的人。在申请制止侵犯商业秘密行为问题上，商业秘密所有权人与被许可使用人具有同等的地位。

3. 侵犯商业秘密行为的类型

任何经营者都可以通过有偿许可等合法方式和渠道使用权利人的商业秘密，实现信息资源的共享。任何非法盗用都为法律所禁止。侵犯商业秘密，是指不正当地获取、披露、使用或允许他人使用权利人商业秘密的行为。根据《反不正当竞争法》第十条第一款规定，经营者不得采用下列手段侵犯商业秘密：（1）非法获取商业秘密：以盗窃、利诱、胁迫或者其他不正当手段获取权利人的商业秘密。其他不正当手段是概括性规定，起兜底作用。（2）

披露、使用或者允许他人使用以前项手段获取的权利人的商业秘密。(3)合法掌握商业秘密的人违反约定或者违反权利人有关保守商业秘密的要求,披露、使用或者允许他人使用其所掌握的商业秘密。(4)第三人明知或者应知前款所列违法行为,获取、使用或者披露他人的商业秘密,视为侵犯商业秘密。

4. 侵犯商业秘密行为认定中的举证责任

按照《关于禁止侵犯商业秘密行为的若干规定》的规定,权利人(申请人)认为其商业秘密受到侵害,向工商行政管理部门申请查处时,应当提供商业秘密及侵权行为存在的有关证据。被检查的单位和个人(被申请人)及利害关系人、证明人,应当如实向工商行政管理部门提供有关证据。权利人能证明被申请人所使用的信息与自己的商业秘密具有一致性或者相同性,同时能证明被申请人有获取其商业秘密的条件,而被申请人不能提供或者拒不提供其所使用的信息是合法获得或者使用的证据的,工商行政管理部门可以根据有关证据,认定被申请人有侵权行为。

5. 侵犯商业秘密行为的法律责任

由于侵犯商业秘密行为侵害的客体既有商业秘密权利人的合法权益,也有公平竞争秩序,因此侵犯商业秘密行为既可能承担民事责任,也可能承担行政责任、刑事责任。(1)侵犯商业秘密的民事责任。根据我国《民法通则》以及《反不正当竞争法》的规定,侵犯商业秘密民事责任的承担方式,主要有停止侵害、排除妨碍、赔偿损失、支付违约金、恢复名誉、荣誉等。其中,司法实践中最常用的是赔偿损失和支付违约金。《反不正当竞争法》第二十条规定,"经营者违反本法规定,给被侵害的经营者造成损害的,应当承担损害赔偿责任,被侵害的经营者的损失难以计算的,赔偿额为侵权人在侵权期间因侵权所获得的利润;并应当承担被侵害的经营者因调查该经营者侵害其合法权益的不正当竞争行为所支付的合理费用。"这一规定对其他不正当竞争行为同样适用。(2)侵犯商业秘密的行政责任。根据《反不正当竞争法》第二十五条的规定,由监督检查部门责令违法者停止违法行为,可以根据情节处以一万元以上二十万元以下的罚款。(3)侵犯商业秘密的刑事责任。根据我国《刑法》关于侵犯商业秘密罪的相关规定处理。

6. 保护商业秘密执法中的热点问题

随着市场竞争越发激烈,尤其是人才大战愈演愈烈,跨国公司大量进入市场,相应地国内人才市场发育程度不高,因人才大战引发的商业秘密流失问题随之而来。但是目前的立法和执法工作与现实经济生活还存在着不尽适应之处,存在着若干问题。

(1)技术信息的鉴定问题。技术信息作为商业秘密比较多见,但技术信息往往具有较强的专业性和专属性,在是否构成商业秘密、秘密点的判断上,尤其在同一性比对方面,一般来讲都需要由专业部门鉴定。但是目前工商行政管理部门对侵犯商业秘密的认定并不仅仅建立在鉴定的基础上,请专家对产品同一性作鉴定只是调查取证的一个环节,此外还要结合当事人的陈述、相关单位的证明等证据互相佐证方可认定。科学可行的同一性比对分析可以避免侵权人为掩盖事实真相而使原有证据灭失的可能,也使权利人的合法权益得以保护。

(2)经营信息的认定问题。与技术信息相比,经营信息作为商业秘密的认定更具难度,对证据关联性的要求更高。如客户名单中,客户作为经营者的交易相对人,本来是公开的。就某个个体而言,并不是不为公众知晓的秘密组织或个人,当事人往往也以这个理由进行抗辩。虽然,就单独某一个体而言,其本身不是商业秘密,但是众多个体成为一个集合,作为一个公司重要的业务来源和支撑的时候,它就具有了商业秘密的特性。除客户名单外,商业秘密还会以报价单、申请书、销售计划等多种载体形式出现,其中也包括不少专业领域的调查报告等,为执法实践带来了困难。

(3)对内部职工侵权行为的处罚问题。实践中企业职工包括在职的、临时的、离退休的、"跳槽"的和"自立门户"的等,因工作关系有机会接触到商业秘密,其侵权行为是企业商业秘密流失的一个重要渠道。但是《反不正当竞争法》对此无详细规定。国家工商行政管理局在《关于禁止侵犯商业秘密行为的若干规定》中作了细化规定,为这类行为的查处提供了依据。对内部职工侵权行为的处罚,与人才市场发育完善程度有着密切的关系,使开放的人才市场能够在一个相对完善的法制框架中规范运行,这也是保护商业秘密的一条重要通道。

（4）侵权赔偿额的计算问题。目前按照《反不正当竞争法》第二十条的规定，赔偿额的计算有两种：权利人的损失或侵权人的利润。但实践中全部赔偿原则往往得不到最终落实，对赔偿额的量化计算缺乏标准，存在"十赔九不足"的现象，甚至在现有的补偿性赔偿制度下，侵权人在承担了损害赔偿责任后，仍存在盈利可能性，威慑力不够。

（5）侵权物品的处理问题。《反不正当竞争法》对侵权物品的处理未做明确规定。国家工商行政管理局《关于禁止侵犯商业秘密行为的若干规定》规定了两种处理方式：责令并监督侵权人将载有商业秘密的相关资料返还；监督侵权人销毁相关产品，但权利人同意收购、销售等其他处理方式的除外。上述规定对于处理侵犯商业秘密中技术信息的侵权物品比较适用，但对于侵犯经营信息的侵权物品照此处理则不尽合理。一味销毁也不符合物尽其用、节约资源的原则，对类似物品的处理方式应该具体分析。

（6）执法手段有限的问题。要通过案件办理落实对商业秘密的行政保护措施，就需要针对商业秘密的特殊性提供必要的强制措施，来保证案件的证据取得和定性处理。1998年12月国家工商行政管理局在修改《关于禁止侵犯商业秘密行为的若干规定》的过程中，按照《行政处罚法》的规定，取消了"扣留"当事人财物的权力，将第六条改为"对被申请人违法披露、使用、允许他人使用商业秘密将给权利人造成不可挽回的损失的，应权利人请求并由权利人出具自愿对强制措施后果承担责任的书面保证，工商行政管理部门可以责令被申请人停止销售使用权利人商业秘密生产的产品。"强制措施的运用对于商业秘密案件的调查取证工作至关重要，但目前的法律规定力度较弱，在一定程度上影响到实际执法的效果。

（7）权利人自我保护问题。随着市场经济的不断发展，各种各样的侵犯商业秘密行为以多变的形式和载体出现在现实经济生活中，给打击和防范工作带来不少难度。行政保护仅仅是商业秘密保护的途径之一，商业秘密保护工作是一项长期性工作和综合性工作，必须立法先行、齐抓共管、共铸诚信，才能从根本上应对新形势的需要。就企业而言，首先要加强自律，提高自主维权的意识和能力；其次要从企业制度上杜绝侵权行为产生的土壤，如对于掌握核心机密的岗位实行定期轮换、相关人员定期支付保密费和离职补偿费等、在劳动合同中将保密条款与竞业禁止条款有机结合。力争做到事前有防范、事后有措施,逐步形成政府监管、行业自律、舆论监督、群众参与的长效机制。

（五）不正当有奖销售行为

有奖销售活动是指经营者销售商品或者提供服务时,附带性地向购买者提供金钱、物品或其他利益以奖励购买者的行为。对于有奖销售,各国因经济状况、市场观念等因素的不同而在法律规定上也有所不同。有的国家明确规定禁止有奖销售,其目的在于提高竞争效能;有的国家对有奖销售作了严格的限制,把有奖销售作为一种不可忽视的市场竞争行为加以规范。我国经济生活中,有奖销售到处可见。它作为经营者的促销手段,确实可以起到促进商品流通的作用,但这种促销手段一旦超过限度滥用,就会带来市场秩序的混乱,也会损害消费者的利益。从全社会的综合效益看,进行有奖销售的经营者所获得的经济利益是一种短期效益,并不能产生提高质量、降低成本、提高技术的效果,没有产生明显的整体经济利益。因此,有奖销售是一种在严格的限定并恰当运用的情况下不会产生破坏竞争效果的竞争手段。我国《反不正当竞争法》并未对有奖销售一概否定,而是对有奖销售作了严格的限制。

1. 有奖销售行为的分类

主要包括附赠式有奖销售和抽奖式有奖销售两种形式。附赠式有奖销售是经营者奖励所有购买者的有奖销售行为。抽奖式有奖销售也称抽彩式或者悬赏式有奖销售,是指经营者以抽签、摇号或者其他偶然性的方式确定购买者是否中奖的有奖销售行为。抽签、摇号是典型的抽奖式有奖销售方式,但抽奖式有奖销售并不限于这些方式。在有奖销售中,凡以偶然性的方式决定参与人是否中奖的,均属于抽奖式有奖销售,而偶然性的方式是指具有不确定性的方式,即是否中奖只是一种可能性,既可能中奖,也可能不中奖,是否中奖不能由参与人完全控制。如营利性保龄球场馆举办的以一定的得分来决定消费者是否中奖的有奖销售活动,属于以带有偶然性的方式决定消费者是否中奖的抽奖式有奖销售。举办此类有奖销售活动,凡最高奖的金额超过五千元的,均构成不正当竞争行为。又如在证券经营者实施的以投资收益率或者利润率的高低确定部分投资者是否中奖的各种奖赛、比赛等活动中,各个投资者获取的投资收益率或者利润率等以及由此决定的能否中奖,取决于多种主客观因素,均不能完全以投资者的主观愿望、努力和能力为转移,投资者能否中奖具有偶然性和不确定性,因此,此类奖赛活动也属于抽奖式有奖销售。

2. 不正当有奖销售行为

不正当有奖销售行为是指违反《反不正当竞争法》第十三条规定所从事的有奖销售活动。我国《反不正当竞争法》第十三条明确禁止三种不正当的有奖销售行为:

(1)欺骗性不正当有奖销售行为,即采用谎称有奖或者故意让内定人员中奖的欺骗方式进行有奖销售。"谎称有奖"既包括将根本无奖说成有奖的情况,但又不限于此。根据国家工商行政管理局《关于禁止有奖销售活动中不正当竞争行为的若干规定》第三条的规定,属于欺骗性有奖销售行为的有:谎称有奖销售或者对所设奖的种类、中奖概率、最高奖金额、总金额、奖品种类、数量、质量、提供方法等作虚假不实表示的;采取不正当的手段故意让内定人员中奖的;故意将设有中奖标志的商品、奖券不投放市场或者不与商品、奖券同时投放市场的;故意将带有不同奖金金额或者奖品标志的商品、奖券按不同时间投放市场的;其他欺骗性有奖销售行为。

(2)利用有奖销售的手段推销质次价高的商品。"质次价高"的商品包括质价不符的商品和劣质商品。根据《关于禁止有奖销售活动中不正当竞争行为的若干规定》的规定,是否属于"质次价高","由工商行政管理机关根据同期市场同类商品的价格、质量和购买者的投诉进行认定,必要时会同有关部门认定"。这种有奖销售的突出特点是名为有奖销售,实为变相涨价、推销质次商品,本质上属于误导、欺骗消费者。这里的质次商品一般是指质量差但有使用价值的商品。如果是劣质商品,不论是否采用有奖销售都不得推销。利用有奖销售推销劣质商品的,既属于不正当竞争,同时还触犯有关制售伪劣产品的法律规定。

(3)巨奖销售。指抽奖式的有奖销售,最高奖的金额超过人民币五千元。《反不正当竞争法》对巨奖销售作了禁止性规定。最高奖的金额是指在一项有奖销售活动中所设的最高一个档次的奖品的金额。以非现金的物品或者其他经济利益作奖励的，按照同期市场同类商品或者服务的正常价格折算其金额。同时经营者以价格超过五千元的物品的使用权作为奖励（不论使用该物品的时间长短）；以提供就业机会、聘为各种顾问等名义，并以解决待遇、给付工薪等方式设置奖励，不论奖励的现金、物品（包括物品的使用权）或者其他经济利益，也不论是否要求中奖者承担一定义务，最高奖的金额（包括物品的价格、经济利益的折算）超过五千元的，都属于巨奖销售。

3. 法律责任

《反不正当竞争法》第二十六条规定："经营者违反本法第十三条规定进行有奖销售的，监督检查部门应当责令停止违法行为，可以根据情节处以一万元以上十万元以下的罚款。"

4. 除外规定

《关于禁止有奖销售活动中不正当竞争行为的若干规定》第二条第三款规定，"经政府或者政府有关部门依法批准的有奖募捐及其他彩票发售活动，不适用本规定。"这一规定排除了《反不正当竞争法》对有奖募捐及其他彩票发售活动的适用。但是，如果彩票发售活动与其他商品销售混和，影响商品市场的竞争，就要受《反不正当竞争法》的规范。同时，经营者举办有奖销售活动不需要工商行政管理部门前置审批，公证也不是必经程序。所以，只要构成了不正当有奖销售行为，不论是否经过公证，都应依法严格制止。

（六）商业诋毁行为

商业诋毁行为，是指经营者违反《反不正当竞争法》第十四条的规定，捏造、散布虚伪事实，损害竞争对手的商业信誉或商品声誉的行为。商业信誉是社会对经营者的评价，常常包含社会对经营者的能力、品德、商品声誉等多方面内容的积极反映，如经营者守法经营、讲究职业道德、服务良好、商品品质精良、风格独特、价格合理、经济实力雄厚、技术水平先进、严格履行合同、对消费者负责任等。所以，其评价的高低，关系着经营者的经营活动，甚至关系到经营者的生存。商品声誉是社会对商品的品质、特点的积极评价，往往也体现着经营者的商业信誉，并最终归属于经营者的商业信誉。由于经营者与用户和消费者之间的直接联系纽带是商品，人们往往直接根据商品声誉选择商品,使商品声誉有了相对的独立性和特殊性。在商业信誉中,商品声誉是核心的内容,某些损害商业信誉的行为一般也是直接针对商品声誉的,所以对商品声誉的强调和保护是必要的。商业信誉或商品声誉是经营者通过参与市场竞争连续的一系列活动形成的,它包括大量的市场研究、技术开发、广告宣传、公关活动和事后优质的服务等。经营者一旦有了良好的商业信誉和商品声誉,就会受到社会各方的欢迎,带来巨大的经济效益和市场竞争中的优势地位,甚至可能成为其在市场竞争中的最大资本。商业信誉和商品声誉是竞争的重要资本和支柱,其受损害的损失难以量化,但客观存在,《反不正当竞争法》对其保护是维护良好的市场竞争秩序的需要。

1. 商业诋毁行为的特征

(1)有着明确的意在贬低竞争对手的目的性,直接打击、削弱竞争对手与其进行竞争的能力,谋求自己的市场竞争优势;(2)行为本身表现为捏造、散布虚伪事实,包括无中生有、对已有事实恶意歪曲等;(3)有特定的诋毁对象。诋毁的对象必须是竞争对手,即存在竞争关系的同业竞争者,既可以是某个竞争对手,也可以是多个竞争对手;(4)后果上损害的是竞争对手的商业信誉或商品声誉的行为。商业信誉包括经营者的信用情况、资产状况、经营能力、经营作风等;商品声誉主要包括商品的性能、用途、质量、效果等。

2. 法律责任

损害竞争对手商业信誉的行为,会给竞争对手的正常经营活动造成消极影响,甚至使竞争对手遭受严重的经济损失,同时也破坏了正常的市场竞争秩序。因此,《反不正当竞争法》明确规定,"经营者不得捏造、散布虚伪事实,损害竞争对手的商业信誉、商品声誉"。现行的《反不正当竞争法》对于损害竞争对手商业信誉或商品声誉的行为没有规定行政责任。但如果给竞争对手造成损害的,应按《反不正当竞争法》第二十条和《民法通则》的有关规定,由违法者承担损害赔偿责任。

3. 商业诋毁与虚假宣传

商业诋毁与虚假宣传行为的表现方式近似,散布与宣传都可以是借助媒体或通过其他方式进行;行为的内容都是虚假不实或引人误解的;行为的后果都对他人产生误导作用。二者的区别是:(1)商业诋毁行为产生双重后果,既误导公众,也损害竞争对手,直接诋毁竞争对手的商誉和信誉,虚假宣传则主要产生引人误解的后果,误导公众;(2)商业诋毁行为主要针对竞争对手实施,虚假宣传则主要针对自己的商品实施;(3)商业诋毁行为有特定的诋毁对象,诋毁的对象必须是竞争对手,既可以是某个竞争对手,也可以是多个竞争对手,虚假宣传行为则可以指向不特定的对象,对不特定的对象产生影响。

三、对限制竞争行为的执法

(一)公用企业及其他依法具有独占地位经营者的限制竞争行为

1. 公用企业的概念和特征

《反不正当竞争法》第六条规定,"公用企业或其他依法具有独占地位的经营者,不得限定他人购买其指定的经营者的商品,以排挤其他经营者的公平竞争。"根据国家工商行政管理局《关于禁止公用企业限制竞争行为的若干规定》对公用企业的界定,公用企业是指涉及公用事业的经营者,包括供水、供电、供热、供气、邮政、电讯、交通运输等行业的经营者。

根据这一定义,公用企业具有以下特征:(1)公用企业是通过网络或者其他关键设施(基础设施)提供公共服务的经营者;(2)公用企业是国家特殊管制的企业,涉及国计民生和社会稳定;(3)公用企业是具有独占地位的经营者。

2. 公用企业限制竞争行为的表现形式

根据《关于禁止公用企业限制竞争行为的若干规定》第四条的规定,公用企业在市场交易中,不得实施下列限制竞争的行为:(1)限定用户和消费者只能购买和使用其提供的相关商品,而不得购买和使用其他经营者提供的符合技术标准要求的同类商品;(2)限定用户和消费者只能购买和使用其指定的经营者生产或者经销的商品,而不得购买和使用其他经营者提供的符合技术标准要求的同类商品;(3)强制用户、消费者购买其提供的不必要的商品及配件;(4)强制用户、消费者购买其指定的经营者提供的不必要的商品;(5)以检验商品质量、性能等为借口,阻碍用户、消费者购买、使用其他经营者提供的符合技术标准要求的其他商品;(6)对不接受其不合理条件的用户、消费者拒绝、中断或者削减供应相关商品,或者滥收费用;(7)其他限制竞争的行为。

3. 其他依法具有独占地位的经营者的限制竞争行为

《反不正当竞争法》第六条使用了"其他依法具有独占地位的经营者"一词,但未对其内涵和认定标准作出规定。国家工商行政管理部门根据对有关立法精神、法律用语、地方性法规的理解以及一些学理解释,并在总结近年来查处此类案件经验的基础上,对"其他依法具有独占地位的经营者"的含义和认定标准作了一些行政解释,即"其他依法具有独占地位的经营者",就是公用企业以外的由法律、法规、规章或者其他合法的规范性文件赋予其从事特定商品(包括服务)的独占经营资格的经营者。

(1)相关批复。针对新华书店是否为具有独占地位的经营者,《国家工商行政管理局关于如何认定其他依法具有独占地位的经营者问题答复》指出:《反不正当竞争法》第六条规定的"其他依法具有独占地位的经营者",是指公用企业以外的由法律、法规、规章或者其他合法的规范性文件赋予其从事特定商品(包括服务)的独占经营资格的经营者。所谓独占地位,是指经营者的市场准入受到法律、法规、规章或者其他合法的规范性文件的特别限制,该经营者在相关市场上独占经营或者没有充分的竞争,以及用户或者消费者对其提供的商品具有较强的依赖性的经营地位。按照国家有关规定,中小学教材由新华书店统一归口征订和发行。据此,新华书店依法具有从事中小学教材征订和发行经营活动的独占地位,在中小学教材征订和发行经营中属于《反不正当竞争法》第六条规定的"其他依法具有独占地位的经营者"。新华书店滥用其征订和发行中小学教材的独占地位,在征订和发行中小学教材时限定他人同时购买其指定的其他图书的,损害了中小学教材购买者的自由选择权,排挤了其他图书经营者的公平竞争,违反《反不正当竞争法》第六条的规定,应当依法予以查处。上述答复实际给出了"其他依法具有独占地位的经营者"的定义,同时还对独占地位进行了解释。

(2)其他依法具有独占地位的经营者的具体类型。包括:①专营专卖行业。此类行业主要是具有暴利或者需要特殊管制的行业,如烟草、盐业等。

②为国民经济运行提供基础性服务的行业,如保险业、商业银行业、证券业等。③国家需要特别管制的行业或产品,如石油、石化、电视台、殡葬业、新华书店(中小学教材发行)、机动车驾驶员培训学校等。正是由于这些行业的特殊性,法律既赋予其特别的行业权利,又对其进行特别的管制,由此而形成特殊的独占或者优势地位。这些行业的经营者或者由法律明确赋予其独占地位,或者由特别的法律规定对其准入和经营进行特殊的管制。

至于其他依法具有独占地位的经营者限制竞争行为的表现形式,因限制竞争行为涉及的领域不同,不同行业限制竞争行为有其特殊的表现形式。保险公司限制竞争行为的表现形式包括:滥用保险公司在理赔中的优势地位,强制被保险人或者受益人接受其指定的经营者的服务,如要求车主到指定汽车维修点接受服务和指定更换某品牌的零部件;利用保险公司办理法定保险的优势地位搭售其他保险,等等。商业银行限制竞争行为的表现形式包括:在住房贷款中强制贷款人到其指定的保险公司办理保险;限定贷款人必须购买其指定的开发商的房屋或汽车等商品。殡仪行业限制竞争行为的表现形式包括限制死者家属购买、使用其指定的骨灰盒、遗体告别厅等。机动车驾驶员培训学校限制竞争行为的表现形式包括强制学员购买人身意外伤害附加意外医疗保险费等。

4. 公用企业或其他依法享有独占地位经营者限制竞争行为的法律责任

根据《反不正当竞争法》第二十三条规定,"公用企业或者其他依法具有独占地位的经营者,限定他人购买其指定的经营者的商品,以排挤其他经营者公平竞争的,省级或者设区的市的监督检查部门应当责令停止违法行为,可以根据情节处以五万元以上二十万元以下的罚款。被指定的经营者借此销售质次价高商品或者滥收费用的,监督检查部门应当没收违法所得,可以根据情节处以违法所得一倍以上三倍以下的罚款。"该条款体现了对此类行为处罚的特殊性:

(1)实施处罚的主体特殊。实施处罚的主体级别较高,为省级或者设区的市的工商行政管理部门,《关于禁止公用企业限制竞争行为的若干规定》第七条规定,省级或者设区的市的工商行政管理部门可以委托县级工商行政管理部门调查案情。

（2）对第三方有条件的处罚。被指定的第三方不必然成为违法主体,但对其中借机销售质次价高商品、滥收费用的,予以处罚。"质次价高"、"滥收费用"和"违法所得"是密切相关的三个法律概念。"质次价高商品"是指被指定的经营者所销售的商品属于不合格商品,或者质量与价格明显不符的合格商品,即商品虽然合格,但其价格明显高于同类商品的通常市场价格,而同类商品的通常市场价格是指政府定价、政府指导价或者同期市场同类商品的中等市场价格。"滥收费用"是指超出正常的收费项目或者标准而收取不合理的费用,包括应当收费而超过规定标准收取费用,或者不应当收费而收取费用。"违法所得"是指被指定的经营者通过销售质次价高商品或者滥收费用所获取的非法收益,主要包括下列情况:销售不合格商品的销售收入;超出同类商品的通常市场价格销售商品而多获取的销售收入;应当收费而超过规定标准收费所多收取的费用;不应当收费而收取的费用。

（二）政府及其所属部门的限制竞争行为

主要表现为行政垄断和地区封锁行为。《反不正当竞争法》第七条规定:政府及其所属部门不得滥用行政权力,限定他人购买其指定的经营者的商品,限制其他经营者正当的经营活动。政府及其所属部门不得滥用行政权力,限制外地商品进入本地市场,或者本地商品进入外地市场。作为我国《反不正当竞争法》的一大创举和特色,该类行为的主体不是经营者,而是政府机关,针对的是市场上经营者自主经营商品的行为,是行政权力被滥用以后对市场竞争的直接干预,影响全国统一大市场形成,使市场自身的运行规则屈从于行政干预,破坏了公平交易机制。

1. 行政垄断

行政垄断的表现形式主要有:（1）以政府文件、会议纪要、规定等形式,限定或变相限定单位或者个人只能经营、购买、使用本地生产的产品或者只能接受本地企业、指定企业、其他经济组织或者个人提供的服务;（2）以不正当的或者歧视性的质检、准销证、前置审批、加收费用等方式,实行歧视性待遇,抬高外地商品进入本地的"门槛",阻碍外地商品或者服务进入本地;（3）以拒绝给予行政许可等方式,强制他人购买其指定的商品或服务。例如,政府依法设立并授予行政权力的住房基金管理部门,滥用管理住房基金的行政权力,限定他人购买其指定的保险公司提供的保险服务。又如,旅游行政管理机关滥用其审核出境旅游手续的行政权力,限定其他具有出境旅游经营权的旅行社等旅游服务机构接受其指定的旅游服务机构提供的代办手续服务。

2. 地区封锁

2001 年 4 月公布实施的国务院《关于禁止在市场经济活动中实行地区封锁的规定》第四条规定:各级地方人民政府及其所属部门(包括被授权或者委托行使行政权的组织)不得违反法律、行政法规和国务院的规定,实行地区封锁行为。在列举的七种地区封锁行为中,工商行政管理部门有权调查处理以下几种行为:(1)以任何方式限定、变相限定单位或者个人只能经营、购买、使用本地生产的产品或者只能接受本地企业、指定企业、其他经济组织或者个人提供的服务;(2)采取专门针对外地产品或者服务的专营、专卖、审批、许可等手段,实行歧视性待遇,限制外地产品或者服务进入本地市场;(3)以采取同本地区企业、其他经济组织或者个人不平等的待遇等方式,限制或者排斥外地企业、其他经济组织或者个人在本地投资或者设立分支机构,或者对外地企业、其他经济组织或者个人在本地投资或者设立分支机构实行歧视性待遇,侵害其合法权益。

3. 法律责任

《反不正当竞争法》第三十条规定:"政府及其所属部门违反本法第七条规定,限定他人购买其指定的经营者的商品、限制其他经营者正当的经营活动,或者限制商品在地区之间正常流通的,由上级机关责令其改正;情节严重的,由同级或者上级机关对直接责任人员给予行政处分。被指定的经营者借此销售质次价高商品或者滥收费用的,监督检查部门应当没收违法所得,可以根据情节处以违法所得一倍以上三倍以下的罚款。"

4. 建议权的使用

滥用行政权力排除、限制竞争行为是当前中国经济生活中经常被社会各界所诟病的一大现象。虽然其形成有着复杂成因,但其危害性也非常大,从根本上扭曲了竞争的本质,还直接影响到政府部门的公信力和社会公众对公平正义的美好追求。因此,有效规制滥用行政权力排除、限制竞争行为的必要性和紧迫性日益突出。工商行政管理部门依据《反不正当竞争法》在反限制竞争的执法实践中进行了不断的探索。2008年《反垄断法》的出台使这一难题的解决有了更加有力的法律武器。但是从理论上和国际通行做法看,这种行为在实质上属于行政权力的不当行使,不是依靠反限制竞争和反垄断执法能够完全解决的问题。其本质是违反合法原则、合理原则行使行政权,是滥用行政权力对经济生活的不当干预。从实务角度,对滥用行政权力排除、限制竞争行为,无论是在《反不正当竞争法》还是《反垄断法》中,工商行政管理部门可以行使的都只是建议权,处理权则属于上级机关。

(三)低于成本价销售

低于成本价销售,国外常称为掠夺性定价,是指以排挤竞争对手为目的,以低于成本的价格销售商品的行为,一般是经营者在一定时期内和一定市场上实施的阶段性行为。《反不正当竞争法》第十一条规定:"经营者不得以排挤竞争对手为目的,以低于成本的价格销售商品。有下列情形之一的,不属于不正当竞争行为:(1)销售鲜活商品;(2)处理有效期限即将到期的商品或者其他积压的商品;(3)季节性降价;(4)因清偿债务、转产、歇业降价销售商品。"上述四种行为不属于不正当竞争行为的原因在于,其以减少自身损失为目的,而非以排挤竞争对手为目的。《价格法》中也有相关的规定。《价格法》第十四条第(二)项对被禁止的低价倾销行为的规定如下:"在依法降价处理鲜活商品、季节性商品、积压商品等商品外,为了排挤竞争对手或者独占市场,以低于成本的价格倾销,扰乱正常的生产经营秩序,损害国家利益或者其他经营者的合法权益"。现行《反不正当竞争法》对低于成本价销售行为没有规定处罚条款。

(四)搭售或者附加其他不合理条件的行为

《反不正当竞争法》第十二条规定:"经营者销售商品不得违背购买者的意愿搭售商品或者附加其他不合理的条件。"搭售以及附加其他不合理条件的行为,违反公平销售的原则,妨碍市场的竞争自由,影响交易相对人自由选购商品的经营活动,还会导致使竞争对手的交易机会相对减少的后果,因而具有明显的反竞争作用。

搭售及附加不合理条件行为的表现形式有:(1)搭售商品,即销售者利用其经济技术优势,在销售商品时搭售其他的商品。销售的商品包括有形商品和无形商品;销售也应该作广义的理解,既包括转移所有权的销售,又包括出租等转让财产使用权的销售。(2)在销售商品时附加不合理条件,如限制产品产量和销售价格,限定销售区域等。我国《反不正当竞争法》对搭售行为没有规定行政处罚条款。

（五）串通招标投标行为

招标投标在我国为建筑业、大型采购、土地使用权出让等领域所广泛采用,一般包括编制招标文件、确定标底、正式公告招标、投标人申请投标、资格审查后发送文件、报送标书、开标评标、签订合同等具体流程。《反不正当竞争法》第十五条规定:"投标者不得串通投标,抬高标价或者压低标价。投标者和招标者不得相互勾结,以排挤竞争对手的公平竞争。"

根据国家工商行政管理局《关于禁止串通招标投标行为的暂行规定》的规定,串通投标行为表现为:①投标者之间相互约定,一致抬高或者压低投标报价;②投标者之间相互约定,在招标项目中轮流以高价位或者低价位中标;③投标者之间先进行内部竞价,内定中标人,然后再参加投标;④投标者之间其他串通投标行为。串通招投标行为表现为:①招标者在公开开标前,开启标书,并将投标情况告知其他投标者,或者协助投标者撤换标书,更改报价;②招标者向投标者泄露标底;③投标者与招标者商定,在招标投标时压低或者抬高标价,中标后再给投标者或者招标者额外补偿;④招标者预先内定中标者,在确定中标者时以此决定取舍;⑤招标者和投标者之间其他串通招标投标行为。

《反不正当竞争法》第二十七条规定:"投标者串通投标,抬高标价或者压低标价;投标者和招标者相互勾结,以排挤竞争对手的公平竞争的,其中标无效。监督检查部门可以根据情节处以一万元以上二十万元以下的罚款。"对"中标无效"法律性质的理解应当是双重的,即既可以作为责令停止违法行为或者责令改正违法行为的一种具体形式,又可以作为民事责任的一种方式。

从行政处罚角度而言,串通招投标行为是一种行政违法行为,宣告"中标无效"是消除违法后果的一种形式,属于责令停止违法行为或者责令改正违法行为的一种具体形式。从民事责任的角度而言,串通招投标行为无效,即自始没有法律约束力,串通招投标人因民事行为无效而给他方造成损害的,还应当承担赔偿责任。实践中,行政执法机关查处串通招投标案件,有的是在合同签订之前,有的是在合同签订之后。在合同签订之前查处结案,宣告中标无效的,行政执法机关可依法消除违法后果。如果在合同签订之后查获此类案件的,因有的项目已经开始施工甚至已经完工,此时在处罚中宣告中标无效,善后工作会涉及民事权利义务问题,因此在这种情况下,宣告中标无效后的问题,主要由权利人通过民事诉讼途径解决。

四、与反垄断执法的关系

《反垄断法》于 2008 年 8 月 1 日起施行。这部法律的制定和施行,是我国社会主义市场经济体制和中国特色社会主义法律体系日趋完善的重要标志。我国《反不正当竞争法》在立法时,为了规制当时已经面临的一些垄断和限制竞争行为,采取了合并立法的方法,对属于垄断和限制竞争行为的五项行为予以了规定。很多人认为《反垄断法》单列之后,上述五种行为应该回归到《反垄断法》中予以规制。但从实际法律条文比较来看并非如此,两部法律中对上述五种行为的规定虽有重叠、有吸收,但认定条件不完全相同。在实际执法中,《反垄断法》与《反不正当竞争法》的衔接和竞合问题也日益显现。

1. 条文比较

《反不正当竞争法》规定的五种行为:公用企业或者其他依法具有独占地位的经营者限制他人公平竞争行为(第六条);政府及其所属部门滥用行政权力限制他人公平竞争行为(第七条);经营者以排挤竞争对手为目的,低价销售行为(第十一条);经营者违背购买者意愿搭售或附加其他不合理条件行为(第十二条);串通投标行为(第十五条)。目前以上规定已与《反垄断法》的相关规定重叠。同时两部法律对上述行为的表述也不尽相同,例如《反不正当竞争法》第六条中使用的独占地位在《反垄断法》里就没有出现,而是被替换成了市场支配地位。又如《反不正当竞争法》第十一条、第十二条规定的低价倾销和附加不合理条件对于实施违法行为经营者并没有限制,而《反垄断法》则明确规定只有具有市场支配地位的经营者实施了上述行为,才构成违法。

《反不正当竞争法》条款	《反垄断法》条款
第六条 公用企业或者其他依法具有独占地位的经营者,不得限定他人购买其指定的经营者的商品,以排挤其他经营者的公平竞争。	第十七条 禁止具有市场支配地位的经营者从事下列滥用市场支配地位的行为:(四)没有正当理由,限定交易相对人只能与其进行交易或者只能与其指定的经营者进行交易。
第七条 政府及其所属部门不得滥用行政权力,限定他人购买其指定的经营者的商品,限制其他经营者正当的经营活动。 　　政府及其所属部门不得滥用行政权力,限制外地商品进入本地市场,或者本地商品流向外地市场。	第三十二条 行政机关和法律、法规授权的具有管理公共事务职能的组织不得滥用行政权力,限定或者变相限定单位或者个人经营、购买、使用其指定的经营者提供的商品。 第三十三条 行政机关和法律、法规授权的具有管理公共事务职能的组织不得滥用行政权力,实施下列行为,妨碍商品在地区之间的自由流通:(略)
第十一条 经营者不得以排挤竞争对手为目的,以低于成本的价格销售商品。 　　有以下情形之一的,不属于不正当竞争行为:(一)销售鲜活商品;(二)处理有效期限即将到期的商品或者其他积压商品;(三)季节性降价;(四)因清偿债务、转产、歇业降价销售商品。	第十七条 禁止具有市场支配地位的经营者从事下列滥用市场支配地位的行为:(一)以不公平的高价销售商品或者以不公平的低价购买商品;(二)没有正当理由,以低于成本的价格销售商品。
第十二条 经营者销售商品不得违背购买者的意愿搭售商品或者附加其他不合理的条件。	第十七条 禁止具有市场支配地位的经营者从事下列滥用市场支配地位的行为:(五)没有正当理由搭售商品,或者在交易时附加其他不合理的交易条件。
第十五条 投标者不得串通投标,抬高标价或者压低标价。 　　投标者和招标者不得相互勾结,以排挤竞争对手的公平竞争。	第三十四条 行政机关和法律、法规授权的具有管理公共事务职能的组织不得滥用行政权力,以设定歧视性资质要求、评审标准或者不依法发布信息等方式,排斥或者限制外地经营者参加本地的招标投标活动。

2. 主要区别

两部法律的立法目的都是为了推动和保护竞争,禁止市场主体以不合理的手段谋取利益,保护消费者整体福利,维护市场经济秩序,推动国家经济发展。但两法在以下几个方面也存在明显不同:

(1)立法宗旨。《反不正当竞争法》重在鼓励和保护公平竞争,制止不正当竞争行为,强调和规范的是竞争的方式和手段。而《反垄断法》第一条规定,"为了预防和制止垄断行为,保护市场公平竞争,提高经济运行效率,维护消费者利益和社会公共利益,促进社会主义市场经济健康发展,制定本法。"可见,反垄断法重在预防和制止违法的垄断行为,提高经济运行效率。

(2)保护点。从立法保护的侧重点来讲,《反不正当竞争法》重在保护善意经营者和消费者的个体权利,更注重通过对微观市场主体的利益加以保护而达到维护市场竞争秩序良性运行的目的。而《反垄断法》相对来讲更加关注市场的结构、市场份额,是从更为宏观的角度来保护竞争格局,从而提高市场整体的经济运行效率和提升消费者的整体福利水平。

(3)认定方法。《反不正当竞争法》以列举方式规定了十一种不正当竞争行为,还通过第二条明确了自愿、平等、公平、诚实信用、遵守公认商业道德的市场竞争基本原则,对于不正当竞争行为的判断相对来讲比较容易。而《反垄断法》则相反,对于违法垄断行为的判断仅仅依靠法律条文远远不够,很多时候要借助于经济学和统计学等知识综合分析才可获得结论。在新的形势下,传统的市场垄断行为也会有新的变化,手段、方式更趋隐蔽,有些从表面看,还带有一些合理因素,增加了合理分析的难度系数。同时,《反垄断法》大量适用豁免制度,还实行宽大制度等,这些都是《反不正当竞争法》所没有的。

(4)法律责任。《反垄断法》的亮点之一在于明确规定行政机关不得滥用行政权力,制定含有排除、限制竞争内容的规定,从而为抽象行政行为的规制提供了法律依据(第三十七条),这是一个重要的突破。但与《反不正当竞争法》相比,其对于被指定的经营者从事《反垄断法》所规定的垄断行为之外的借机销售质次价高商品和滥收费用行为的处理未作规定。《反不正当竞争法》第二十三条规定:"被指定的经营者借此销售质次价高商品和滥收费用的,监督检查部门应当没收违法所得,可以根据情节处以违法所得一倍以上三倍以下的罚款"。该条款通过对被指定的受益方的查处,间接起到制止利用行政权力排除、限制竞争性垄断的效果。

第三节　其他经济检查执法

一、军服管理

2009 年 1 月 13 日颁布的《军服管理条例》(以下简称《条例》)是我国第一部关于军服管理的行政法规,是新形势下依法进行军服管理的基本依据。《条例》的主要特点有:一是重点规范现行军服,禁止使用曾经装备的军服从事营利性活动。《条例》所称军服除个别条款的规定外,是指中国人民解放军现行装备的制式服装及其标志服饰。包括 07 式礼服、常服、作训服系列及 07 式"标志服饰",即帽徽、领花、肩章、星徽、胸标、领章、袖章、臂章、级别资历章、国防服役章、纽扣等。中国人民武装警察部队现行装备的制式服装及其标志服饰的管理,也参照《条例》执行。对于我军曾经装备的制式服装,《条例》规定,禁止使用军服和中国人民解放军曾经装备的制式服装从事经营活动。二是重点对军服生产和流通环节的管理进行规范。非法生产和销售军服(包括军服仿制品)是造成社会上军服管理比较混乱的主要原因。《条例》把非法生产和销售军服作为整治的重点,规定了对非法生产军服、军服专用材料,买卖军服、军服专用材料,生产、销售军服仿制品等行为的罚则。三是重点规范社会组织和人员的行为、有关行政执法部门的职责、军队有关部门在军服社会管理方面的职责以及军地相关部门的协作配合。《条例》颁行后,由解放军总后勤部牵头成立了国家军服管理军地协调领导小组,办公室设在总后勤部被服油料局,各军区、军分区等也相继建立了协调机构。

工商行政管理部门不仅是《条例》起草单位之一,也是贯彻落实《条例》的重要执法力量,《条例》的五条罚则中规定由工商行政管理部门作为主要执法部门的有三条,与工商行政管理部门密切有关的有一条。下面对《条例》规定的工商行政管理部门的主要职责进行分析：

（一）关于非法生产、销售、购买现役军服的行为

《条例》第十二条规定，有非法生产军服、军服专用材料；买卖军服、军服专用材料；生产、销售军服仿制品情形之一的，由工商行政管理部门没收违法物品和违法所得，处一万元以上十万元以下的罚款；违法经营数额巨大的，吊销营业执照；构成犯罪的，依法追究刑事责任。工商行政管理部门发现涉嫌非法生产、销售军服或者军服仿制品的行为时，可以查封、扣押涉嫌物品。

1. 非法生产军服、军服专用材料。根据《条例》第四条，军服承制企业必须具备生产军服、军服专用材料必需的条件和能力，具有质量保证体系和良好资信，并符合军队军需主管部门规定的其他条件，同时要经军队军需主管部门或者其授权的机构查验，列入军服承制企业备选名录。列入军服承制企业备选名录的企业并不当然是军服的承制企业，还需要由军队军需主管部门或者其授权的机构根据军服、军服专用材料生产任务，从备选名录中择优确定军服承制企业，与其签订军服、军服专用材料生产合同。简言之，只有列入备选名录，并与军队军需主管部门或者其授权的机构签订生产合同的企业，才是合法的军服承制企业。在实践中，有些军服承制企业在签订军服承揽合同后，由于时间及生产能力所限，对合同进行转包。如某企业承揽了8万套军服的生产任务后，未经部队发包机关的许可或备案，擅自将合同转包给另一个备选名录的企业，在此过程中被举报，受到工商行政管理部门的调查。这类情况，涉及军服承制企业承制资格管理问题，国家工商行政管理总局与部队有关部门进行了沟通和协商。比较一致的意见是，由于军服生产指标的下达具有任务量大、时间要求紧、且保密性高的特点，对于军服生产企业转包的问题要具体问题具体分析，对于检查中遇到的类似问题要做到一案一报，国家工商行政管理总局和军地协调机构将不断积累案例，尽早出台相应管理规范，进一步合理发包军服生产任务。

2. 买卖军服、军服专用材料。军服、军服专用材料不是商品，不能进行买卖。首先，军服、军服专用材料生产合同其法律性质是"委托生产加工合同"，军队有关部门与军服承制企业之间不存在买卖军服、军服专用材料关

系。军服承制企业只能将生产的军服、军服专用材料交付军队有关部门,而不能对外销售。军队内部装备军服则是通过调拨或者价拨的方式进行,即使是价拨也只是解决军队内部军服经费来源的一种方式,并非以营利为目的的买卖关系。因此,凡是买卖军服、军服专用材料的,就是违反《条例》的违法行为。需要特别注意的是,本款使用的是"买卖"而不是"销售",也就是说不仅对卖出(销售)行为需要进行处罚,对买入行为也要进行处罚。不过卖出行为,是由工商行政管理部门按《条例》进行查处,而购买军服则是与擅自穿着或使用相联系,由公安机关或工商行政管理部门予以查处。

3. 生产、销售军服仿制品。军服仿制品,是指与中国人民解放军现行装备的军服颜色、样式、图案相同或者相似,足以造成公众混淆的服装及其标志。非法生产、销售和穿着军服仿制品的情况对军人形象和军队威信造成比较严重的损害,应坚决予以禁止。军服仿制品虽然不是军服,但因其颜色、样式、图案与军服相同或者相似,足以造成公众混淆,生产、销售、穿着军服仿制品也会对军服的专用性和严肃性产生危害。确定一套服装是否构成仿制军服,应本着标准从宽、认定从宽的原则,只要在款式、颜色、整体感觉等任一方面使消费者产生类似军服的感觉、联想到军队或某一时期的革命历史的情况,都应该认定为构成仿制。

4. 关于强制措施。《条例》第十二条第二款规定的"涉嫌非法生产、销售军服或者军服仿制品的行为"是类行为,即只要发现涉嫌非法生产、销售军服或者军服仿制品这一类的行为,包括涉嫌非法生产、销售军服专用材料等行为,工商行政管理部门都可以采取查封、扣押涉嫌物品的强制措施。《条例》在本款设定查封、扣押涉嫌物品的强制措施,是对第一款罚则的补充和保障,目的是防止涉案物品被转移、隐匿、毁灭,以保证执法的效力和效果。

5. 关于没收的军服、军服专用材料和军服仿制品的处理。根据《条例》第十八条第二款的规定,工商行政管理部门依法没收的军服、军服专用材料,应当移交省军区(卫戍区、警备区)或者军分区(警备区)军需主管部门;依法没收的军服仿制品,应当按照国家有关规定处理。

(二)关于对军服承制企业的义务性规定及其罚则

上一部分主要讲了禁止非法生产、销售军服及军服仿制品,上述行为的主体既涉及具有备选资格的承制企业,也包括一般的经营者甚至个人。本部分所涉及的则是具有一定资格的承制企业的特别义务条款。一般来说,具备一定的资质,除了具有一定的资格,也具有相应的义务。《条例》第十三条规定,军服承制企业违反本条例规定,有下列情形之一的,由工商行政管理部门责令改正,处一万元以上五万元以下的罚款;拒不改正的,责令停业整顿,军队军需主管部门应当将其从军服承制企业备选名录中除名,并不得再列入军服承制企业备选名录:(一)转让军服、军服专用材料生产合同或者生产技术规范,或者委托其他企业生产军服、军服专用材料的;(二)销售或者以其他方式转让未经改制、染色等处理的军服、军服专用材料残次品的;(三)未将军服生产中剩余的军服专用材料妥善保管、移交的。针对军服承制企业,《条例》还规定了"从军服承制企业备选名录中除名"和"不得再列入军服承制企业备选名录"的"资格罚",实际是行政处罚与部队管理相结合的并罚,表明了军服管理的严格程度。

转让军服、军服专用材料生产合同或者生产技术规范,或者委托其他企业生产军服、军服专用材料。《条例》第五条第二款规定,军服承制企业不得转让军服、军服专用材料生产合同或者军服生产技术规范,也不得委托其他企业生产军服、军服专用材料。这一规定主要是为了保证军服只能由军服承制企业生产,确保生产合同的履行质量,防止军服被非承制企业生产或者仿制。

销售或者以其他方式转让未经改制、染色等处理的军服、军服专用材料残次品。军服承制企业在生产军服、军服专用材料过程中,难免会出现一些残次品,不能被军队有关部门作为合格的制成品接收。为防止此类残次品流入社会,造成公众混淆,《条例》第六条规定,军服、军服专用材料生产中的残次品,未经改制、染色等处理的,不得销售或者以其他方式转让。

军服承制企业在生产军服、军服专用材料过程中,一般都会剩余部分军服专用材料,而一些军服专用材料不仅具有一定的功能性,还含有一些技术信息。为防止这些剩余的军服专用材料流入社会,《条例》规定,军服生产中剩余的军服专用材料,应当按照军队军需主管部门或者其授权的机构的要求,妥善保管或者移交。

上述关于军服生产剩余材料、残次产品的规定都是总体上的规定,具体的责任主体、相关费用、监督机构以及与正规生产的衔接等,还需要更为细致的规制,这是执行《条例》的各部门需要进一步明确的。

(三)对军服承制企业的工作人员的要求

《条例》针对军服管理中的相关秘密保护问题,规定了工作人员的保密责任和泄密追究,列举了以下两类违法行为:一是军服承制企业的工作人员泄露军服专用材料生产技术;二是军服承制、承运企业的工作人员泄露军服、军服专用材料生产、运输数量以及接收单位等涉及国家秘密的信息。工商行政管理部门在查办有关案件时,如果发现此类行为且涉嫌犯罪的,应及时移送公安机关处理,对涉嫌危害军事秘密的犯罪还应通报军队有关部门。

(四)关于利用军服从事经营活动等相关违法行为的查处

《条例》规定,使用军服和中国人民解放军曾经装备的制式服装从事经营活动,或者以"军需"、"军服"、"军品"等用语招揽顾客的,由工商行政管理部门责令改正,没收违法物品和违法所得,并处两千元以上两万元以下的罚款;拒不改正的,责令停业整顿。此类违法行为主要可分为两种:

一是使用军服和中国人民解放军曾经装备的制式服装从事经营活动。目前社会上使用军服或者中国人民解放军曾经装备的制式服装从事经营活动的情况时有发生。我军曾经装备的制式服装,是指除中国人民解放军现行装备的军服外,1927年建军以后我军曾经装备的制式服装。使用我军曾经装备的制式服装从事餐饮服务、进行商业促销等行为,将营利性活动与我军历史相联系,不利于宣传维护军队的光荣历史,而且有损军队声誉,因此《条例》作了禁止性规定。对于现役装备的军服已经规定禁止生产销售,当然禁止从事营利性经营活动。但是,《条例》第十五条规定的是使用"军服和中国人民解放军曾经装备的制式服装",而实际上,当前社会上普遍存在的是使用与现役军服或曾经装备的军服相类似的制式服装从事商业活动,这些服装乍看使人觉得就是军服或某个历史时期的我党领导的武装力量的服装,但是由于年代久远,不好具体辨认,或者在某些不起眼的细节上有所不同,这种情况,能否按照《条例》第十五条进行处罚,目前还没有正式的书面意见。从维护部队形象和《条例》的出发点来看,应该对这种使用类似军服从事商业活动的行为予以禁止,国家工商行政管理总局也将积极推动军服管理军地协调机构尽早出台规范性解释。影视制作和文艺演出单位的演艺人员因需穿着军服的,不属于本条禁止的"从事经营活动",《条例》第九条第三款对此作了特别规定。

二是以"军需"、"军服"、"军品"等用语招揽顾客。当前非法生产、销售的军服及军服仿制品大多打着"军需"、"军服"、"军品"的旗号,以吸引和误导消费者,给社会造成军服管理混乱的不良印象。为此,《条例》第十条第二款明确禁止以"军需"、"军服"、"军品"等用语招揽顾客。对以"军需"、"军服"、"军品"等用语招揽顾客的,工商行政管理部门应按照《条例》第十五条的规定予以处罚。对于企业名称、字号使用与部队相关的内容或易使人产生与部队相关的联想的,国家工商行政管理总局已经出台规范性文件予以禁止。

二、"扫黄打非"工作

"扫黄打非"工作是维护文化市场秩序,打击非法印制、生产、销售非法出版物等一系列文化保护工作的总称。随着时代的发展和技术的进步,"扫黄打非"发生了很大的变化。一是违法活动的内容由过去印制销售盗版书籍、音像制品,向出版各类淫秽色情、冲击我国意识形态安全的非法出版物转变,经济违法行为演变为以经济利益为幌子实施思想意识渗透的违法犯罪行为;二是违法物品由传统的图书、杂志以及磁带、光盘等内容与载体一体化,向卫星电视接收设施、网络电视接收的电视棒等内容与载体分离的方向转变。违法行为的变化,对"扫黄打非"提出了许多新的课题。

"扫黄打非"工作关系社会和谐稳定和文化市场有序繁荣。工商行政管理部门按照全国"扫黄打非"办公室的部署,综合运用工商行政管理部门各项职能,加强市场检查,做到守土有责、守土负责,及时发现、查处生产销售非法出版物的违法行为。

"扫黄打非"工作涉及《出版管理条例》及《卫星电视广播地面接收设施管理规定》等多部法律法规和规章,工商行政管理部门的职责主要是:1. 依法核准、变更、注销或吊销出版产业经营者营业执照;2. 对擅自设立出版物的出版、印刷或者复制、进口、发行单位,或者擅自从事出版物的出版、印刷或者复制、进口、发行业务,假冒出版单位名称或者伪造、假冒报纸、期刊名称出版出版物的,依照法定职权予以取缔,对尚不够刑事处罚的,没收出版物、违法所得和从事违法活动的专用工具、设备,违法经营额一万元以上的,并处违法经营额五倍以上十倍以下的罚款,违法经营额不足一万元的,可以处五万元以下的罚款;3.查处非法销售卫星电视接收设施,依法没收电视卫星接收设施,可以并处相当于销售额两倍以下罚款。

随着电子信息技术的发展,数字电视成为一种新的信息传播模式,一些不法分子利用销售"电视棒"传播境外黄色、反动电视节目,极大扰乱了电视传播秩序。尽管卫星电视和数字电视就其传播方式而言有技术上的不同,但相关违法行为在本质上都是违背国家电视接受管理的规定,非法传播电视信息。因此在工作中,应比照卫星接收设施的管理,收缴非法销售的电视棒。同时,也呼吁有关部门尽早正式规范数字电视接收管理的规定。

三、报废汽车回收管理

报废汽车是国家的重要生产资料。搞好报废汽车回收拆解工作,对促进我国汽车工业的发展,发展交通运输事业,节约能源,减少交通事故隐患,减轻环境污染,保障社会治安,增加废钢铁的回收,提高经济效益都具有十分重要意义。随着我国报废汽车监管体制的改革,报废汽车回收业取消准入的行政许可,主要依赖行业协会自律管理。经过几年的时间,逐渐暴露出行业竞争不规范、非法拼组装行为回潮的现象,对此有关部门正在考虑建立加强报废汽车回收管理的体制机制。

根据现行《报废汽车回收管理办法》的规定,报废汽车(包括摩托车、农用运输车,下同),是指达到国家报废标准,或者虽未达到国家报废标准,但发动机或者底盘严重损坏,经检验不符合国家机动车运行安全技术条件或者国家机动车污染物排放标准的机动车。拼装车,是指使用报废汽车发动机、方向机、变速器、前后桥、车架(以下统称"五大总成")以及其他零配件组装的机动车。根据《办法》,禁止任何单位或者个人利用报废汽车"五大总成"以及其他零配件拼装汽车。禁止报废汽车整车、"五大总成"和拼装车进入市场交易或者以其他任何方式交易。对违法出售不能继续使用的报废汽车零配件或者出售的报废汽车零配件未标明"报废汽车回用件"的,由工商行政管理部门没收违法所得,并处两千元以上一万元以下的罚款。对利用报废汽车"五大总成"以及其他零配件拼装汽车或者出售报废汽车整车、"五大总成"、拼装车的,由工商行政管理部门没收报废汽车整车、"五大总成"以及其他零配件、拼装车,没收违法所得;违法所得在五万元以上的,并处违法所得两倍以上五倍以下的罚款;违法所得不足五万元或者没有违法所得的,并处五万元以上十万元以下的罚款。

利用报废车零部件冒充正品,利用报废"五大总成"非法拼装车辆,不仅损害消费者利益,而且极易引发交通事故,是造成交通事故的重大隐患。报废汽车管理是一项综合工作,需要各职能部门的密切配合,更需要地方政府的高度重视。工商行政管理部门是报废汽车回收行业的主要监管部门之一,针对个别已取缔的市场出现死灰复燃的情况和个体业主通过挂靠改头换面继续非法拼装报废汽车等情况,要采取有力措施,坚决取缔拼装报废汽车市场。

四、禁毒、反假币、处置非法集资、打私等有关工作

开展禁毒、反假币、处置非法集资、打私等工作,是经济检查发挥社会管理职能,与有关部门齐抓共管的典型内容。工商行政管理部门是国家禁毒委员会、国务院反假币联席会议办公室、处置非法集资部际联席会议办公室、全国打击走私综合治理部际联席会议的成员单位,在这些工作中,要统筹工商行政管理工作全局,坚持"出去一把抓,回来再分家",做好工商行政管理部门在协调机构中的各项工作。

国家工商行政管理总局作为国家禁毒委员会办公室宣传教育、替代种植、情报交流、易制毒化学品等工作小组的成员单位,担负着对中国个体劳动者协会会员进行禁毒宣传教育,配合加强娱乐场所监管,强化易制毒化学品经营者准入、经营的管理,以及查处以戒毒场所、戒毒药品等为内容的非法广告等工作内容。各地工商行政管理机关在工作中,积极配合公安部门搞好"6·26"国际禁毒日宣传教育活动,在工商行政管理局对外办公的窗口

地点、在个协活动地点以及工商对外办公网站等进行禁毒宣传,积极与有关部门沟通在市场检查中发现的涉毒线索,依照《禁毒法》和《广告法》查处非法涉毒广告。

　　反假币工作涉及千家万户,涉及每个消费者。配合有关部门,做好经营者反假币工作,保护消费者合法权益是工商行政管理部门义不容辞的责任。根据《人民币管理条例》,工商行政管理部门还承担了以下工作:对未经中国人民银行批准,研制、仿制、引进、销售、购买和使用印制人民币所特有的防伪材料、防伪技术、防伪工艺和专用设备,可由工商行政管理机关给予警告,没收违法所得和非法财物,并处违法所得一倍以上三倍以下的罚款;没有违法所得的处两万元以上二十万元以下的罚款;对非法买卖流通人民币、装帧流通人民币和经营流通人民币的,可由工商行政管理机关给予警告,没收违法所得和非法财物,并处违法所得一倍以上三倍以下的罚款;没有违法所得的,处一千元以上五万元以下的罚款。故意毁损人民币、制作、仿制、买卖人民币图样,可由工商行政管理机关给予警告,没收违法所得和非法财物,并处违法所得一倍以上三倍以下的罚款;没有违法所得的,处一千元以上五万元以下的罚款。

　　处置非法集资工作实行省级人民政府负总责,各成员单位一线把关、各负其责的工作方针,工商行政管理部门主要在禁止非法集资广告宣传、配合调查涉案企业登记注册情况等方面发挥作用。

　　根据国务院"三定"方案,工商行政管理部门承担着打击流通领域走私贩私的任务。按照全国打私办明确的职责,工商行政管理部门主要负责查处经营无合法来源进口商品的行为。《投机倒把行政处罚暂行条例》废止后,工商行政管理部门可从经营者主体资格、产品质量、产品包装装潢和产品标识等方面加强对经营进口商品行为的监管。(一)从主体资格上进行规制:适用《无照经营查处取缔办法》第四条、第十四条,《食品安全法》第二十九条、第八十四条,《国务院关于加强食品等产品安全监督管理的特别规定》第三条,查处无照经营无合法来源进口商品或进口食品的行为。(二)从产品质量进行监管:适用《食品安全法》第二十八条、第六十二条、第六十三条、第八十五条、第八十七条、第八十九条,《国务院关于加强食品等产品安全监督管理的特别规定》第三条,《产品质量法》第三十四条、第三十五条、第三十九条、第四十九至五十二条、第五十四条,查处经营不合格进口商品的行为。(三)从商品的标识、包装装潢进行规制:适用《产品质量法》第三十三条、第三十六条、第三十七条、第三十八条、第五十三条,《食品安全法》第二十八条、第六十六条、第八十五条、第八十六条,《反不正当竞争法》第五条、第二十一条,查处商品标识和包装装潢不符合法律法规要求的进口商品。(四)从食品等特殊产品的特别管理规定上进行规制:适用《食品安全法》第六十七、第八十九条,《国务院关于加强食品等产品安全监督管理的特别规定》第五条,对进口食品实行索证索票制度,查处销售无合法证明进口食品的行为。(五)从保护消费者权益的角度进行规制:适用《欺诈消费者行为处理办法》第三条至第六条,查处经营无合法证明进口商品的行为。

当前,水货手机、无合法进口证明的化妆品等无合法进口证明的商品在市场上并不少见,在部分地区还比较严重,利用上述法律法规无法查处逃避国家关税但产品质量和标识、包装装潢等方面并不违法的无合法证明的进口商品。若不能从市场经营中对无合法来源证明的进口商品进行查处,将造成对同类国产商品和合法进口商品的不公平竞争,影响正常的市场秩序。因此,迫切需要制定查处经营无合法来源进口商品行为的法律法规。

第五章　市场规范管理

市场规范管理是工商行政管理部门一项重要的职能,是市场监管的重要组成部分。本章介绍了市场规范管理的内容和方式,商品交易市场、重要商品市场、农资市场和经纪人的监督管理,以及合同监管、拍卖监管和动产抵押登记制度。

第一节　市场规范管理的内容和方式

一、市场规范管理的含义

(一)市场规范管理的概念

广义的市场规范管理,是指国家制定和实施市场规则,建立和维护市场秩序的活动。狭义的市场规范管理,是指工商行政管理部门依照国家市场管理法律、法规、行政规章和有关政策,在法定的职责权限内对各类市场交易行为进行规范、实施监督的管理活动。其核心是对各类市场交易行为的规范管理。

市场规范管理是工商行政管理部门的一项重要的职能。工商行政管理部门通过对各类商品交易市场、生产要素市场和经纪人、拍卖市场等的规范管理,以及依法对合同订立和履行的规范和监督、查处合同欺诈行为和实施企业动产抵押物登记等,规范市场主体和交易行为,维护市场秩序。

(二)市场规范管理的特征

与工商行政管理部门的其他基本职能相比较,市场规范管理有以下几个显著特征:

1. 市场规范管理的对象一般包括市场经营管理者(含市场开办者、主办者、经营管理者)和场内经营者两个层面。

2. 市场规范管理的内容包括对市场交易主体、市场交易客体和市场交易行为的监督和规范。

3. 市场规范管理职责是依据国家对工商行政管理部门的授权和工商行政管理部门内部的职责分工确定的。

4. 市场规范管理活动不仅涉及工商行政管理几乎所有基本法律法规规章,同时还要依靠以各种规范为内容的办法、措施、制度、政策等的制定和落实来完成,业务综合性、系统性强,常涉及全新领域,应急要求高,协同配合性工作多。

二、市场规范管理的内容

市场规范管理工作的主要内容包括:

1. 对市场交易主体进行规范管理。主要是对市场经营管理者和场内经营者的经营资质进行准入把关和日常检查,督促指导市场经营管理者做好市场管理工作等。

2. 对市场交易客体进行规范管理。主要是对上市商品的质量、标识及相关票证等进行监督检查。

3. 对市场交易和竞争行为进行规范管理。主要是对场内经营者的商品销售、广告宣传、市场竞争等行为进行监督检查。

4. 查处市场违法违规行为。主要是查处市场经营管理者不履行管理职责和经营者销售假冒伪劣商品、虚假宣传、不正当竞争、侵害消费者合法权益等违法违规行为。

5. 针对市场秩序中存在的普遍性问题,研究拟定规范各类市场秩序的规章制度和具体措施。

6. 根据市场发展变化情况和监管工作实际需要,研究探索市场规范管理方式方法的改革和创新。

三、市场规范管理方式

市场规范管理方式主要是指规范市场经营行为的方法和形式。具体来

说,工商行政管理部门在市场规范管理工作中,可以采用以下监管方式:

(一)市场巡查制

市场巡查制,指工商行政管理执法人员在日常工作中,通过巡回检查的方式,依法对管辖区域内各类市场主体的经营资格、经营行为、商品质量等进行监督检查、受理投诉举报和查处违法违章行为的监督管理制度和方式。市场巡查制是工商行政管理部门日常市场监管的基本方式和主要方式。

市场巡查的主要内容有:查经营主体是否合法,是否持照经营、亮照经营、按照核定的范围经营;查商品的来源和流通渠道,是否销售假冒伪劣、过期变质、"三无"商品;查是否有不正当竞争和欺诈行为;受理消费者提出的咨询、申诉、举报,对消费者与经营者之间发生的消费者权益争议进行调解,及时查处商品交易中的侵权行为;履行法律法规赋予工商行政管理部门的其他市场监督管理和行政执法职责。

(二)市场预警制

市场预警制,指工商行政管理部门通过制定市场秩序评价标准,在日常管理中依据标准对市场主体经营行为进行检查和测评,对情节轻微且没有造成后果的违法违章行为,及时通过教育提醒警示等方式予以指出并促其改正的一种具体管理措施和手段。

市场预警制的法理基础是行政指导,具有行政指导的基本特征,属于"积极行政"的范畴,是一种符合现代法治原则的具有行政性质的行为。它虽然不具有法律强制力,不产生直接的法律后果,但它的实施具有贯彻立法意图、弥补法律手段不足的效能,重在从正面事先进行教育疏导,以达到对可能发生或正在发生但未产生严重后果的违章行为的抑制作用和对违法行为的预防功能。市场预警制将市场监管工作的着眼点前移,使工商行政管理部门可以随时监控市场主体的经营行为,把违法违章案件的危害和影响降低到最小程度乃至消灭在萌芽状态。

(三)市场专项治理

市场专项治理,指工商行政管理部门在某一时期针对某一类型市场发展中存在的突出问题,集中时间、集中人力对重点地区、重点行业、重点市场、重点商品、重点行为进行专项检查清理和整治,以达到规范市场主体经营行为、整顿市场秩序、保护消费者及生产者、经营者合法权益的目的。

开展市场专项整治,是工商行政管理部门比较常用的一项市场监管措施,它可以在较短的时间内解决、减轻或遏制市场上存在的突出问题。但是,日益多元化的市场主体、日益激烈化的市场竞争、日益国际化的社会主义市场,使工商行政管理面对前所未有的挑战,为适应市场经济发展需要,市场监管不能过分依赖突击性、专项性整治,而应更加注重日常规范监管。积极推进"四个转变",努力实现监管方法由突击性、专项性整治向日常规范监管转变,是工商行政管理适应新形势、完成新任务、发挥新作用的必然要求。要发挥积极性、主动性,由被动接受任务、被动开展监管向积极主动监管群众反映的热点、难点问题转变。要把专项整治与日常监管有机结合,由过分依赖突击性、专项性整治向重视发挥日常规范监管作用的转变。要提升发现问题、防范事故的能力,把主要精力从突击检查、专项整治向做好日常性、经常性监管工作转变。要在总结整顿规范市场秩序各项专项整治工作行之有效措施的基础上,以日常规范管理、强化源头治理和监管职能到位为重点,进一步健全市场监管长效机制。

(四)商品质量监督抽检和公示

商品质量监督抽检和公示,指工商行政管理部门依据法定职责和国家有关产品质量监督管理法律法规规定,对市场中商品质量实行以抽检为主要方式的监督检查,并公示发布监督抽查的商品质量状况,依法对抽检不合格的商品采取责令经营者限期改正、停止销售等措施,并视情节对销售不合格商品的经营者予以相应行政处罚,保障商品质量安全的监管方式。

商品质量监督抽检和公示是市场规范管理的一项权威手段,分为定向监测和不定向监测两种,其法律依据是《产品质量法》《消费者权益保护法》等法律法规。商品质量监督抽检要严格程序,依法开展。近年来,根据国家工商行政管理总局的安排部署,各地工商行政管理机关多次开展了流通领域农资、成品油等商品的定向监测,并通过新闻发布会、情况通报会等形式及时向社会发布监测结果和消费警示,产生了良好的社会反响,有力地促进了市场规范管理工作的开展。

（五）市场监管行政指导

市场监管行政指导，指工商行政管理部门在职责范围内，为实现规范市场秩序的目的，通过发布各类市场监管法律法规信息、市场提示信息，或通过书面或者口头形式对经营者行为提供建议、咨询、劝告、告诫、说服，以及对经营者进行奖励、鼓励、表彰等方式引导和影响经营者规范自身行为，以促成市场监管目标实现的管理方式。推行行政指导，有利于促进工商行政管理部门监管理念的转变和监管方式的创新，有利于促进工商职能作用的发挥和监管水平的提高，有利于促进工商队伍素质的提高和整体形象的提升，有利于促进经济社会的发展和和谐执法环境的形成。

自 2004 年国务院发布《全面推进依法行政实施纲要》以来，针对市场监管中"重行政处罚、轻引导规范"的状况，国家工商行政管理总局支持鼓励地方工商行政管理局积极探索改革行政管理方式，将行政指导与行政许可、行政处罚、行政强制等行政管理方式统一于工商行政管理工作之中。2009 年 11 月，国家工商行政管理总局制定下发了《关于工商行政管理机关全面推进行政指导工作的意见》，要求将行政指导贯穿于工商行政管理全部业务工作中，坚持合法、自愿、公平、公开、灵活五项基本原则，在市场主体登记、维护市场秩序、保护消费者权益等各领域，运用非强制性手段，引导行政相对人知法遵法守法。具体来说就是采取建议、提醒、公示等方式，在行政许可方面，帮助申请人了解登记条件和程序，提供及时便捷的登记服务；在监管执法方面，运用教育手段，引导行政相对人自觉纠正违法行为；坚持行政指导与行政处罚相结合。在法律和政策的框架内实施行政指导，努力做到疏导与执法、教育与管理相结合。

（六）市场监管行政处罚

市场监管行政处罚，指工商行政管理部门通过依法惩戒违反市场监督管理法律法规经营者的方式，维护市场交易和竞争秩序。

行政处罚是市场规范管理中的一种刚性执法手段。工商行政管理部门在市场规范管理中，可以采取警告、罚款、没收非法所得、没收非法财物、责令停产停业、暂扣或者吊销执照等行政处罚。1996 年实施的《行政处罚法》对行政处罚的基本原则、种类和设定权、实施机关、管辖和适用、决定和执行以及法律责任作了明确规定。工商行政管理部门在进行行政处罚时,除应遵守有关具体法律规定外,也应遵守这些规定。国家工商行政管理总局于2007年修订了《工商行政管理机关行政处罚程序规定》,进一步规范立案、调查取证、核审、听证、决定等行政处罚程序,促进了行政处罚的规范运行。同时,为有效解决行政执法过程中出现的过罚不相当、同案不同罚等不规范行使处罚裁量权的问题,国家工商行政管理总局制定下发了《关于正确行使行政处罚自由裁量权的指导意见》,积极推行行政处罚自由裁量基准制度,就行政处罚裁量制定规范和措施,防止对同一性质违法行为的行政处罚出现轻重失衡、宽严失度的现象。

(七)受理申诉举报

受理申诉举报,指工商行政管理部门通过"12315"消费者申诉举报网络等方式,发挥社会力量监督市场,及时受理和依法处理申诉投诉举报,有效处理侵害消费者合法权益和经营者合法利益的行为,维护市场秩序。

工商行政管理部门作为保护消费者合法权益的主要执法部门,承担着消费者咨询、申诉、举报受理等工作。工商行政管理部门通过受理相关申诉举报,可以发动全社会力量监督市场经营行为,加强社会监督,形成监管合力,为市场规范管理工作营造良好的舆论氛围。

(八)市场交易查验登记监督制

市场交易查验登记监督制,指工商行政管理部门通过监督检查经营者执行进货查验、索证索票、进销台账等制度的情况,实行商品(包括食品)市场准入制度,保障市场交易主体合法,保障市场交易商品质量安全和食品安全。

四、市场应急预案

(一)概述

突发事件应对作为国家或者特定地区处于非常时期的特殊行政执法形态,是特定行政机关围绕突发事件的应急处置而实施的一系列行政执法活动。工商行政管理部门为有效预防、有序处理突发性市场波动,保障人民群众身体健康和生命安全,维护市场交易秩序,建立和加强市场应急管理体制机制,是履行市场监管职责应有之义。多年来,全国工商行政管理系统在应急管理的实践和理论探索中取得了重要进展,先后制定、实施了《工商行政管理系统市场监管应急预案》、《市场防控高致病性禽流感应急预案》以及《工商行政管理系统流通环节重大食品安全事故应急预案》,充分发挥了工商行政管理部门市场监管主力军的作用,最大限度减少了突发事件造成的危害,有效保障了消费安全,维护了正常的市场秩序。实践证明,完善的应急预案是成功处置突发事件的必要保障。

市场应急预案,是指导工商行政管理部门有效控制突发事件引发的市场波动,有序调动各方资源,迅速消除危机,有力保障市场稳定和群众消费安全,最大限度降低突发事件危害,而采取的一系列工作措施,是应对突发事件的工作总纲。市场应急预案根据《突发事件应对法》和其他有关法律、法规的规定,针对突发事件的性质、特点和可能造成的社会危害,具体规定突发事件应急管理工作的组织指挥体系与职责、突发事件的预防与预警机制、处置程序、应急保障措施以及事后恢复与重建措施等内容。编制和实施应急预案应当依据"统一领导、综合协调、分类管理、分级负责、属地管理为主"的应急管理体制,坚持"以人为本、减少危害;统一领导、分级负责;科学评估、依法处置;居安思危、预防为主"的处置工作原则。

(二)应急组织体系与运行机制

1. 应急组织机构设置

一般而言,突发事件应急管理机构由领导机构、指挥机构、办事机构和非应急状态下的响应机构组成。但实践中,应当以效率为组织机构设立的基本原则,可以依据实际需要和情势变化科学设置应急组织体系,并确定各机构的职责。

2. 应急联动机制

处置突发事件引起的市场波动,应按照属地监管原则,实行上下联动,快速反应,形成包括突发事件信息上报、信息汇总与核实、决定启动应急预案、制定专项应急措施和应急处理情况报告等程序在内的应急联动机制。一旦出现突发事件,各级工商行政管理机关应当根据市场监管应急预案确定的报送时限和方式,及时报告当地政府并逐级上报至上级局;上级局有关机构接到下级局上报的突发事件信息后,立即汇总、核实,并迅速呈报应急领导小组;应急领导小组接到有关突发事件的呈报后,研究决定是否启动相应级别的应急预案;应急预案启动后,本着快速、及时、合理、有效的原则,迅速组建专项应急指挥部,制定专项应急措施,及时有效地开展应急处置。应急状态解除后,及时总结,形成应急处理报告呈报应急领导小组。

(三)信息监测与预警

1. 信息监测

信息监测是指通过建立健全重大突发事件监测网络体系,实现与相关部门之间的信息共享和信息沟通,确保工商行政管理部门及时了解有关市场监管信息,研究分析发展变化趋势,提前做好应对准备工作。

2. 信息预警与报告

信息预警与报告是指工商行政管理部门针对重大节日、重要会议活动期间可能出现的突发事件、市场内出现的有毒食品、存在重大安全隐患和设计缺陷需召回、责令退出市场的商品,及时发布预警,防止发生重大伤亡事故。

突发事件信息贯穿突发事件应对处置的全过程。及时准确报送突发事件信息,既是《突发事件应对法》规定的法律责任,也是突发事件快速妥善处置的关键环节。

(四)应急响应

1. 事件等级及响应标准

为有效处置各类突发事件引起的市场波动,依据其可能造成的危害程度、波及范围、影响力大小、人员及财产损失等情况,突发事件应急响应分为Ⅰ级、Ⅱ级、Ⅲ级、Ⅳ级响应。

2. 应急响应措施

根据相关突发事件报告,市场监管应急工作领导小组宣布启动相应的应急预案程序,按照不同响应级别分别采取相应的响应措施。

(五)应急保障

1. 通信和信息保障

应急响应期间,各级工商行政管理机关要开通专线电话、自动传真,工商行政管理网要开设专门通道,并确定专人对系统进行维护,确保信息报送渠道畅通,保证信息传递及时、准确。

2. 应急支援与装备保障

(1)应急响应期间,各级工商行政管理机关要快速反应,迅速调动物资、人员,确保应急处理工作顺利开展。市场巡查车辆、商品监测车辆要保持随时待命状态,确保应对措施及时得到落实。

(2)各级工商行政管理机关应加强突发事件应急处理指挥机构建设,配备必要的车辆、通信及其他技术装备,提高应对突发事件的能力。

(六)后期处置

1. 应急结束

突发事件应急处置工作结束后,承担事件处置工作的各相关职能机构和应急指挥部,需将应急处置工作的总结报告按照事件等级上报应急领导小组,应急领导小组批准后,作出同意应急结束的决定。必要时可通过新闻媒体向社会发布应急结束消息。

2. 善后处置

应急结束后,事件发生地工商行政管理部门要适时成立事故原因调查小组,组织专家和相关人员进行调查,对事件发生的原因、处理经过、后期处置等情况进行详细的分析和总结,形成文字材料,在规定的时间内上报备案。据此总结经验教训,提出改进工作的要求和建议,完善相应的专项应急制度,提高应对同类事件的能力,做到防患于未然。

(七)其他

加强应急管理体制机制建设,提升市场应急管理水平,还要重点加强以下几个方面的工作:

一是加强应急管理制度建设,逐步形成规范各类突发公共事件预防和处置工作的制度,积极参与相关法律、法规和规章的修订制定工作。

二是加强应急管理体制机制建设,实现与各地区、各部门以及各类应急管理机构的协调联动。积极推进资源整合和信息共享。加快突发公共事件预测预警、信息报告、应急响应、恢复重建及调查评估机制建设。

三是加强对各类集中交易市场开办者的监督检查,督促其落实安全管理的主体责任,建立健全安全管理的规章制度,加大安全投入,全面落实安全防范措施。

四是做好舆论引导工作,高度重视突发公共事件的信息发布、舆论引导和舆情分析工作,加强对相关信息的核实审查和管理,为积极稳妥地处置突发公共事件营造良好的舆论环境。

第二节　商品交易市场及重要商品交易市场规范管理

一、商品交易市场规范管理

（一）商品交易市场的概念及其特征

商品交易市场是指在一定区域内形成的,有固定交易场所和相应设施,由市场经营管理者负责经营管理,有若干经营者进场经营、分别纳税,实行集中、公开、独立地进行现货商品交易或提供服务的场所。

上述概念中的市场经营管理者,是指利用自有或者租赁的固定场所,通过提供经营场地、相关设施、物业服务及其他服务,吸纳经营者在场内集中进行交易,从事市场经营管理的企业或其他经济组织。进场经营者是指在市场内从事现货商品交易或提供服务的各类企业、个体工商户和其他经济组织以及自然人等。

商品交易市场有如下特征:即在商品交易市场中存在着相对独立的两个层面的市场主体和责任主体,一般表现为市场经营管理者和进场经营者,并以摊位出租为主要经营方式。市场经营管理者和进场经营者都是独立的市场主体和责任主体,而商品交易市场秩序是由市场经营管理者和每个进场经营者的行为共同构成的,因此,市场中的每个市场主体都是责任主体,都要对自己的经营行为负责。

（二）商品交易市场规范管理的主要内容

1. 对市场主体资格的监管

市场经营管理者在办理有关注册登记手续后方可从事商品交易市场经

营业务。市场转让、转租或关闭时,市场经营管理者应按国家有关规定办理相应手续。进入商品交易市场从事经营活动的单位或个人应当办理营业执照,并在工商行政管理部门核准的经营范围内从事经营活动。对进入市场无固定摊位,销售自产自销农副产品的农民,依照国家相关规定无需办理营业执照,但应提供相关证明资料,向市场经营管理者备案。

工商行政管理部门定期组织对进场经营者的经营资格进行审查。主要检查是否办理营业执照和相关许可证,是否在显著位置亮照经营,是否存在伪造、涂改、出租、出借、转让营业执照的违法行为,营业执照登记项目(字号、名称、负责人、经营地址、经营范围等)的内容是否与实际相符,营业执照登记的经营年限是否有效,是否办理年度检验等。发现存在无照经营、不亮照经营或营业执照登记项目与实际不符等问题的,根据情况采取督促办理执照、限期整改或依法取缔等措施。

2. 对市场经营管理者管理行为的监管

根据《消费者权益保护法》、《食品安全法》、《农产品质量安全法》、《无照经营查处取缔办法》等有关法律、法规以及入市协议,市场开办者承担市场设施维护、环境卫生、消防治安等物业管理职责,同时还是市场交易秩序、上市商品质量特别是食品安全的责任主体。工商行政管理部门指导、督促市场开办者做好以下工作:

(1)建立健全市场经营管理机构,设立固定的办公场所,配备专职管理人员,明确职责分工,认真履行管理责任,及时发现、制止、记录、报告场内违法违规行为。

(2)建立健全市场内部管理制度,对经营者营业执照检查及档案管理、进场违禁商品检查及清退、经营者进货查验及索证索票、食品进货台账管理、日常巡场检查、品牌商品登记、不合格商品和违法违规行为信息公示、消费纠纷投诉处理、农产品(批发市场)质量抽检、"限塑"整治、市场突发事件应急管理等工作进行规范,并定期组织检查相关制度落实情况。

(3)与经营者签订规范的进场合同,就双方权利义务,包括商品质量保障、消费者权益保护、不合格商品退市、发生严重违法违规行为经营者退市等主要责任条款作出约定。

（4）建立场内经营者基本信息档案，包括营业执照、负责人、联系人、联系电话、场内经营地址、经营商品等。

（5）组织进场经营者学习有关法律法规及相关规定，增强经营者自律意识，树立良好的职业道德，维护好市场的日常交易秩序。

（6）搞好市场物业管理和服务，做好划行归市、经营设施的修缮维护等工作，及时制止场内占道、搭建、扩摊、流动经营行为和在市场规划区范围内的场外经营行为，为经营者和消费者提供良好的交易环境。

（7）严格遵守国家法律法规，不为侵犯他人注册商标专用权者、无证无照经营者及制售假冒伪劣商品者提供场地、设备、仓储、运输等服务。

3. 对上市商品的监管

工商行政管理部门对上市商品入市合法性的监督检查主要包括：对国家明令禁止流通的物品不许其上市，对国家限制交易的商品监督其在国家允许的渠道内流通。发现存在不合格商品的，应当责令经营者立即停止销售，做好商品封存、退市、召回、无害化处理、销毁等工作，并依法进行查处。

4. 对市场交易和竞争行为的监管

工商行政管理部门依法查处商品交易市场内的下列违法违规行为：销售国家明令淘汰并停止销售或者过期、失效、变质的商品；销售未按规定检疫检验或者检疫检验不合格的商品；假冒他人的注册商标；擅自使用知名商品特有的或近似的名称、包装、装潢造成购买者误认的；擅自使用他人的企业名称或者姓名，引人误认的；在商品上伪造或者冒用认证标志，伪造产地，对商品质量作引人误解的虚假表示；从事不正当竞争活动，采用贿赂手段销售商品；利用广告和其他方法对商品作引人误解的虚假宣传；侵犯其他市场经营者的商业秘密；欺诈销售；在商品中掺杂、掺假，以次充好，以假充真，以不合格商品冒充合格商品；使用不合格计量器具，或者破坏计量器具准确度等。

二、重要商品市场规范管理

重要商品主要是指涉及国计民生的一部分生产资料和生活资料。由于这些商品的买卖会直接影响市场变化，影响企业的生产经营活动，影响城乡居民的生活,国家有必要在一定时期内专门对其加强管理,保证市场供应,维护市场交易秩序,稳定正常的社会生产生活。重要商品市场规范管理主要包括:

(一)汽车市场规范管理

按照现行《汽车品牌销售管理实施办法》的规定,除专用作业车外,所有汽车都要实行汽车品牌销售管理。在汽车品牌销售管理中,内资企业销售九座以下乘用车应取得汽车生产厂家的授权,并经由国家工商行政管理总局备案,才能销售(外资汽车销售企业由商务部门审批)。对经营商用车、九座以上乘用车及各类二手车的企业,不实行备案制度。各地工商行政管理机关按照国家工商行政管理总局下发的备案核查名单,调查核实企业注册登记情况、经营场地情况、监管记录情况等内容,并及时反馈核查意见;发现申请备案企业存在违法违规问题的,依法进行查处,并视违法情节轻重,提出暂缓备案或不予备案的意见。在国家工商行政管理总局发文公布有关品牌汽车销售企业备案及变更名单文件后,各地工商行政管理机关根据文件相应进行企业营业执照的变更登记工作。此外,工商行政管理部门还依照相关法律及《二手车流通管理办法》、《报废汽车回收管理办法》等法规规章负责对二手车、报废拼装汽车、汽车交易市场、旧车交易市场、汽车配件市场等进行监管。

工商行政管理部门对汽车市场监督管理的主要职责是:参与制定汽车市场监管的有关法律、法规和政策;对汽车经营主体资格进行审核和监管;对汽车经营行为进行监管;对汽车流通中的违法违规经营行为进行查处,维护汽车市场公平竞争秩序;对汽车经营者、汽车集中交易市场开办者实施企业信用分类监管,督促汽车供应商对汽车经销商,汽车集中交易市场开办者、汽车展销会举办者对入场经营者履行管理责任;制定和推行汽车、二手车交易合同示范文本,并监督合同履行情况;建立和完善消费者权益保护制度和机制,及时受理消费者申诉、举报;充分发挥汽车行业组织的作用,促进行业诚信体系建设,共同营造公平有序、和谐发展的市场环境。

(二)成品油市场规范管理

成品油主要是指汽油、煤油、柴油及其他符合国家产品质量标准、具有相同用途的乙醇汽油和生物柴油等替代燃料。成品油是关系国计民生的重要商品,关系整个国民经济的健康运行。成品油市场秩序状况,事关人民群众生命财产的安全和整个市场经济秩序的稳定。工商行政管理部门对成品油市场监督管理的主要职责是:

1. 对成品油流通企业主体资格进行确认和监管

对申请从事成品油经营的企业,必须取得有关部门核发的经营许可、安全许可等批准证书后,才能够核发营业执照。对成品油经营批准证书已被依法吊销、撤销或有效期届满的企业,依法撤销注册登记或者吊销营业执照,或者责令当事人依法办理变更登记。

2. 对成品油经营企业的销售行为进行监管

工商行政管理部门主要依据《产品质量法》、《商标法》、《消费者权益保护法》、《反不正当竞争法》等法律法规查处成品油经营企业以下几种主要违法行为:一是掺杂、掺假,以假充真、以次充好,以不合格油品冒充合格油品;二是销售经质量监测为不合格产品的;三是擅自兑制油品或者在油品中添加化工原料;四是侵犯他人注册商标专用权,或者擅自使用他人的企业名称,引人误认为是他人的油品;五是伪造或者冒用认证标志、名优标志等质量标志,对油品质量作引人误解的虚假表示;六是违背消费者意愿搭售商品;七是销售的油品数量没有达到计量标准;八是成品油经营单位从无资质单位购进成品油。

3. 对流通领域成品油质量开展监测工作

工商行政管理部门应组织开展成品油质量监测工作,掌握成品油质量状况,查处非法经营成品油行为和油品假冒伪劣行为,提高成品油市场监管水平。国家工商行政管理总局从 2008 年开始,每年分别在部分省(区、市)统一部署开展成品油质量监测工作,通过监测结果,依法查处违法违规行为,维护了良好的成品油市场秩序。

(三)旧货市场规范管理

工商行政管理部门管理旧货市场的主要职责是:参与研究制定旧货市场监管的法律、法规和政策;对旧货经营主体进行登记注册,颁发营业执照;对集中交易旧货市场进行管理,规范旧货市场主办单位的开办和组织活动,对入场经营者进行管理,对入市商品进行检查;规范旧货交易行为,查处旧货市场的违法行为,配合打击非法交易的"黑市"和销赃窝点等。依据《循环经济促进法》第五十六条的规定,对销售没有再利用产品标识的再利用电器电子产品、销售没有再制造或者翻新产品标识的再制造或者翻新产品的,由工商行政管理部门查处。

（四）各类生产要素市场的规范管理

生产要素市场是指生产要素交易的场所及其交换关系的总和,包括金融市场、劳动力市场、房地产市场、技术市场等。工商行政管理部门在法定职责范围内,对金融市场、劳动力市场、房地产市场、技术市场等生产要素市场依法实施或者参与实施规范管理。

房地产市场是房产市场和地产市场的有机统一,是房地产流通过程中各种交换关系的总和。房地产市场是市场体系的重要组成部分。它既是一种消费品市场,又是一种生产要素市场。工商行政管理部门对房地产市场监督管理的职责主要是:房地产经营主体的市场准入管理;房地产广告管理;规范商品房买卖行为;处理房地产消费纠纷;对房屋中介活动的管理;建立房地产经营企业的信用公示制度。

对其他重要商品市场如农资市场等的规范管理,在本书其他章节有专门阐述。

三、市场信用分类监管

（一）概念及适用范围

市场信用分类监管,是指工商行政管理部门依据市场信用标准指标体系和评价标准指标体系,对不同信用状况的市场实施分类管理。

市场信用分类监管主要适用于市场开办者已在工商行政管理部门进行企业注册登记的商品交易市场,但目前其基本原则已扩展至对农资、网络商品交易等其他各类市场的监管。

（二）分类标准

商品交易市场信用分类标准由市场开办企业信用指标和场内经营者信用指标两部分组成。市场开办企业和市场内经营者信用总体状况反映了市场信用状况。工商行政管理部门依据市场信用指标所反映的信用状况,将市场相应地分为守信标准(A 类)、警示标准(B 类)、失信标准(C 类)和严重失信标准(D 类)四种。国家工商行政管理总局 2008 年下发的《商品交易市场信用分类指标(暂行)》是市场信用类别的认定标准,省级工商行政管理部门可以在此基础上,对基本项的可量化指标在 10% 以内调整。

(三)监管方式方法

一般规定,除开展专项检查、市场巡查、接受申诉举报或发现其他线索开展检查外,A 类市场一般每季度检查一次,B 类市场至少每季度进行一至三次日常巡查,C 类市场至少每季度进行三次以上日常巡查,D 类市场至少每周进行一次日常巡查。

(四)重要意义

市场经济是信用经济,诚信守约是构建现代市场经济的基石。实行市场信用分类监管,有利于合理配置监管执法力量,提升工作效能,促进社会信用体系建设,是对近年来市场监管机制改革举措的丰富发展和创新突破,是整顿规范市场秩序的一项治本之策,反映了市场经济客观规律的要求。

(五)继续推进市场信用分类监管的方向

当前和今后一个时期,推进市场信用分类监管工作的目标任务是:积极推动市场进行企业法人登记工作,进一步扩大纳入信用分类监管的市场覆盖面;调整完善信用分类标准和指标体系,进一步健全市场信用分类监管信息化系统;促进与创建文明诚信市场相结合,将市场信用分类监管的要求有效转化为市场自身的信用建设和管理;借助和支持企业信用分类监管的内联应用和外联应用,增强与其他各业务系统的融合;充分运用市场信用信息,向政府和社会提供服务,积极推动社会信用体系建设。

进一步推进市场信用分类监管必须遵循的基本原则是:坚持全面统筹,整体规划,重点推进;坚持科学分类,动态调整,重点监管;坚持整合资源,信息共享,保证质量;坚持部门协作,外引内联,形成合力。

一是切实增强全局观念和“上下一盘棋”的整体意识,推进市场信用分类监管与其他业务系统互相支持和支撑。正确处理局部与整体、业务与技术等方面的关系,统筹不同区域、不同层级、不同业务信用分类监管工作,加强协作配合。

二是以市场信用分类监管信息化建设带动和促进重点市场的信用管理及信息化建设。一方面,要大力促进高科技手段的应用,提高市场信用分类监管信息化建设水平。进一步增强分类监管软件系统的适用性和操作性,完善数据采集系统和工作机制。同时,还要探索根据守法诚信程度、市场类别、行业(商品)风险程度、区域重要程度、动态警示程度等,实现科学多维分类。将真实、有效的消费者评价收集到市场信用分类监管体系中,建立健全消费者参与机制。另一方面,要重视抓好大中型市场、批发市场等重点市场的信用管理信息化建设工作,强化源头监管。将工商行政管理部门的市场信用分类监管要求,转化为市场自身开展信用管理的具体要求,加强市场信用管理信息化建设。

三是强化市场信用分类监管信息的应用,健全市场信用激励约束机制。按照开展市场信用分类监管的要求,市场信用分类等级信息不应向社会简单公开,主要用于实施宽严相济的市场监管措施。但可以通过实行依法公告、专门报告制度和引入行政约谈机制等,不断创新信用警示、公示、奖惩方式,强化市场信用评价的社会化应用。

四是深入开展诚信市场创建活动,强化市场信用分类监管的工作基础。引导市场进行企业法人登记,纳入市场信用分类监管。引导市场经营管理者创新市场管理制度,在市场内大力开展信用管理和信用评定。争取地方党委、政府及文明办等相关部门的重视支持,出台优惠政策,提高创建活动的社会影响力。加强行政指导,重点帮扶信用类别较低的市场。

四、诚信市场创建活动

(一)重要意义

开展创建诚信市场活动,有利于强化市场诚信体系建设,提升市场信用分类监管水平;有利于发挥先进典型的示范带动作用,提高创建活动的社会效益;有利于加强和改进行政指导,增强工商行政管理部门市场监管服务效能。因此,国家工商行政管理总局要求各级工商行政管理机关要通过有力度、有声势、讲实效的创建工作,不断提高市场的整体诚信水平和工商行政管理机关的公信力,弘扬诚信理念,优化市场环境,服务经济社会科学发展。

(二)总体要求

创建诚信市场,就是要不断提高市场诚信意识和能力,保持市场诚信的长期性和渐进性,将市场诚信得到具体落实作为工作的出发点和落脚点。市场开办者和场内经营者是创建的主体,各级工商行政管理机关是创建的主导,消费者是创建的重要依靠力量,要发挥好各方面参与创建的积极性。

一是将创建与市场信用分类监管紧密结合,实现"两促进"。将纳入市场信用分类监管中的 A 类市场作为创建的重点市场,广泛动员,加强引导和指导。通过开展创建活动,积极支持各类市场开办者完备登记手续,提高市场的企业法人登记率,落实市场主体责任,扩大市场信用分类监管的覆盖面。以信用分类监管促进创建,以创建促进信用分类监管。

二是将创建与争取各地党委、政府的重视支持紧密结合,争取使部门行为上升为政府行为。以各地政府和有关部门实施市场升级改造为契机,增强工作的主动性和前瞻性,将创建工作融入其中,使市场的硬件建设和信用管理水平同步提升。争取各地党委、政府的大力支持,强化部门间的工作合力,争取优惠政策,解决创建中的难点问题。特别是要结合开展农村文明集市创建,与地方文明办扩大合作领域,共同制定创建标准,加大文明诚信市场和商户的评比力度。强化各级工商行政管理机关内设机构的协作配合,增强创建活动整体合力。

三是将创建与全面履行工商监管执法职能紧密结合,发挥行政指导、信用约束的作用。以加强流通环节食品安全监管、肉品质量监管、打击侵犯知识产权和制售假冒伪劣商品违法行为、查处"傍名牌"和虚假违法广告、"限塑"整治、清理无照经营、消费维权等为重点,加大市场内违法行为查处打击力度,切实规范市场行为,改善市场环境,并将执法的重心由事后处罚转到事前的规范、指导和宣传教育上,进一步增强市场参与创建、加强自律、诚信经营的动力。

四是将对创建的普遍要求与具体指导紧密结合,突出工作重点和特点。把握不同类别市场信用建设和管理的规律特点,根据市场主要经营方式、经营品种等分类设置、合理规定、动态调整评价指标。根据防范市场监管风险和市场管理风险的共同要求,以有关的法律法规为重点,细化指标内容,督促具体落实,提高市场开办者的问题发现、预警和处理能力,提高经营者守法经营的自律意识。强化信息化手段的应用,不断提高市场信用建设和管理水平。

五是将典型引路与开拓创新紧密结合,不断拓展和深化创建活动。发挥创建诚信市场先进单位的示范作用,推广创建工作较好的地方工商行政管理部门的经验,以点带面,扩大参与,互相学习先进理念和做法。同时,注重发挥基层工商行政管理部门和市场自身的积极性、创造性,形成各类市场都有可学的示范市场。对示范市场要继续严格要求、促进提升,加强监督指导,确保创建工作不放松,不断巩固已有成果。

第三节 农资市场监督管理

一、农资市场监督管理的基本情况

农资市场监管是工商行政管理部门的一项重要职责。从 2004 年开始,国家工商行政管理总局党组将工商行政管理部门农资市场监管和农资打假工作命名为"红盾护农行动"。近年来,全国工商行政管理系统按照总局的统一部署和周伯华局长"创新红盾护农机制,服务农村改革发展"的要求,立足职能,强化措施,创新手段,健全制度,尽职尽责、尽心尽力,深入开展红盾护农行动,严厉查处制售假冒伪劣农资坑农害农违法行为,农资市场监管的工作机制进一步健全,农资经营行为进一步规范,农资商品质量水平进一步提高,农资消费投诉进一步下降,农资市场秩序进一步好转,周伯华局长称赞红盾护农行动为工商系统的"驰名商标",得到了各级政府和社会各界的广泛好评,成为工商行政管理部门服务农村改革发展和新农村建设的一个响亮品牌。各地工商行政管理机关在红盾护农行动中的主要做法是:

(一)依法严格市场准入

依法履行市场准入职能,认真执行企业登记规程,细化准入登记程序,对从事农资经营的各类主体坚持依法登记。严格审查前置审批文件或许可证明,对涉及前置审批事项的,严格按照"先证后照"原则办理登记手续,并将其全部纳入"经济户口"管理。及时清理挂靠、转让经营资格等违规行为。同时结合年检、验照和专项整治,对农资经营主体资格进行集中清查,严肃查处无证无照经营行为,确保农资经营主体资格的合法有效。

（二）开展专项整治

结合春耕、夏播和秋种等重要农时,在农资消费的高峰季节,集中组织开展专项执法行动,严厉查处制售假冒伪劣农资坑农害农行为,努力做到"五个突出",确保农资消费安全。即突出重点季节,在春耕、夏播、秋种等重点农时开展农资市场专项整治行动;突出重点地区,把农资主销区作为打击假冒伪劣农资的主战场;突出重点市场,把信誉差、屡查屡犯的农资市场作为工作重点;突出重点品种,把种子、肥料、农药、农膜和农机具作为检查重点;突出重大案件,严厉查处性质恶劣、影响面大的案件,及时曝光,加大宣传,增强震慑力,营造强大声势。

（三）建立健全农资市场监管制度

红盾护农行动以来,各级工商行政管理机关认真贯彻实施《农业生产资料市场监督管理办法》,实施了市场巡查、市场预警、信用分类监管等行之有效的制度,督促、指导农资经营者建立健全质量承诺、进货查验、购销台账、索证索票等内部管理制度,初步实现了可追溯监管的目标。建立了红盾护农工作联系点,充分发挥"12315"消费者申诉举报网络、农村基层工商所、"一会两站"和红盾护农联络员的作用,受理申诉举报,调解消费纠纷,及时发现案件线索,依法保护农民消费者合法权益,努力把消费纠纷解决在基层,消灭在萌芽状态。

（四）坚持行政执法和行政指导相结合

按照总局《关于工商行政管理机关全面推进行政指导工作的意见》的要求,进一步转变监管理念,通过非强制性手段,在农资市场准入等方面导入辅导制度,在监管执法等方面导入提醒制度,在行政处罚等方面导入劝告制度,在建立长效监管机制等方面导入建议制度,实现监管与发展、服务、维权、执法的有机统一。

需要指出的是,工商行政管理部门农资市场监管工作主要包括对种子、农药、肥料、农机具及其零配件、农膜五类农资商品的监管。其中,工商行政管理部门在不同种类的农资市场监管工作中承担了不同职责,因此,开展红盾护农行动,必须要按照法律法规和国家工商行政管理总局"三定"方案的要求,依法履行监管职责,切实规范执法行为,做到监管不越权,执法不缺位。

二、种子市场监督管理

（一）种子的概念

《种子法》明确规定,种子是指农作物和林木的种植材料或者繁殖材料,包括籽粒、果实和根、茎、苗、芽、叶等。

（二）种子市场实行准入制度

1. 种子生产经营主体准入

《种子法》对种子生产经营主体的准入进行了详细的规定,主要农作物和主要林木的商品种子生产实行许可制度。种子经营实行许可制度,种子经营者必须先取得农业和林业主管部门种子经营许可证后,方可凭种子经营许可证向工商行政管理机关申请办理或者变更营业执照。农民个人自繁、自用的常规种子有剩余的,可以在集贸市场上出售、串换,不需要办理种子经营许可证,种子经营者专门经营不再分装的包装种子的,或者受具有种子经营许可证的种子经营者以书面委托代销其种子的,可以不办理种子经营许可证。

2. 种子商品准入

《种子法》对种子商品的市场准入进行了详细规定,商品种子要符合《种子法》有关品种审定、新品种保护、质量要求、加工包装、标签标注等规定。主要农作物品种推广前应当通过国家或省级审定;生产经营转基因植物种子要取得农业部颁发的生产、经营许可证;发布转基因植物种子广告要经农业部审查批准;销售的种子应当附有标签。标签应当标注种子类别、品种名称、产地、质量指标、检疫证明编号、种子生产及经营许可证编号或者进口审批文号等事项。标签标注的内容应当与销售的种子相符。销售进口种子的,应当附有中文标签。销售转基因植物品种种子的,必须用明显的文字标注,并应当提示使用时的安全控制措施。

（三）工商行政管理部门种子市场监督管理的主要职责

1. 查处生产、经营假、劣种子的行为

认定及处理依据：《种子法》第四十六条、第五十九条的有关规定。

2. 查处经营的种子应当包装而没有包装的行为

认定及处理依据：《种子法》第三十四条、第六十二条第（一）项和农业部《农作物商品种子加工包装规定》第二条、第三条的有关规定。

3. 查处种子标签不符合规定的行为

主要表现形式：销售的种子没有标签，或者进口种子没有中文标签；标签内容不全；伪造或涂改标签；标签标注的内容与销售的种子不相符；种子标签标注的品种名称与种子生产许可证核准的品种不符。

认定及处理依据：《种子法》第三十五条、《种子法》第六十二条第（二）、（三）项和农业部《农作物种子标签管理办法》第三条的有关规定。

根据使用者购买种子即买即用的实际情况，种子标签可以不标注种子质量保证期。但企业标注了保质期的，属于企业对外承诺，企业生产经营的种子要受保质期的约束。

4. 查处未按规定制作、保存种子生产、经营档案的行为

主要表现形式：不建立种子经营档案；档案记录不全；只记录主要品种，个别品种不记；种子档案不保存。

认定及处理依据：《种子法》第三十六条、第六十二条第（四）项的有关规定。

5. 查处经营、推广应当审定而未经审定通过的种子的行为

认定及处理依据：《种子法》第十七条、第六十四条的有关规定。

三、农药市场监督管理

（一）农药的概念

《农药管理条例》明确规定，农药是指用于预防、消灭或者控制危害农业、林业的病、虫、草和其他有害生物以及有目的地调节植物、昆虫生长的化学合成或者来源于生物、其他天然物质的一种物质或者几种物质的混合物及其制剂。

（二）农药市场准入

国家在《农药管理条例》中，对农药市场准入主要规定了三项制度。一是农药登记制度。是指农药生产企业（包括原药生产、制剂加工和分装企业）生产农药和进口农药，必须经农业部审核批准，并获得农药登记证及证号。二是农药生产许可制度。是指开办农药生产企业，包括联营、设立分厂和非农药生产企业设立农药生产车间，必须具备相应的条件，并经国务院工业产品许可管理部门（质检总局）审核批准，发给农药生产许可证或农药生产批准文件。三是农药质量标准制度。农药质量标准制度，是指国家对农药产品质量实行严格的标准化管理制度。企业产品主要执行国标、行标和企标。企业生产的产品标准必须经国家工业行政管理部门（工信部或质检总局）审核批准，并发给标准号。

国家明确规定，凡是没有获得农药登记证、农药生产许可证或生产批准文件及产品执行标准文件的农药产品，一律不得生产和销售，否则就是无证生产、经营行为。但需要指出的是，国外进口的农药产品，因为没有在国内生产，因此就没有生产批准证和产品标准证，但必须要有农药登记证。国外进口农药如果没有登记，进行生产和销售，也将受到处罚。

（三）工商行政管理部门农药市场监督管理的主要职责

1. 查处销售假劣农药行为

主要表现形式：一是以此种农药冒充他种农药；二是以非农药冒充农药；三是以不合格农药冒充合格农药（检测不合格）。

认定及处理依据：《产品质量法》第三十九条、第五十条的有关规定。

2. 查处经营国家明令禁止销售的农药的行为

认定及处理依据：《产品质量法》第三十五条、第五十一条的有关规定。

3. 查处经营单位违反《危险化学品安全管理条例》行为

主要表现形式：一是向未经许可从事危险化学品生产、经营活动的企业采购危险化学品的；二是向不具有相关许可证件或者证明文件的单位销售剧毒化学品、易制爆危险化学品的；三是向个人销售剧毒化学品（属于剧毒化学品的农药除外）和易制爆危险化学品的；等等。

认定及处理依据：《危险化学品安全管理条例》第八十条、第八十三条、

第八十四条的有关规定。

（四）农药市场监管前景展望

目前,按照《农药管理条例》等有关法律、法规的规定,国家对农药实行专营制度,只能由供销合作社的农业生产资料经营单位等七种机构经营农药;经营属于危险化学品类的农药,必须办理《危险化学品经营许可证》后才能办理核准登记。但从现实情况看,农药专营制度已不适应社会发展的需要。一是当前基层供销社系统因其体制、经营机制难以适应市场经济而纷纷转制,原有经营场所大多承包给私人经营;二是个体工商户是否可以经营农药尚未明确规定,导致许多地方存在个体工商户经营农药"挂靠"现象;三是基层农药经营人员专业素质较低,重销售、轻指导,缺乏对农民使用农药的规范性指导。国务院和有关部门对此高度重视,下一步国家将适度放开农药经营,取消农药专营制度,实施农药经营许可,设置适当的准入门槛,让符合条件的各类经营主体充分参与市场竞争,进一步促进农药产业和农业生产健康发展。

四、肥料市场监督管理

（一）肥料的概念

肥料是指供给植物养分,保持或改善土壤物理、化学及生物性能,对植物生长、产量、品质、抗逆性起促进作用的无机物、有机物、微生物及其混合物料。

（二）肥料市场准入

1. 肥料经营主体准入

2009 年国务院印发了《关于进一步深化化肥流通体制改革的决定》(国发〔2009〕31 号),取消对化肥经营企业所有制性质的限制,允许具备条件的各种所有制及组织类型的企业、农民专业合作社和个体工商户等市场主体进入化肥流通领域,参与经营,公平竞争。其中,申请在省域范围内设立分支机构、从事化肥经营的企业,企业总部的注册资本(金)不得少于一千万元人民币;申请跨省域设立分支机构、从事化肥经营的企业,企业总部的注册资本(金)不得少于三千万元人民币。

2. 肥料商品市场准入

主要是肥料登记制度和生产许可制度。肥料登记制度是农业部门对肥料投入市场前通过田间试验等手段检验肥料效果,避免危害的管理措施。肥料生产许可制度是质检部门对肥料生产领域的管理措施。目前列入国家质量监督检验检疫总局公布的《实行生产许可证制度管理的产品目录》的产品有 66 大类。其中复混肥料和磷肥是列入生产许可证管理的化肥类产品,这些产品必须依法标注 QS 标志,其他肥料产品尚未实施生产许可制度,不需要标注 QS 标志。

2009 年 2 月,国家质量监督检验检疫总局发布的第 16 号公告称:自 2009 年 5 月 1 日起,12 类产品的工业产品生产许可由各省级质量技术监督部门负责审批发证,包括部分化肥产品(复混(合)肥料、掺混肥料、有机 – 无机复混肥料等 3 个单元)。

（三）工商行政管理部门肥料市场监督管理的主要职责

1. 查处无照经营行为

主要表现形式:一是应当取得工业产品生产许可证而没有取得的无照经营行为;二是销售环节的无照经营行为。

认定及处理依据:《无照经营查处取缔办法》第四条、第十四条的有关规定。

2. 查处销售违反《工业产品生产许可证管理条例》肥料的行为

主要表现形式:①销售应当取得许可证而未取得许可证的肥料。②在产品、包装或者说明书上未标注生产许可证标志和编号的。③伪造、变造许可证证书、生产许可证标志和编号的(流通领域)。

认定及处理依据:《工业产品生产许可证管理条例》第五条、第三十四条、第三十五条、第四十八条、第五十一条的有关规定。

3. 查处销售需取得许可证的肥料标识不符合肥料标识规定的行为

认定及处理依据:《产品质量法》第十三条、第四十九条的有关规定。

4. 查处不需取得许可证的肥料标识不符合肥料标识规定的行为

认定及处理依据:《标准化法》第十四条、第二十条和《标准化法实施条例》第三十三条的规定。

5. 查处销售假劣肥料的行为

常见行为有：标明复合肥料实为复混肥料；以此肥料标明他肥料；以不合格肥料冒充合格肥料（检测不合格）行为。

认定及处理依据：《产品质量法》第三十九条、第五十条的规定。

五、其他农资市场监督管理

（一）农机的概念

农业机械简称农机，是指用于农业生产及其产品初加工等相关农事活动的机械、设备。

（二）工商行政管理部门农机市场监管职能

工商行政管理部门按照职责分工，主要承担对流通环节农机质量和农机维修质量的监管职责。

（三）主要违法行为认定及处罚依据

《产品质量法》和《农业机械维修管理规定》第五条、第十三条、第十八条、第二十七的有关规定。

第四节　经纪人监督管理

一、经纪人的概念

（一）经纪人的定义

经纪人在我国是一个很古老的行业，早在两千年前的西汉就已经产生了。解放初，我国对经纪人采取限制、取缔政策，一度取缔了经纪人，但在农村的集市贸易中，允许公民个人为促成农副产品交易而进行居间活动。20世纪80年代初，伴随改革开放，经纪活动范围扩大，但经纪人也只在商业贸易领域比较活跃，当时被认为是捎客、二道贩子，而被人看不起。1985年后，经纪人由"地下"走到"地上"，以公开、合法的身份从事经纪活动。经纪人开始从商贸领域向文化、体育、金融、保险、证券、科技、房产等领域扩展，国家对经纪人也采取"支持、管理、引导"的方针，使社会经纪活动逐步走上正轨。1995年，国家工商行政管理局颁布了《经纪人管理办法》，首次明确了经纪人的法律地位。

根据 2004 年修订的《经纪人管理办法》(国家工商行政管理总局令第 14 号),经纪人是指在经济活动中,以收取佣金为目的,为促成他人交易而从事居间、行纪或者代理等经纪业务的自然人、法人和其他经济组织。

(二)经纪人的特征

根据经纪人的概念,经纪人应当具备以下特征:

1. 经纪人存在于经济活动中

经纪人所从事的行业,必须是经济领域,以实现其促成交易的作用。例如我们常见的房地产经纪人、体育经纪人、证券经纪人、保险经纪人等,他们的作用都是帮助他人实现商品或服务交易成功。而像婚介、律师等行业,虽然同样是以居间或代理的形式执业并收取佣金,但由于其并非在经济领域活动,因此不属于经纪人范畴。

2. 经纪人必须以收取佣金为目的

由经纪人的概念可以看出,经纪人执业或是向双方报告交易机会、提供订立合同的媒介服务,以促成双方成交;或是以自己的名义为委托人从事贸易活动;或是代理一方,在代理权限内行使相关权利。无论经纪人以上述何种方式执业,其最终目的都是收取佣金。

3. 经纪人的执业形式应当是居间、行纪或者代理

经纪人从事经纪活动,只能是居间、行纪或者代理的方式。居间,是指经纪人通过向委托人报告订立合同的机会或者提供订立合同媒介服务的方式赚取佣金的行为;行纪,是指经纪人受委托人的委托,以自己的名义与第三方进行交易,并承担规定的法律责任的商业行为;代理,是指代理人在代理权限内以被代理人的名义实施法律行为,并由被代理人承担法律后果的行为。

4. 经纪人可以是自然人,也可以是法人或者其他经济组织

《经纪人管理办法》中所称经纪人,包括了自然人、法人或者其他经济组织。但是此处的经纪人仅指需具备市场主体资格的,即在市场中从事交易活动的组织或者个人。经纪执业人员虽然直接从事经纪活动,但是其作为一个自然人不具备市场主体资格,因此经纪人的范畴并不包括经纪执业人员。

二、经纪人监督管理

经纪行业是由于市场信息不对等而产生的行业,通过经纪人完成交易,有利于节约成本、提高效率,因此掌握交易信息和相关领域专业知识是经纪人必备的素质。同时由于经纪人在市场信息方面处于优势地位,所以对经纪人的经纪行为加以必要的限制,有利于更好地保障市场交易安全,降低交易风险。在 2004 年颁布实施的《经纪人管理办法》中明确规定了工商行政管理部门对经纪人监督管理的各项职责。

（一）经纪人的设立

由于经纪人是市场主体,因此《经纪人管理办法》第六条至第八条规定了各类组织形式的经纪人的设立,必须符合《个体工商户条例》、《个人独资企业法》、《合伙企业法》、《公司法》等法律法规的规定。同时第十一条规定,"经纪人名称中的行业应当表述为'经纪'字样;经纪人的经营范围应当明确经纪方式和经纪项目"。

（二）经纪人的盈利方式

《经纪人管理办法》第十四条规定,"经纪人依法从事经纪活动所得佣金是其合法收入"。经纪人的性质决定了其盈利方式必须是赚取佣金。由于经纪人具备比交易双方当事人更加全面的信息和更加专业的知识,一旦其追求佣金以外的利润（例如近年来房地产经纪行业中常见的"吃差价"行为）,必然会损害交易双方的利益,并影响正常的市场交易秩序。

（三）经纪人的义务

按照《经纪人管理办法》的规定,经纪人应当将经纪执业人员基本情况明示于营业场所,经纪人和委托人签订的经纪合同应当附有执行该项经纪业务的经纪执业人员的签名,经纪执业人员相关信息应当到工商行政管理部门备案。《经纪人管理办法》第十七条还规定,"经纪人在经纪活动中,应当遵守以下规则:(1)提供客观、准确、高效的服务;(2)经纪的商品或服务及佣金应明码标价;(3)将定约机会和交易情况如实、及时报告委托人;(4)妥善保管当事人交付的样品、保证金、预付款等财物;(5)按照委托人的要求保守商业秘密;(6)如实记录经纪业务情况,并按有关规定保存原始凭证、业务记录、账簿和经纪合同等资料;(7)收取佣金和费用应当向当事人开具发票,并依法缴纳税费;(8)法律法规规定的其他行为规则。"

(四)经纪人的禁止行为

《经纪人管理办法》第十八条规定了经纪人的禁止行为,包括"(1)未经登记注册擅自开展经纪活动;(2)超越经核准的经营范围从事经纪活动;(3)对委托人隐瞒与委托人有关的重要事项;(4)伪造、涂改交易文件和凭证;(5)违反约定或者违反委托人有关保守商业秘密的要求,泄露委托人的商业秘密;(6)利用虚假信息,诱人签订合同,骗取中介费;(7)采用欺诈、胁迫、贿赂、恶意串通等手段损害当事人利益;(8)通过诋毁其他经纪人或者支付介绍费等不正当手段承揽业务;(9)对经纪的商品或者服务作引人误解的虚假宣传;(10)参与倒卖国家禁止或者限制自由买卖的物资、物品;(11)法律法规禁止的其他行为。"

(五)经纪执业人员资格管理

虽然《经纪人管理办法》在 2004 年修订时删除了工商行政管理部门对经纪人进行资格认证的内容,但由于经纪行业自身特点的要求,许多特定行业的经纪人都有相应的资格考试认证制度,例如房地产经纪人、证券经纪人、保险经纪人等。同时从实践看,要求经纪人取得执业资格对经纪行业的健康发展是有益的。因此《经纪人管理办法》第二十条第四款规定,"工商行政管理部门可会同经纪人自律组织开展经纪人及经纪执业人员的资质信用管理。"

三、农村经纪人的培育和发展

党中央、国务院历来高度重视农业发展,自 2004 年开始连续七年"中央一号文件"直指"三农"问题。农村经纪人是农业生产和市场流通的桥梁,是农业充分市场化的重要环节。充分发挥农村经纪人作用,有利于促进农产品销售、优化农村产品结构、实现农业规模化生产经营,能够直接促进农业平稳较快发展,改善农民生活水平。在 2010 年发布的《国家中长期人才发展规划纲要(2010－2020 年)》中提出,要培养造就农村实用人才,到 2020 年要选拔出 10 万名包括农村经纪人在内的生产经营人才,给予重点扶持。

多年来全国工商行政管理系统通过开展"经纪活农"行动,大力培育、规范发展农村经纪人。早在 1995 年国家工商行政管理局就以《经纪人管理办法》为基础,先后多次下发文件要求各地工商行政管理机关注重培育、壮大农村经纪人队伍。在工商行政管理部门的努力下,目前全国有一半以上的省市制定了地方性的经纪人管理法规,绝大部分省市制定了经纪人管理规章。依据有关规范,各级工商行政管理机关相继开展了农村经纪人登记注册、农村经纪执业人员培训、农村经纪合同监管、农村经纪人经营行为管理、保护农村经纪人合法权益等一系列培育发展农村经纪人工作。通过工商行政管理部门的工作,农村经纪人的法律地位得以确立,经纪行为得到规范,权益得到保护。目前全国已有农村经纪人总户数 40 余万户,经纪执业人员逾 100 万人,经纪的业务量超过 3000 亿元。

培育发展农村经纪人是一项长期的工作。针对我国农村经纪人发展目前存在的经纪规模小、组织化程度低、掌握的信息量小、法律意识不强等问题,各级工商行政管理机关以培育发展为主、规范监管为辅,已着手从以下几个方面开展"经纪活农"工作。

(一)政策扶持,壮大农村经纪人队伍

通过各种媒体渠道加强宣传,让更多的农民了解农村经纪人行业,了解农村经纪人的法律规范以及相关政策,了解农村经纪人设立的条件和程序。同时在市场准入环节,根据实际情况调整相应政策,最大程度简化注册登记程序;允许部分农民季节性地从事经纪活动,对季节性或临时性从事经纪活动的农村经纪人,引导其办理个体工商户登记。通过这些方式,提高农村经纪人的地位,鼓励更多的农民投身于农村经纪人行业。

(二)加强组织培训,提高农村经纪人水平

编印、发放各类农村经纪人培训教材,并会同相关部门,根据各地农业发展的不同状况,有计划有针对性地开展农村经纪从业人员法律法规、合同规范、市场营销、执业道德等方面的培训,提高农村经纪执业人员的业务素质、服务技能。同时在日常工作当中,工商行政管理部门加强了对农村经纪人业务的指导工作,引导其向品牌经营、特色经纪转变,帮助农村经纪人实现组织化、规模化经营,提高其市场竞争力;并加强对农村经纪人的信息服务,帮助具备条件的农村经纪人利用现代信息技术和手段拓展农产品市场。

（三）立足服务,指导农村经纪人开展业务

经纪活动的开展离不开合同,但由于农村经纪人行业起步晚,发展不均衡,很多执业人员受到文化程度的限制,法律意识、合同意识不够强。各级工商行政管理机关有针对性地加强对农业经纪合同的服务与指导,按照《经纪人管理办法》的要求,指导农村经纪执业人员订立合同;通过制订、发布合同示范文本等形式来规范农业经纪合同;同时积极发挥行政调解职能,帮助解决农产品经纪活动中发生的各类合同纠纷。

（四）树立典型,促进农村经纪人交流

各级工商行政管理机关将具备一定规模、市场表现突出、诚实守信的农村经纪人树立为典型,以引导农村经纪行业向健康方向发展。同时针对农村经纪人经纪活动分散、发展水平不高、市场化程度偏低等问题,在具备相应条件的地区引导农村经纪人组织起来,帮助其建立自律组织,加强政府及各相关部门与农村经纪人之间的沟通联系,促进农村经纪人之间相互交流、传递市场信息。

（五）规范行为,维护农村经纪人行业健康发展

按照《经纪人管理办法》的规定,对农村经纪人的经纪行为加以规范,健全农村经纪执业人员备案以及执业人员基本情况明示监督检查制度、农业经纪合同签名制度。建立健全农村经纪人信用记录及档案,逐步完善农村经纪执业人员自我约束和社会监督机制。对于农村经纪人坑农害农、利用虚假信息诱导农民签订合同、欺行霸市、强买强卖等违法经纪行为予以查处,维护农村经纪行业的健康有序发展。

第五节 合同监管、拍卖监管和动产抵押登记制度

一、合同监管工作概述

合同是平等民事主体之间设立、变更、终止权利义务关系的协议,是合

同双方当事人自由意志的体现。随着我国经济的发展和人民群众法律意识的增强,合同自由原则逐步地被重视。《合同法》第四条明确规定:当事人依法享有自愿订立合同的权利,任何单位和个人不得非法干预。但是对合同进行监督处理又是工商行政管理部门的法定职责,《合同法》第一百二十七条规定:"工商行政管理部门和其他有关行政主管部门在各自的职权范围内,依照法律、行政法规的规定,对利用合同危害国家利益、社会公共利益的违法行为,负责监督处理;构成犯罪的,依法追究刑事责任。"这就导致社会上出现一种担心:行政机关对合同的监管会干预到合同双方当事人的合同自由。关于这个问题,应从以下几个方面来认识。

(一)合同监管是市场经济健康发展的需要

从某种意义上来说,市场经济就是契约经济。无论是产品生产、商品销售还是服务的提供,都需要靠合同来连接。因此规范有序的合同行为是市场经济秩序健康运行的基础。但是任何自由都不是绝对的,都不能够违背法律的规定,合同自由当然不能例外。即使是在合同法律体系相当完备的西方资本主义国家,随着时代的变迁、社会情势的不断变化,利用被神圣化的合同自由危害社会公共利益的情况越来越突出,合同自由也不可避免地受到较多限制。在消费者权益保护、调整劳动关系、不正当竞争控制、反垄断、制止环境公害、自然资源保护、提供社会公共产品等方面,国家干预的力度通过法律政策不断加大。

在我国现实的合同活动中,私权的滥用、甚至被恶意使用的情况比较突出,这种状况干扰合同意思自治、侵犯合同自由、破坏合同公平,不仅导致合同纠纷频繁发生,而且危害国家利益、社会公共利益,对经济秩序造成负面影响。因此政府部门对合同行为进行监管是十分必要的。

(二)合同监管以保护合同自由为目的

合同应当是平等民事主体之间设立、变更、终止权利义务关系的协议。但是在现实生活中,尤其是在各种市场中,由于信息的不对称、市场资源配置的不平衡等原因,合同双方当事人的地位往往是不平等的。在这种情况下,处于弱势一方的当事人必然无法充分表达其意志,其合同自由当然无从保证。政府部门通过行使合同监管职能,对处于优势一方的合同当事人的行为加以限制,正是为了保护合同弱势方的合法权益,使合同自由的原则能够发挥充分的作用。

（三）合同监管坚持行政强制与行政指导相结合

工商行政管理部门对各类合同行为的监督管理不仅限于行政强制的手段,而是行政强制与行政指导相结合。合同行政指导是指工商行政管理部门从当事人利益出发,通过建议、推荐、说服等方式引导当事人合同行为的行政服务活动。当事人对合同行政建议可以采纳,也有权拒绝。行政强制则是指工商行政管理部门依据法定职责和手段,规制行政相对人的合同行为,必要时可采取相应的行政处罚措施。工商行政管理部门的合同行政指导工作,主要包括"合同帮农"工作、制定推广合同示范文本、合同争议行政调解和"守合同重信用"公示活动等工作,充分发挥行政指导的作用,可以有效避免破坏合同双方合同自由,同时又能够引导当事人合法合理地签订、履行合同。

二、合同违法行为监督处理

（一）法律依据

《合同法》第一百二十七条规定:"工商行政管理部门和其他有关行政主管部门在各自的职权范围内,依照法律、行政法规的规定,对利用合同危害国家利益、社会公共利益的违法行为,负责监督处理"。国务院关于《国家工商行政管理总局主要职责内设机构和人员编制规定》规定:工商行政管理部门"依法实施合同行政监督管理,依法查处合同欺诈等违法行为"。上述法律法规都明确规定了工商行政管理部门应当依法对合同违法行为负责监督处理。2010年国家工商行政管理总局颁布实施了《合同违法行为监督处理办法》（国家工商行政管理总局第51号令）,全国各级工商行政管理机关依据相关法律法规以及《合同违法行为监督处理办法》的规定,对各类合同违法行为进行监督处理。

（二）工商行政管理部门查处的合同违法行为的范围

根据《合同法》和国务院印发的《国家工商行政管理总局主要职责内设机构和人员编制规定》的相关规定,《合同违法行为监督处理办法》规定工商行政管理部门主要对以下三类合同违法行为进行监督处理:第一,合同欺诈行为;第二,利用合同危害国家利益、社会公共利益的行为;第三,经营者利用格式合同免除自身责任,排除消费者主要权利的行为。

（三）合同违法行为的特征

工商行政管理部门负责监督处理的合同违法行为应具备以下特征:

1. 合同违法行为的主体应当是市场主体

按照《合同法》第一百二十七条的规定,工商行政管理部门应当在职权范围内,对利用合同实施的违法行为进行监督处理。工商行政管理部门的主要职责是维护市场秩序,保障交易安全。只有当合同违法行为实施的主体是市场主体时,其行为才有可能对市场秩序造成危害,工商行政管理部门才能够对其利用合同进行的违法行为进行查处。

2. 合同违法行为的主体主观上应存在恶意

恶意是指合同违法行为主体实施该行为时,明知或应当知道其行为会对国家利益或社会公共利益造成损害,仍故意而为之。《合同违法行为监督处理办法》第二条规定,合同违法行为应当是"以牟取非法利益为目的"。对于各种类型的合同违法行为,不论是欺诈、胁迫,还是贿赂、恶意串通,其行为人的主观心态必须是恶意,才能够构成相应的合同违法行为。

（四）对合同违法行为进行监督处理的手段

对于各类合同违法行为的处理,《合同违法行为监督处理办法》第十三条规定了"当事人合同违法行为轻微并及时纠正,没有造成危害后果的,应当依法不予行政处罚;主动消除或者减轻危害后果的,应当依法从轻或者减轻行政处罚;经督促、引导,能够主动改正或者及时中止合同违法行为的,可以依法从轻行政处罚"的处理原则。关于具体罚则,第十二条依照《行政处罚法》的有关规定,作出了"法律法规已有规定的,从其规定;法律法规没有规定的,工商行政管理机关视其情节轻重,分别给予警告、处以违法所得额三倍以下的罚款,但最高不超过三万元的罚款,没有违法所得的,处以一万元以下的罚款"的规定。由于以欺诈、胁迫、贿赂等手段订立合同的行为有可能同时触犯《刑法》的规定,《合同违法行为监督处理办法》第十四条规定"违反本办法规定涉嫌犯罪的,工商行政管理机关应当按照有关规定,移交司法机关追究其刑事责任"。

三、合同示范文本制定推广

（一）合同示范文本概述

合同是市场交易最基本的形式和最重要的载体,大量市场交易秩序混乱问题往往源于合同订立时埋下的隐患。而通过合同示范文本的制定推广来规范和引导合同订立行为,正是从源头上规范市场交易秩序的有效方式。合同示范文本是指行政机关为了规范、引导合同当事人的签约履约行为,根据《合同法》和相关法律法规的规定,制定并推广的供当事人订立合同时参照使用的合同文本。《合同法》在第十二条第二款规定:"当事人可以参照各类合同的示范文本订立合同"。

在现实的经济生活中,合同当事人由于受到文化水平、专业能力、法律知识以及对利益的追求等方面因素的影响,其拟订的合同一方面不能完全明确双方的权利和义务;另一方面会产生权利和义务的不平衡。因此,需要有关部门根据相关法律法规的规定,依照经济活动实际,从公平公正的角度出发,制订合同示范文本。合同示范文本一方面可以使合同当事人在签约过程中对合同的结构、基本权利义务条款以及行业内的通行做法有所参照;另一方面其不具备强制性,可以有效保证当事人的签约自由。

（二）合同示范文本的特点

一般来说,合同示范文本具有规范性、完备性、适用性、程序性和非强制性等特点:

规范性是指合同示范文本必须依法制定,并针对不同行业的特点,依据相关领域法律法规以及部门规章的各项规定,其对当事人的签约行为具有规范和指导作用。

完备性是指合同示范文本的制定主要针对当事人在签订合同中可能发生的问题,依照法律法规的规定,将合同的必要条款明列出来,保障合同条款完备。

适用性是指合同示范文本归纳了其所针对行业的各种类型合同,充分考虑到不同人群、不同交易习惯使用示范文本的需求,因而可以广泛适用。

程序性是指合同示范文本只有合同监管机关或业务主管部门会同合同监管机关经一系列严格的法定程序才能够制定并公布,其他任何单位不得擅自发布或印制合同示范文本。

非强制性是指合同示范文本并不能强制当事人使用,因此合同示范文本中必须为合同当事人留下自由约定的空间,同时合同当事人可以结合自己的情况对合同示范文本的条款进行改动。

(三)合同示范文本的制定

1. 合同示范文本的制定主体

一般来说,合同示范文本应由工商行政管理部门制定或者工商行政管理部门与相关行业主管部门联合制定。由于不同行业的合同往往包含大量的专业知识,因此与行业主管部门联合制定,可以有效的保证合同示范文本的专业性。同时,工商行政管理部门作为市场监管者,其地位相对中立,可以保证合同示范文本中权利义务的公平公正。

2. 合同示范文本的制定程序

为了保证合同示范文本的高质量,合同示范文本的制定必须经过一系列严格的程序,其中包括调研、专家学者论证、公开征求意见等。一份合同示范文本往往经过反复的修改论证之后,才会向社会发布,供当事人使用。

(四)合同示范文本的推广

工商行政管理部门对合同示范文本的推广是一种行政指导行为,通过合同示范文本的引导、示范作用,来规范合同当事人的签约履约行为。工商行政管理部门通过柔性的手段来推行合同示范文本。同时,在行政相对人使用合同示范文本订立合同的过程中,工商行政管理部门并不参与,当事人可以根据实际情况对合同条款进行相应的修改。

四、"守合同重信用"工作

(一)"守合同重信用"工作概述

诚信是交易的基础,更是交易的保障。《合同法》将诚实信用作为订立和履行合同的基本原则。近年来市场交易中合同陷阱多、欺诈多、纠纷多、履约率低,很大程度上是由于当事人诚信意识缺失所致。我国"十一五"规划提出了"以完善信贷、纳税、合同履约、产品质量的信用记录为重点,加快建设社会信用体系",明确了建立健全合同履约信用记录机制的任务。多年来,工商行政管理部门开展的以记录和公示企业合同履约信息为重点的"守合同重信用"活动,成为社会信用体系建设的重要抓手。各级工商行政管理机关积极扩大社会各界参与,增强企业合同信用指标体系的科学性,探索合同履约信用记录和公示的方式方法,受到政府的肯定以及企业、公众的广泛欢迎。

"守合同重信用"活动是工商行政管理部门根据我国《民法通则》和《合同法》中规定的诚实信用原则,依据企业合同履约的客观记录,经过严格评价,将合同履约信用程度较好的企业,向全社会予以公示的一项活动。开展"守合同重信用"公示工作,是促使企业提高法制观念,促进市场经济法制化的重要手段。有利于弘扬企业诚信守约的行为,促进全社会良好信用观念形成,推动社会信用机制建立。工商行政管理部门的"守合同重信用"工作自 20 世纪 80 年代起开展至今,已经逐步被社会认可,成为工商行政管理部门的一项品牌。"守合同重信用"工作的开展,有效地促进了《合同法》的宣传和普及工作,提高了企业乃至全社会的法律意识、合同意识,增强了企业自我管理、自我约束、自我保护的能力。

(二)"守合同重信用"工作中应当注意的问题

由于全国各地"守合同重信用"工作的开展方式并不统一,特别是有的地方对此项工作定位不明确,条件和程序不够透明规范,从而容易被社会误解为是一种评比达标活动。"守合同重信用"工作的开展应当注意以下问题:

1."守合同重信用"工作的性质是一种公示活动

"守合同重信用"工作是将企业过去一定时间段内的合同履约情况如实向社会公布的一项活动,不带有任何评比达标的性质。"守合同重信用"公示资格仅仅能证明企业之前一定时间段内的合同履约信用情况良好,不能作为企业今后不会触犯法律、违反诚信原则的依据。

2."守合同重信用"工作的核心是对企业守法经营、诚信履约情况的客观真实记录

"守合同重信用"工作本身是对市场竞争机制的一种补充,是为了在一定程度上解决市场中信息不对称的问题而开展的一项工作,应当坚持"公平、公正、公开"的原则。工商行政管理部门并不是对企业的信用状况进行人为评价,而是对企业守法履约的情况进行客观公正地记录,并将这些记录向社会公示。"守合同重信用"公示活动的目的,是为了让社会更加全面地了解企业的真实经营情况,为交易双方提供更多的信息供其自行判断,从而减少交易风险。

3."守合同重信用"工作所记录的信息应当尽量全面

"守合同重信用"工作不仅应当记录企业的履约情况,还应当记录企业是否守法经营、能否照章纳税、企业的抵抗交易风险的能力如何等等。记录和公示信息越全面,社会公众越能够对企业有充分的了解,从而更好地达到公示活动的目的。

4."守合同重信用"工作所公示信息是企业的动态信息

"守合同重信用"的公示资格不是终身制,应当具备完善的退出机制。对于已经获得公示资格的企业,依然要严格监管,一旦发现其有违反法律、违背诚实信用原则的行为,应当立即取消其公示资格,并将其违法违规的行为向社会公布。

5."守合同重信用"工作可以引入社会监督机制

"守合同重信用"工作是我国社会信用体系建设的重要组成部分,仅仅依靠工商行政管理部门的力量是不够的。只有借助其他职能部门的配合和社会公众的监督,才能够保证"守合同重信用"工作所记录信息的全面客观、及时更新。

五、合同争议行政调解

(一)合同争议行政调解概述

合同争议行政调解是国家行政机关处理平等主体之间合同争议的一种方法,它是指国家行政机关根据法律、行政法规的有关规定,对职权范围内的平等主体之间的合同纠纷进行调解,使纠纷的双方当事人互相谅解,在平等协商的基础上达成一致协议,从而合理地、彻底地解决矛盾纠纷。合同争议行政调解,作为一项具有中国特色的非诉讼合同纠纷解决方式,在及时化解矛盾、增进交易和谐、维护社会稳定等方面都具有十分重要的意义。

2006年10月11日,党的十六届六中全会通过了《中共中央关于构建社会主义和谐社会若干重大问题的决定》,其中明确指出要"完善矛盾纠纷排查调处工作制度,建立党和政府主导的维护群众权益机制,实现人民调解、行政调解、司法调解有机结合,更多采用调解方法,综合运用法律、政策、经济、行政等手段和教育、协商、疏导等办法,把矛盾化解在基层、解决在萌芽状态"。为贯彻落实党中央提出的构建社会主义和谐社会的重大战略部署,2007年最高人民法院将建立和完善多元化纠纷解决机制列为重点改革项目。最高人民法院邀请各相关部门召开会议,讨论"关于建立和完善多元化纠纷解决机制改革项目工作方案",工商行政管理部门的合同争议行政调解和消费争议调解,作为"社会矛盾纠纷大调解机制"的重要组成部分,被列入其中。

合同行政调解同人民调解一样,属于诉讼外调解。工商行政管理部门以自愿为原则,通过对争议双方的说服与劝导,促使双方当事人互让互谅、平等协商、达成协议,该协议虽不具有法律上的强制执行效力,但由于其是在自愿的基础上所进行的调解活动,因此对当事人具备约束力。按照我国相关法律规定,当事人对所达成的协议,应当自觉履行。

(二)合同争议行政调解的特点

在我国现行法律制度下,当事人解决合同争议有诉讼、仲裁、法院调解、人民调解等众多选择。与其他争议解决方式相比,合同争议行政调解具有以下特点。

1. 合同争议行政调解更加快捷高效

从程序上来看,合同争议行政调解以便捷、快速、尊重意思自治的方式解决当事人之间的冲突。与各类诉讼程序相比,行政调解不需要烦琐的手续、漫长的程序和严格的质证,时效性更强、效率更高。而且即使是双方当事人经过调解仍不能达成调解协议,亦不会对该纠纷进入诉讼程序造成任何影响。

2. 合同争议行政调解能够降低当事人支出的成本

与经过法院审理判决生效的诉讼程序不同,合同争议行政调解是政府服务职能的一种体现,通过合同争议行政调解解决纠纷,当事人可以省去诉讼费用、律师代理费、相关鉴定费用、申请强制执行的费用等大笔开支。

3. 合同争议行政调解对当事人法律知识要求相对较低

诉讼对证据和程序有着严格的要求,而行政调解对证据和程序的要求并不很严格,主要是追求实体上的公平和争议双方的相互体谅妥协。同时,合同争议行政调解更加尊重当事人的意思自治,以双方当事人参与为其必要条件,这既有利于当事人了解法律,也有利于减少后续的执行成本。

此外,与其他调解方式相比,由于合同争议行政调解是由负责合同监管工作的工商行政管理部门主持,亦具备相当的专业性和权威性。

(三)合同争议行政调解的原则

在合同争议行政调解工作中,应当注意遵守以下原则:

1. 双方自愿原则

意思自治是《合同法》中的基本原则,因此合同争议行政调解工作必须充分尊重双方当事人的意思自治。当事人是否同意调解、是否能够对合同纠纷达成调解协议,应由当事人自己决定,工商行政管理部门无权干涉。

2. 合同争议行政调解应当符合有关法律、行政法规的规定,所达成的调解协议不得对国家利益、社会公共利益和第三方的合法权益造成损害。

3. 合同争议行政调解应当公平合理

工商行政管理部门作为政府部门,应当站在中立的立场,依法依理调解各类合同纠纷,不得偏袒一方当事人;调解人员与一方当事人存在利害关系的,应当主动回避。

4. 对于当事人已经申请仲裁或者诉讼的纠纷,不再进行调解。因为仲裁和诉讼的法律效力高于行政调解,为了节约行政资源,对已申请仲裁或者诉讼的纠纷不应再进行行政调解。

六、拍卖监督管理

(一)拍卖概述

拍卖业是一个古老的行业,最早起源于古巴比伦,到古罗马时期,拍卖业达到了第一个高峰。在中国,拍卖业很早就从国外传入了,但是新中国成立后,由于计划经济体制的原因,拍卖在中国中断了 30 年。随着我国社会主义市场经济体制的建立和完善,拍卖业重新获得了它在经济中应有的地位,发挥其应有的作用。1996 年,我国《拍卖法》的颁布,标志着中国拍卖业进入了规范发展时期。近年来,拍卖业在我国发展迅速,拍卖成交额逐年上升,其在市场经济中发挥着越来越重要的作用。随着经济发展、科技进步,市场中还出现了网上拍卖、电子竞价等多种新型的拍卖方式,对拍卖监管提出了更高的要求。

按照《拍卖法》的定义,拍卖是指以公开竞价的形式,将特定物品或者财产权利转让给最高应价者的买卖方式。

与其他交易方式相比,拍卖具备以下特点:

1. 拍卖至少需要有两个买主

拍卖就是一个通过竞价方式将拍卖标的以最高价卖出的过程。因此只有存在两个或两个以上买主,拍卖标的才能以竞价的方式被卖出。

2. 拍卖需要有不断变动的价格

任何拍卖中,卖主都不会对拍卖标的以固定标价出售,或由买卖双方对拍卖标的讨价还价成交,而是由买主以卖主当场公布的起始价为基准,另行报价,直至最后产生最高价为止。

3. 拍卖必须有公开竞争的行为

拍卖是由不同的买主在公开场合对拍卖标的竞相出价争购。若所有买主对拍卖物品均无意思表示,没有任何竞争行为发生,将会导致拍卖标的的流拍。

(二)《拍卖监督管理暂行办法》的有关规定

《拍卖法》规定了工商行政管理部门对拍卖进行监督管理的职责,其中第六十条、第六十二条、第六十三条、第六十四条和第六十五条分别规定了工商行政管理部门对拍卖行为监督管理的各种情形,主要包括"未经许可设立拍卖企业"、"拍卖人及其工作人员参与竞买或者委托他人代为竞买的"、"拍卖人在自己组织的拍卖活动中拍卖自己的物品或者财产权利的"、"委托人参与竞买或者委托他人代为竞买的"以及"竞买人之间、竞买人与拍卖人之间恶意串通,给他人造成损害的"等情形。

由于《拍卖法》关于工商行政管理部门的拍卖监管职责规定得较为原

则,为了贯彻落实《拍卖法》,维护拍卖秩序,规范拍卖行为,2001 年 1 月 15 日国家工商行政管理局公布了《拍卖监督管理暂行办法》(国家工商行政管理局令第 101 号),于 2001 年 3 月 1 日起施行。《拍卖监督管理暂行办法》对拍卖监管的手段、拍卖当事人各种违法行为的具体情形等问题作了具体规定。根据该办法有关规定,工商行政管理部门主要从以下方面对拍卖进行监督管理:

1. 拍卖备案制度

《拍卖监督管理暂行办法》第四条规定了拍卖企业的备案义务,"拍卖企业举办拍卖活动,应当于拍卖日前 7 天内到拍卖活动所在地工商行政管理局备案","拍卖企业应当在拍卖活动结束后 7 天内,将竞买人名单、身份证明复印件送拍卖活动所在地工商行政管理局备案"。拍卖备案是要求拍卖企业履行的将其举行拍卖活动的相关情况向工商行政管理部门告知的义务。工商行政管理部门通过对拍卖企业提交的相关材料进行形式审查,可以对拍卖活动是否符合我国有关法律规定作出一个初步的判断。

2. 拍卖公告及拍卖标的展示制度

拍卖公告及拍卖标的展示是为了让更多的潜在竞买人充分了解拍卖活动,只有这样才能够保证拍卖活动能够实现更加充分的竞价。《拍卖监督管理暂行办法》第五条根据《拍卖法》的有关规定,要求"拍卖企业应当按照《拍卖法》的规定于拍卖日 7 日前发布拍卖公告"、"拍卖企业应当在拍卖前展示拍卖标的,拍卖标的的展示时间不得少于 2 天"。

3. 拍卖企业的禁止行为

《拍卖监督管理暂行办法》第七条规定了拍卖企业的禁止行为,包括"采用财物或者其他手段进行贿赂以争揽业务"、"利用拍卖公告或者其他方法,对拍卖标的作引人误解的虚假宣传"、"捏造、散布虚假事实,损害其他拍卖企业的商业信誉"、"利用职务上的便利,以盗窃、利诱、胁迫或者其他不正当手段获取权利人的商业秘密"、"拍卖企业及其工作人员以竞买人的身份参加自己组织的拍卖活动,或者委托他人代为竞买"、"在自己组织的拍卖活动中拍卖自己的物品或者财产权利"、"雇佣非拍卖师主持拍卖活动"以及"有其他违反法律法规及规章的行为"。

4. 委托人的义务

为了保证拍卖活动的公正公开,根据《拍卖法》的相关规定,《拍卖监督管理暂行办法》第八条规定"委托人在拍卖活动中不得参与竞买或者委托他人代为竞买"。

5. 拍卖中的恶意串通行为

无论是竞买人之间的恶意串通行为还是拍卖企业与竞买人之间的恶意串通行为,都会对委托人、拍卖人和拍卖行业造成严重伤害。恶意串通要求当事人之间既有串通的故意——即恶意,又要有串通的行为——包括主动的串通和默认的串通。《拍卖监督管理暂行办法》根据《拍卖法》的精神,对各类恶意串通的情形作了具体的规定,其中竞买人之间的恶意串通主要包括"竞买人之间相互约定一致压低拍卖应价"、"竞买人之间相互约定拍卖应价"、"竞买人之间相互约定买受人或相互约定排挤其他竞买人"等情形,竞买人与拍卖企业之间的恶意串通行为主要包括"不经拍卖竞价程序处分拍卖标的"、"拍卖企业违背委托人的保密要求向竞买人泄露拍卖标的的保留价"、"拍卖企业与竞买人私下约定成交价"等情形。

七、动产抵押登记

(一)概述

依据《担保法》关于动产抵押物登记的有关规定,全国各地工商行政管理机关应抵押合同双方当事人申请,办理了大量抵押物登记。工商行政管理部门通过开展抵押物登记工作,促进了资金融通,有效地保障了债权的实现。

2007 年 3 月 16 日十届全国人大五次会议通过了《物权法》。《物权法》在动产抵押登记效力、登记管辖、登记范围等方面作出了不同于《担保法》的一系列规定。据此,国家工商行政管理总局制定了新的《动产抵押登记办法》。

1. 动产抵押登记的概念

按照《物权法》的规定,动产抵押登记是指工商行政管理部门依法对企业、个体工商户、农业生产经营者现有的以及将有的生产设备、原材料、半成品、产品抵押予以登记并公示的行为。

2. 动产抵押登记的效力

《物权法》规定若债务人"不履行到期债务或者发生当事人约定的实现抵押权的情形,债权人有权就实现抵押权时的动产优先受偿",同时"抵押权自抵押合同生效时设立;未经登记,不得对抗善意第三人"。可见按照现行规定,动产抵押登记不会对合同的效力产生任何影响,其作用在于登记后的抵押权可以具备对抗善意第三人的效力,同时当多个债权人就同一动产享有抵押权时,登记的顺序将是判断债权人受偿顺序的重要依据。

3. 动产抵押登记管辖

相比《担保法》,《物权法》对动产抵押登记管辖的规定作了较大调整。《物权法》规定企业、个体工商户、农业生产经营者以"现有的以及将有的生产设备、原材料、半成品、产品"抵押,"应当向抵押人住所地的工商行政管理部门办理登记"。根据《物权法》的规定,《动产抵押登记办法》规定动产抵押登记机关为"抵押人住所地的县级工商行政管理部门"。

4. 动产抵押登记范围

《物权法》将动产抵押登记的申请主体由原来的企业扩大为"企业、个体工商户、农业生产经营者",同时增加了浮动抵押的规定,即当事人"现有的以及将有的生产设备、原材料、半成品、产品"都可以进行抵押。对此处的"生产设备、原材料、半成品、产品"不应作狭义的理解,即"生产设备"不仅应当包括机床、生产线等,还应当包括相关的办公设备,同时"产品"也不仅仅指生产企业库存待售的产成品,还应包括商品等。

《物权法》对于动产抵押所担保的主债权并未做任何限制,只要债务人属于"企业、个体工商户、农业生产经营者"范畴,无论其主合同为贷款合同、买卖合同、借款合同等,工商行政管理部门都应当为其办理动产抵押登记。

(二)动产抵押登记程序

根据《物权法》的有关规定,《动产抵押登记办法》极大地简化了登记程序,确立了当场登记的制度。动产抵押登记的办理主要包括下列程序:

1. 申请

工商行政管理部门依当事人的申请,为其办理动产抵押登记。当事人申请办理动产抵押登记应当向登记机关提交《动产抵押登记书》和抵押合同双方当事人主体资格证明或者自然人身份证明文件；委托代理人办理动产抵押登记的，还应提交代理人身份证明文件和授权委托书。由于抵押合同中需登记公示的相关内容在《动产抵押登记书》中均已列出，因此不再要求当事人提交抵押合同。

2. 登记

登记机关只对当事人提供的主体资格证明或者自然人身份证明文件及《动产抵押登记书》进行书面形式审查。只要该申请符合登记机关的受理范围，同时当事人所提交的相关材料符合《动产抵押登记办法》相关规定，登记机关应当为其办理登记。

由于《物权法》明确了动产抵押登记之日起产生对抗的效力；同时，当同一抵押物上存在多个抵押权时，登记的顺序会很大程度上决定了抵押权人受偿的顺序，动产抵押登记的时间点对抵押权人的权益影响重大。因此对于符合登记条件的申请，登记机关应当当场在《动产抵押登记书》上加盖动产抵押登记专用章并注明盖章日期。

3. 公示

动产抵押登记机关建立《动产抵押登记簿》，将加盖动产抵押登记专用章的《动产抵押登记书》、《动产抵押变更登记书》和《动产抵押注销登记书》向社会公示。

第六章　网络商品交易及有关
服务行为监管

　　随着信息技术的发展,网络市场与实体市场深度结合,形成了新的市场主体、新的市场客体、新的市场载体和新的市场交易规则。对于工商行政管理部门的市场监管和行政执法工作来说,既是机遇,也是挑战。规范网络商品交易及有关服务行为、维护网络市场交易秩序,是工商行政管理部门推动网络商品交易市场健康有序发展、促进我国产业结构调整和经济发展方式转变、增强我国在全球新市场的国际竞争力的重要职责。本章介绍了我国网络商品交易的发展情况、监管体制、职责任务以及方法和手段。

第一节　网络商品交易及有关服务行为概述

一、我国互联网发展基本情况

　　互联网(Internet,也称因特网)于 1969 年诞生于美国,是 20 世纪最伟大的发明之一。时至今日,信息化浪潮持续席卷全球,方兴未艾。互联网深刻影响着世界经济、政治、文化和社会的发展,促进了社会生产生活和信息传播的变革。

　　互联网于 1994 年正式进入中国。1994 年 4 月 20 日,北京中关村地区教育与科研示范网接入国际互联网的 64K 专线开通,实现了与国际互联网的全功能连接,这标志着中国正式接入国际互联网。虽然我国的互联网应用起步较晚,但发展速度惊人,很快就进入了快速发展与普及的快车道,并以其突破时空限制、超强的信息采集传播能力、成本低廉、操作简便等优势,快速向社会生活各个领域拓展、延伸。时至今日,经过17年的发展,我国互联网已经取得了令全球瞩目的成绩,不但在用户规模上位居世界第一,而且在互联网产业规模、网上信息资源等方面也熠熠生辉,创造了一个互联网发展的神话。据2011年7月19日中国互联网络信息中心(CNNIC)发布的《第28次中国互联网络发展状况统计报告》显示:截至2011年6月底,中国网民规模达到4.85亿,互联网普及率攀升至36.2%,手机网民规模为3.18亿;IPv4地址数量为3.32亿,较2010年底增长19.4%,拥有IPv6地址429块/32,全球排名第十五位;域名总数为786万个,其中,CN域名总数350万,占比为44.6%,网站总数为183万个。

互联网对于推动我国经济社会发展发挥着不可替代的重要作用。2010年6月8日国务院新闻办公室发表的《中国互联网状况》白皮书中指出:互联网已成为推动中国经济发展的重要引擎。包括互联网在内的信息技术与产业,对中国经济高速增长作出了重要贡献。从1994年到2010年,中国信息产业增加值年均增速超过26.6%,占国内生产总值的比重由不足1%增加到10%左右。互联网与实体经济不断融合,利用互联网改造和提升传统产业,带动了传统产业结构调整和经济发展方式的转变。中国的工业设计研发信息化、生产装备数字化、生产过程智能化和经营管理网络化水平迅速提高。互联网发展与运用还催生了一批新兴产业,工业咨询、软件服务、外包服务等工业服务业蓬勃兴起。信息技术在加快自主创新和节能降耗,推动减排治污等方面的作用日益凸显,互联网已经成为中国发展低碳经济的新型战略性产业。2008年,中国互联网产业规模达到6500亿元人民币,其中互联网制造业销售规模接近5000亿元人民币,相当于国内生产总值的1/60,占全球互联网制造业销售总额的1/10;软件运营服务市场规模达198.4亿元人民币,比2007年增长了26%。同时,互联网也日益成为人们生活、工作、学习不可或缺的工具,正对社会生活的方方面面产生着深刻影响。

互联网是国家大力培育的战略性新兴产业。我国把发展互联网作为推进改革开放和现代化建设事业的重大机遇,先后制定了一系列政策,规划互联网发展,明确互联网阶段性发展重点,推进社会信息化进程。2005年11月,我国制定了《国家信息化发展战略(2006-2020年)》,进一步明确了互联网发展的重点,提出围绕调整经济结构和转变经济增长方式,推进国民经济信息化;围绕提高治国理政能力,推行电子政务;围绕构建和谐社会,推进社会信息化等。

二、我国网络商品交易发展情况

(一)网络商品交易的涵义与发展历程

电子商务最初产生于 20 世纪 60 年代。自 20 世纪 90 年代以来,电子商务作为一种全新的商业机制蓬勃发展起来,正在成为全球经济的重要组成部分。电子商务可以降低生产成本、管理成本和交易成本,拓展国内外市场,提高企业的经营效率,因此被普遍认为是 21 世纪全球经济的最大增长点之一。随着时代的发展,电子商务的内涵和外延也在不断更新和扩展。到目前为止,对于电子商务,还没有一个全面的、具有权威性、能为大多数人所接受的准确定义。一般来说,可以从广义和狭义两个层次来理解电子商务:广义上的电子商务(Electronic Business)是指各行各业,包括政府机构和企业、事业单位各种业务的电子化、网络化,可称之为电子业务。狭义的电子商务(Electronic Commerce)是指人们利用电子化手段进行以商品交换为中心的各种商务活动,也可以称之为电子交易,如生产厂家、商业企业与消费者个人之间利用计算机网络进行的商务活动。我们现在讨论的电子商务即是指狭义的电子商务。工商行政管理部门监管的网络商品交易及有关服务行为是指通过互联网进行销售商品、提供有关服务的经营活动,它基本涵盖了电子商务的全部内容。

我国的网络商品交易发展与国外基本保持同步,可分为四个时期:1997～1999 年是起步期,互联网概念的引入造就了第一批电子商务经济的创业者,期间美商网、中国化工网、8848、阿里巴巴、易趣网、当当网等知名电子商务网站先后涌现;2000～2002 年是调整期,互联网泡沫破灭使得网络经济发展受到严重影响,这三年创建的电子商务网站仅占现有网站总数的12.1%;2003～2005 年是复苏期,2003 年"非典"爆发使消费者认识到了足不出户的网络购物带来的便利,对中国电子商务来说是一个机遇,2003 年也成为不少电子商务网站尤其是 B2B 网站的"营收平衡年",该阶段成立的电子商务网站占现有网站总数的 30.1%;2006 年至今是高速发展期,中国网民的规模越来越大,使用网络购物的网民比率也越来越高,即使在爆发全球金融危机导致实体经济萎靡的 2008 年,网络经济仍呈现高速增长的趋势。

2010 年 3 月,温家宝总理在《政府工作报告》中指出:信息网络是国家大力培育的战略性新兴产业。要大力发展信息网络产业,加强商贸流通体系等基础设施建设,积极发展电子商务。这是在政府工作报告中首次明确提出对电子商务进行扶持。2010 年 10 月,国务院发布了《国务院关于加快培育和发展战略性新兴产业的决定》,将电子商务等利用现代信息技术发展起来的现代服务业,纳入战略性新兴产业的重要组成部分。

近年来,网络市场与实体市场深度结合,形成一批"前网后厂,前网后店"的新市场业态,对促进实体经济和区域协调发展起到了重要的推动作用,涌现了一批诸如浙江义乌的"青岩刘模式"、河北省清河县"东高庄模式"、江苏省睢宁县"沙集模式"等信息化带动产业化发展的典型。网络商品交易的发展为带动创业就业发挥了重要的作用。淘宝网发布的数据显示,截至 2010 年 12 月,有超过 183.2 万人通过在淘宝开店实现了就业。而据全球咨询机构 IDC 测算,每一人在淘宝开店实现就业,将带动 2.85 个相关产业的就业机会。也就是说,截至 2010 年 12 月 31 日,仅淘宝网一个网络交易平台已经为产业链创造了超过 500 万个就业岗位。

据著名互联网市场调研机构艾瑞咨询的最新统计数据显示:2010 年中国电子商务整体交易规模已达到 4.8 万亿元人民币,同比增长 33.5%,预计未来 3~5 年内,中国电子商务市场仍将维持持续稳定的增长态势,2013 年有望突破 10 万亿元。其中,2010 年中国网络购物市场年交易规模达到 4610 亿元,较 2009 年增长 75.3%,占中国社会消费品零售总额的比重从 2009 年的 2.1% 增至 3.2%,预计 2012 年这一比重将超过 5%。据 2011 年 7 月 19 日中国互联网络信息中心(CNNIC)发布的《第 28 次中国互联网络发展状况统计报告》显示:截至 2011 年 6 月底,中国网络购物用户规模已达到 1.73 亿,占全国 4.85 亿网民的 35.6%。网络购物已越来越成为居民生活的重要组成部分。

总的来说,网络市场形成了新的市场主体、新的市场客体、新的市场载体和新的市场交易规则,在全球范围内重新定义了经济博弈规则。促进网络商品交易市场健康有序发展,对于促进我国产业结构的调整和经济发展方式的转变、增强我国在全球新市场的国际竞争力、争取未来发展主动权和话语权具有十分重要的战略意义。

(二)网络商品交易模式分类

网络商品交易从其交易双方的身份区分,可划分为以下几种:

第一种是企业对企业(Business to Business,B2B)。B2B 是电子商务应用最多和最受企业重视的形式。进行电子商务交易的供需双方都是企业或公司,通过互联网或各种网络商务平台完成发布供求信息、订货及确认订货、支付过程及票据的签发传送和接收,确定配送方案并监控配送过程等商务交易的过程。中国有代表性的 B2B 电子商务公司有:百万网、阿里巴巴、生意宝、慧聪网、环球资源网、中国制造网等。

第二种是企业对消费者(Business to Consumer,B2C)。B2C 相当于电子化的零售商务。B2C 可细分为三种模式:一是综合商城,代表企业是淘宝商城,它整合了数千家品牌分销商和生产商;二是百货商店,是经营日用工业品为主的综合性零售商店,代表企业是当当网、亚马逊、卓越等;三是垂直商店,服务于某些特定的人群或某种特定的需求,提供这个领域的全面产品和专业服务,代表企业有麦考林、红孩子、京东商城、凡客诚品、贝斯尼尔、国美、买特网等。

第三种是消费者对消费者(Consumer to Consumer,C2C)。C2C 的组成部分有三块:个人身份的交易双方、交易平台、第三方支付服务,其中第三方支付服务不是必要元素。C2C 交易平台就是通过为买卖双方提供一个在线交易平台,使卖方可以主动提供商品上网拍卖,而买方可以自行选择商品进行竞价。代表企业有淘宝网、拍拍网、易趣网、百度有啊等。

除了以上三种典型交易模式,2010 年在国内迅速繁荣的网络团购也逐渐成为一种重要的网络交易形式。有人把团购看作消费者与企业之间的电子商务(Consumer to Business,C2B),是指借助互联网这种沟通渠道,聚集一定数量的消费者组团,以较低折扣购买同一种商品或服务的商业活动。其独特之处在于:成交数量有限制、价格折扣低、阶段性的商业促销有时间限制、交易金额多是小额支付、商品毛利高。团购网站在其中起到中介的作用。团购模式创始者是美国的 Groupon 网,2010 年初引入国内后,一年间就涌出了拉手、满座、美团、点评团、24 券、高朋、窝窝团等 5000 余家团购网站,被称作"千团大战"。虽然鱼龙混杂甚至受人诟病,但团购这种模式迎合了网民对服务性商品的需求,填补了市场空白。艾瑞咨询统计数据显示,2010 年中国网络团购用户规模达到 0.5 亿人,占中国网民的比重达到 12%;预计 2011 年,这一比重将达到 26%,网络团购用户总体规模达到 1.3 亿人。可以预见,网络团购将成为网民的生活常态。

随着信息技术的发展,电子商务的发展不断出现一些新动向、新模式。一是社交网站与电子商务的结合。社交网站的互动性和交流性,使得消费者能在相当关键的产品销售初期与其他用户交流购物心得,而社交网站拥有的用户数量非常庞大,使得它对营销活动的影响力与日俱增。国内新浪、腾讯微博等社交平台已有不少公司注册账号,用以宣传公司产品和接收用户反馈,社交网站已逐渐成为企业电子商务活动的重要组成部分。二是随着移动互联网和智能手机的普及,手机用户参与移动电子商务的比例也在不断提高,可以预见,未来移动通信将对电子商务产生重大的影响。

(三)网络商品交易发展过程中面临的问题

目前,我国网络市场的发展,正处在高速成长期,网络市场发展程度与发达国家相比还不够成熟,市场体系也不完善,在发展过程中出现了一些难以避免的问题。

一是网络销售假冒伪劣商品问题。一些不法分子利用网络隐蔽性强、查处难度大、易逃避监管的特点,不断变换手法销售假冒伪劣商品,严重危害了网络市场交易秩序、侵害了消费者合法权益。假冒伪劣行为在一定程度上已成为网上交易中的一种痼疾,它不仅表现为网上卖家牟利的不法行为,而且在网上交易平台上形成了一个制售假冒伪劣商品半地下状态的市场,歪曲了网上交易的自主自由性经营规则。

二是商业欺诈和不正当竞争问题突出。由于网络市场覆盖面大、受众群体广,经营主体容易伪装和逃匿等特点,网络市场呈现出交易双方信息不对称、地位不平等的状态。侵权方很容易利用网络的虚拟性和信息的不易追查性等"便利"条件,逃脱责任和政府监管,从事诸如误导消费和虚假销售、诋毁商家信誉,侵犯知识产权等商业欺诈和不正当竞争违法活动。

三是网络市场诚信体系不完善。目前我国社会诚信环境尚不完善,信用体系发展不足。由于网络市场可以自由出入、自由交易,且至今还没有一套统一的核心技术标准和行业规范,用来有效监督、衡量网络市场的诚信问题和失信惩戒问题,这就导致了市场主体良莠不齐,部分经营者的诚信观念匮乏,违法者和侵权者也往往得不到应有的惩戒,在一定程度上影响了人们对网络商品交易的信心。

四是格式合同问题。一般电子商务网站在购物前均需要消费者注册并填写个人信息,消费者在注册或购物过程中往往容易忽略网站的用户注册协议,可能会导致日后发生纠纷。另外,用户注册协议中的一些条款可能涉嫌加重消费者的义务,使经营者规避自己的责任。或者某些条款规定模糊,不利于消费者的理解,也会导致消费者权益受到损害。

五是网络消费维权困难。网络商品交易非现场消费的特点决定了交易并不是传统意义上的"货款两清",容易出现以次充好、货不对版、欺诈消费等问题,产生纠纷的可能性更大。网络商品交易具有虚拟性、开放性和跨地域性的特征,为网络消费者维护自身合法权益带来了不小的困难。

此外,目前我国网络市场还存在着网络传销、违法网络广告、网络消费者个人信息泄露、网上非法销售违禁品、网络支付风险等一系列问题,网络商品交易的快速发展与传统经济和社会环境不相适应的矛盾也日渐凸显,在一定程度上影响了我国网络商品交易市场的健康有序发展。

三、我国网络商品交易监管体制

网络商品交易及有关服务行为监管是一项复杂的系统工程,链条长、环节多、涉及面广。从政府市场监管职能看,我国与网络商品交易监管相关的中央政府部门多达十三个,包括国家工商行政管理总局、工业和信息化部、商务部、公安部、文化部、财政部、中国人民银行、国家海关总署、国家税务总局、国家新闻出版总署、国家食品药品监督管理局、国家邮政局、中国证券业监督管理委员会等,其中国家工商行政管理总局是最主要的监管机构之一。

（一）工商行政管理部门

2008 年 7 月 11 日，国务院批准印发了《国家工商行政管理总局主要职责内设机构和人员编制规定》，将监督管理网络商品交易及有关服务行为的职能正式赋予国家工商行政管理总局。总局市场规范管理司具体承担监督管理网络商品交易及有关服务行为的工作。

2010 年 5 月 31 日，国家工商行政管理总局正式颁布了《网络商品交易及有关服务行为管理暂行办法》（国家工商行政管理总局令第 49 号），自 2010 年 7 月 1 日起施行。这是我国第一部促进和规范网络商品交易及有关服务行为的行政规章。它的公布施行，为促进网络经济发展、规范网络商品交易市场秩序、保护消费者和经营者的合法权益提供了有力的法律支撑和保障，标志着网络商品交易及有关服务行为初步纳入了法制化的轨道。

网络市场是传统市场在互联网领域的自然延伸，传统市场中的各种违法问题在网络市场同样存在。网络市场监管覆盖了经营主体准入、合同监管、竞争与交易行为监管、消费者权益保护、知识产权保护、食品安全监管、广告内容与行为规范等几乎所有工商监管职责。其中工商网络商品交易监管机构的主要工作是：规范指导网络商品交易活动，组织指导检查网络商品交易平台落实责任义务，组织指导网络商品经营者和网络服务经营者开展行业自律；通过运行网络监管平台开展对网络商品交易的动态检查，发现处理违法线索，组织开展网络商品交易监管的法制建设和网络监管技术的研究应用；开展网络商品交易监管有关数据的统计分析工作，组织实施对网站或网店违法行为的处理；配合相关职能机构受理涉网的投诉举报；配合相关职能机构开展涉网专项监管行动；开展与公安、工信等部门的网络监管配合工作等。

（二）其他部门

除了工商行政管理部门以外，还有十二个政府部门的监管职责与网络商品交易监管相关，分别是：

1. 工业和信息化部：依法监督管理电信与信息服务市场，指导监督政府部门、重点行业的重要信息系统与基础信息网络的安全保障工作等。工业和信息化部于 2009 年 2 月公布了《电子认证服务管理办法》（2005 年 2 月发布的《电子认证服务管理办法》同时废止），于 2010 年 1 月公布了《通信网络安全防护管理办法》。

2. 商务部：负责推动包括电子商务在内的各种现代流通方式的发展。2011 年上半年，商务部成立了电子商务和信息化司，其职责中有三条与电子商务有关，分别是："一、制定我国电子商务发展规划，拟订推动企业信息化、运用电子商务开拓国内外市场的相关政策措施并组织实施。支持中小企业电子商务应用，促进网络购物等面向消费者的电子商务的健康发展。二、推动电子商务服务体系建设，建立电子商务统计和评价体系。三、拟订电子商务相关标准、规则；组织和参与电子商务规则和标准的对外谈判、磋商和交流；推动电子商务的国际合作"。商务部于 2007 年发布《关于促进电子商务规范发展的意见》，于 2010 年发布《关于促进网络购物健康发展的指导意见》，并起草了《电子商务模式规范》、《网络购物服务规范》等指导性文件。

3. 公安部：根据电子商务发展的相关规律，侦查打击违法犯罪活动，维护人民群众的利益及为电子商务创造良好的环境。公安部设有公共信息网络安全监察局，其电子商务监管的职责是着重查处各种破坏网络安全和扰乱社会秩序的违法犯罪行为，基本上是其在实体经济领域监管职责在网络经济领域的延伸。

4. 文化部：负责文艺类产品网上传播的前置审批工作，负责对网吧等上网服务营业场所实行经营许可证管理，对网络游戏服务进行监管（不含网络游戏的网上出版前置审批）。2010 年 6 月，文化部出台《网络游戏管理暂行办法》。

5. 财政部：制定彩票管理政策和有关办法，管理彩票市场，按规定管理彩票资金等。2010 年 9 月，财政部公布了《互联网销售彩票管理暂行办法》，对利用互联网方式销售彩票作出具体规定，强调未经财政部批准，任何单位不得开展互联网销售彩票业务。

6. 中国人民银行：完善有关金融机构运行规则以及会同有关部门制定支付结算规则，维护支付、清算系统的正常运行等。2010 年 6 月，中国人民银行公布了《非金融机构支付服务管理办法》，规定未经批准任何非金融机构不得从事支付业务。目前已有支付宝、财付通、资和信等网络支付机构取得了金融业务正式牌照,合法经营电子支付业务。

7. 海关总署:职能主要涉及跨国网购、代购。2010 年 7 月海关总署发布了《关于调整进出境个人邮递物品管理措施有关事宜》,以加强对进出口邮寄物品的严密监管,打击邮递渠道走私违法活动。

8. 税务总局:负责网络商品交易中的税收征管。目前我国在网络商品交易税收监管方面还存在不少空白,税务总局正会同相关部门共同调研,推进《税收征管法》的修订和完善,建立电子商务的税收征管法律框架。

9. 新闻出版总署:负责对互联网出版活动进行审批和监管。下设有科技与数字出版司,负责对互联网出版、数字出版活动的监管工作,实施准入退出机制以及组织查处互联网出版的违法违规行为等。2010 年 12 月,新闻出版总署颁布《关于促进出版物网络发行健康发展的通知》。

10. 国家食品药品监督管理局:于 2005 年 9 月发布《互联网药品交易服务审批暂行规定》,对药品、医疗器械等特殊许可经营商品的互联网交易服务作出了规定,以规范互联网药品购销行为,加强对互联网药品交易服务活动的监督管理。

11. 国家邮政局:于 2008 年 7 月公布并施行了《快递市场管理办法》。快递业是网络商品交易的主要物流基础,该办法的出台对快递市场以及电子商务产业的健康发展具有重要意义。

12. 证监会:于 2000 年 3 月发布了《网上证券委托暂行管理办法》,以加强证券公司利用互联网开展证券委托业务的管理。

第二节 《网络商品交易及有关服务行为管理暂行办法》

一、《网络商品交易及有关服务行为管理暂行办法》的起草过程

网络商品交易是网络化的新型经济活动,是新型的交易和流通方式。近年来,随着信息技术的发展和普及,网络商品和服务交易快速发展,网络化生产经营方式初步形成,网络消费正成为我国市场上重要的消费形态。

与此同时,由于网络市场的虚拟性、开放性和跨地域性特点,我国的网络商品和服务交易在发展过程中出现了一系列不容忽视的问题,虚假宣传、商业欺诈、网上传销、不正当竞争、利用网络销售假冒伪劣商品和违禁品等违法行为时有发生,严重影响了网络市场的健康发展,亟待政府部门进行有效的规范与监管。因此,迫切需要制定科学合理的管理办法,建立健全规范网络商品及有关服务交易的法律政策体系,以促进网络商品交易市场的健康有序发展。

近年来,国家工商行政管理总局积极探索新形势下网络商品交易市场监管的制度、机制和方式。2008 年 4 月起,总局就开始着手研究网络市场监督管理工作,成立了由主管局长任组长的网络市场监督管理办法起草小组。2008 年 7 月,国务院"三定"方案正式赋予国家工商行政管理总局监督管理网络商品交易及有关服务行为的职责。面对这项全新职能,总局党组高度重视,进行专题研究,对网络商品交易及有关服务行为的监管立法工作作出了具体的部署和安排。

在长达两年的起草过程中,总局采取多种方式和途径,全面收集材料,多次召开专题研讨会,广泛调研和征求工商系统内部、有关政府部门、行业协会、企业、专家学者等各方面的意见,反复论证、修改和完善,于 2010 年 3 月完成了《网络商品交易及有关服务行为管理暂行办法》的起草工作。

由于网络商品交易涉及一系列重大民生问题,网络商品交易及有关服务行为立法立规工作受到了社会高度关注。2010 年 4 月 2 日至 4 月 21 日,《网络商品交易及有关服务行为管理暂行办法》征求意见稿同时在国家工商行政管理总局网站和国务院法制办网站上面向社会公开征求意见。据统计,总共有 1084 人次访问了意见征集系统,共收集到网民意见建议 3670 条,从中梳理出有效意见共计 3470 条。起草小组对网上征求到的意见进行了认真的整理、归纳、分析和研究,并对征求意见稿进行了进一步的修改和完善。2010 年 5 月 31 日,总局正式颁布《网络商品交易及有关服务行为管理暂行办法》(国家工商行政管理总局令第 49 号,以下简称《办法》),自 2010 年 7 月 1 日起施行。

《办法》出台之后,得到了社会各界的积极响应。总体来看,社会公众对

《办法》持肯定、支持态度,包括新闻媒体、电子商务企业、相关领域专家学者等,都对《办法》给予了高度评价。认为《办法》充分考虑到了网络商品交易及有关服务行为的特殊性和复杂性,内容全面,不乏创新性的亮点,在市场准入管理、主体真实身份识别、网络消费者权益保护等关键问题上提出了突破性的解决方案,为网络商品交易的健康有序发展提供了有力的法律保障。

二、《网络商品交易及有关服务行为管理暂行办法》的指导思想

网络商品交易及有关服务行为监管是工商行政管理部门的一项全新职能。面对新形势、新任务,国家工商行政管理总局党组站在战略全局的高度,提出制定《办法》的指导思想和原则是坚持"两个促进"和"两个维护"。

（一）坚持"两个促进"

"两个促进"是指促进网络商品交易及有关服务行为的发展,促进网络商品交易及有关服务行为的健康发展。

目前我国网络市场虽然发展迅猛,但总的来看,尚处在发展的初期,特别是由于网络技术的发展创新速度非常快,新的事物层出不穷,每一项技术变革都会带来网络市场较大程度的变动,许多问题难以准确进行量化定性分析。网络市场的出现极大地改变了人们的生产生活方式,代表着未来市场交易发展的方向。网络经济是国家大力培育的战略性新兴产业之一,是实现经济发展方式转变、调整优化经济结构的重要战略举措之一。因此,必须抓住机遇,采取有效措施大力培育扶持、促进网络市场的发展,努力为网络市场主体的发展创造、提供良好宽松的外部发展环境。

健康发展是网络市场实现可持续发展的内在要求和保障。坚持促进健康发展,就是要通过依法规范市场主体行为,维护市场秩序,依法查处网络欺诈行为、销售假冒伪劣商品行为、不正当竞争行为等,为各类市场主体创造一个公平的发展环境,在发展中求健康,在健康中求发展,努力实现全面、协调、可持续发展。

"两个促进"的思想贯穿于《办法》始终。《办法》第一章专门对工商行政管理部门如何促进网络商品交易发展作出了明确具体的规定。《办法》第二章、第三章分别从市场主体准入、市场主体行为规范、网络消费者和经营

者合法权益保护、行业和企业自律、商标专用权等知识产权保护、禁止不正当竞争行为等方面作出培育、扶持、服务、促进、规范网络市场发展的规定。

（二）坚持"两个维护"

"两个维护"是指维护消费者的合法权益，维护经营者的合法权益。

市场经济中的关系很复杂，最基本的有两个：一个是消费者与经营者的关系，一个是经营者与经营者的关系。消费者信任网络市场是网络市场发展的基础，经营者信任网络市场是网络市场发展的根基。能否有效保护网络消费者和经营者的合法权益，关系到网络市场能否协调可持续发展。维护消费者的合法权益，就是要处理好消费者和经营者之间的买卖关系，努力为消费者营造便利、安全、放心的网络消费环境；维护经营者的合法权益，就是要处理好经营者之间的关系，就是要做好反不正当竞争、反商业贿赂、反垄断等工作，维护好市场主体公正公平的经营关系。只有切实维护消费者的合法权益，工商行政管理才有群众支持的根基；只有切实维护经营者的合法权益，工商行政管理才会得到市场主体的拥护。

"两个维护"的思想贯穿于《办法》始终。《办法》从市场主体准入、交易商品、交易信息、交易竞争、交易合同、交易凭证、商标专用权等知识产权保护、交易权益保护的内容和方式方法等方面作出了维护消费者合法权益、维护经营者合法权益的规定。

三、《网络商品交易及有关服务行为管理暂行办法》的主要内容

《办法》共分为六章四十四条，主要内容是：

第一章规定了立法宗旨、网络商品交易及有关服务行为的涵义、立法调整对象、网络商品（服务）交易经营主体的涵义和分类等。

第二章规定了从事网络商品交易及有关服务行为应当遵守的行为规范。主要内容包括市场准入规范、交易商品、交易信息、交易凭证与合同、注册商标权保护、消费者权益维护、不正当竞争行为禁止等。

第三章规定了提供网络交易平台服务的经营者的义务与责任。主要规定了提供网络交易平台服务的经营者在提供网络交易平台服务时应当履行的经营资格审查、合同签订、交易商品和交易信息审查、商标注册权保护、消

费者权益保护等方面的义务与责任。

第四章规定了网络商品交易及有关服务行为监督管理的职责和内容。《办法》按照"以网管网"的思路,要求工商行政管理部门努力实现网上监管、网上服务的目标:一是规定县级以上工商行政管理部门应当建立信用档案。记录日常监督检查结果、违法行为查处等情况;根据信用档案的记录,对网络商品经营者和网络服务经营者实施信用分类监管。二是对网络违法行为管辖问题作出具体规定,按照有利于维护权益、便于查处的原则,规定网络商品交易及有关服务违法行为由发生违法行为的网站的经营者住所所在地县级以上工商行政管理部门管辖。网站的经营者住所所在地县级以上工商行政管理部门管辖异地违法行为人有困难的,可以将违法行为人的违法情况移交违法行为人所在地县级以上工商行政管理部门处理。

第五章规定了违反《办法》的法律责任。一是凡法律法规已有规定的,依照法律法规的规定处罚;二是法律法规没有规定的,依照《办法》的规定进行处罚。

第六章附则,规定了《办法》施行日期、解释权限和授权省级工商行政管理部门制定具体实施意见等。

第三节　网络商品交易及有关服务行为监管内容

一、网络商品交易及有关服务行为监管重点

工商行政管理部门开展网络商品交易及有关服务行为监管的重点主要包括以下六个方面:

（一）主体准入

网络商品交易及有关服务经营主体是指通过网络销售商品或者提供有关经营性服务的法人、其他经济组织或者自然人,以及提供网络交易平台服务的网站经营者。网络经营主体与传统商事主体的共性在于一样从事具有营利性的商事行为,而不同点在于:网络市场覆盖面大、受众群体广、进入难

度低,网络经营主体隐蔽性强,更容易运用信息技术规避监管。因此,对于网络市场,工商行政管理部门既要从促进发展的原则出发,大力培育市场主体,推动网络商品交易深化与普及应用,又要把好市场主体准入关,这是工商行政管理部门开展网络监管的首要环节,也是有效维护网络消费者和经营者合法权益的重要基础。

依照相关法律法规和《办法》第十条、第二十条的规定,网络市场的主体准入规则如下:

1. 已经工商行政管理部门登记注册并领取营业执照的法人、其他经济组织或者个体工商户,可在营业执照登载的营业范围内在网上开展经营活动。

2. 通过网络从事商品交易及有关服务行为的自然人,应当向提供网络交易平台服务的经营者提出申请,提交其姓名和地址等真实身份信息;具备登记注册条件的,依法办理工商登记注册。

另外,需要取得行政许可方能开展的经营活动,网络经营主体应在取得相关许可后,向工商行政管理部门办理登记注册手续,领取营业执照后方可从事经营。

(二)商品和服务

《办法》第十一条规定,网上交易的商品和服务应当符合法律、行政法规、规章的规定。法律法规禁止交易的商品和服务,经营者不得在网上进行交易。第十二条规定,网络商品经营者和网络服务经营者向消费者提供商品或者服务,应当遵守《消费者权益保护法》和《产品质量法》等法律、法规、规章的规定,不得损害消费者合法权益。

(三)合同

市场经济是合同经济。网络商品和服务交易是通过合同联结起来的,合同行为是否规范,直接影响到网络商品和服务交易秩序,直接关系到交易各方合法权益的实现与保护。因此,《办法》针对网络合同的特点,从两个方面作出规定:第一,《办法》第十三条规定,网络商品经营者和网络服务经营者向消费者提供商品或者服务,应当事先向消费者说明商品或者服务的名称、种类、数量、质量、价格、运费、配送方式、支付形式、退换货方式等主要信息,采取安全保障措施确保交易安全可靠,并按照承诺提供商品或者服务。第二,针对网络商品和服务交易普遍使用格式合同的特点,《办法》第十三条规定,网络商品经营者和网络服务经营者提供电子格式合同条款的,应当符合法律、法规的规定,按照公平原则确定交易双方的权利与义务,并采用合理和显著的方式提请消费者注意与消费者权益有重大关系的条款,并按照消费者的要求对该条款予以说明。网络商品经营者和网络服务经营者不得以电子格式合同条款等方式作出对消费者不公平、不合理的规定,或者减轻、免除经营者义务、责任或者排除、限制消费者主要权利的规定。

（四）注册商标专用权、企业名称权等权利的保护

《办法》第十八条规定,网络商品经营者和网络服务经营者提供商品或者服务,应当遵守《商标法》、《反不正当竞争法》、《企业名称登记管理规定》等法律、法规、规章的规定,不得侵犯他人的注册商标专用权、企业名称权等权利。第二十四条规定,提供网络交易平台服务的经营者应当采取必要手段保护注册商标专用权、企业名称权等权利,对权利人有证据证明网络交易平台内的经营者实施侵犯其注册商标专用权、企业名称权等权利的行为或者实施损害其合法权益的不正当竞争行为的,应当依照《侵权责任法》采取必要措施。

（五）经营行为

经营行为包括交易行为与竞争行为。首先,《办法》第一章总则中规定,网络商品经营者和网络服务经营者在网络商品交易及有关服务活动中应当遵循公平、公正、自愿、诚实信用的原则,遵守国家相关的法律、法规,遵守公认的商业道德。第二,《办法》第二章对网络商品和服务交易经营行为从交易商品、交易合同、交易信息、交易凭证、交易权利保护等方面作出了明确、具体规定。第三,《办法》第三章专章对提供网络交易平台服务的经营者应当遵守的交易行为准则作出全面具体规定。

（六）提供网络交易平台服务的经营者

网络交易平台是网络商品交易及有关服务集中交易的场所和空间,网络交易平台交易秩序是否规范、有序,直接关系到网络商品交易能否健康发展。在维护和规范网络商品交易平台秩序方面,提供网络交易平台服务的经营者是第一责任人,承担重要管理责任,为此,《办法》单列一章(《办法》第三章)对

提供网络商品交易平台服务的经营者的行为作出了明确具体的规范。

二、网络商品交易及有关服务行为监管职责

工商行政管理部门网络商品交易监管职责主要包括以下几个方面:

(一)促进发展

服务发展是工商行政管理工作的根本目的,是落实执政兴国第一要务的基本要求。只有全力服务科学发展,工商行政管理才有充分发挥职能作用的地位。促进网络商品交易健康发展,是扩大消费需求、拉动经济增长的重要举措,是创造和扩大就业的重要渠道,是转变经济发展方式的重要途径。因此,促进发展是工商行政管理部门网络商品交易及有关服务行为监管的第一要务。

工商行政管理部门促进网络商品交易发展的原则、方式和方法,具体包括以下几个方面:

第一,制定并支持实施促进网络经济发展的办法和措施。工商行政管理部门充分运用规制建设手段,鼓励、支持网络商品交易及有关服务行为的发展,提高网络商品经营者和网络服务经营者的整体素质和市场竞争力,发挥网络经济在促进国民经济和社会发展中的作用。

第二,为网络商品和服务交易提供公平、公正、规范、有序的市场环境。良好的市场环境是网络商品交易健康发展的基础性保障,是实现健康发展的必要条件,为网络商品和服务交易提供公平、公正、规范、有序的市场环境是工商行政管理部门促进发展的基本职责。提供公平、公正、规范、有序的市场环境的方式方法,包括规范交易行为、提倡和实施信用管理、倡导和鼓励行业和企业自律、维护交易权益、查处违法侵权行为等。

第三,鼓励支持自律。网络市场的规范有序是网络经济发展的内在必然要求。对秩序的要求产生了自律和他律两种不同形式的维护秩序方式,其中经营者、行业自律是基础。只有经营者和行业自觉维护秩序,网络商品交易健康发展才能有坚实的基础。工商行政管理部门积极鼓励和倡导经营者和行业自律,将其作为维护网络商品交易秩序、促进网络商品交易健康发展的重要措施。一是鼓励和倡导行业自律。鼓励、支持网络商品经营者和

网络服务经营者成立行业协会,建立网络诚信体系,加强行业自律,推动行业信用建设。二是鼓励、支持网络商品经营者和网络服务经营者自律,特别是重点鼓励、支持提供网络交易平台服务的经营者自律。提供网络交易平台服务的经营者是维护网络交易平台秩序的第一责任人,在网络商品交易平台主体准入、商品准入、保护消费者合法权益等方面具有把关和检查监控的重要责任。因此,工商行政管理部门应当将提供网络交易平台服务的经营者的自律作为重点鼓励、提倡的对象,促使平台经营者切实承担起维护网络市场秩序第一责任人的责任。

（二）规范行为

规范网络商品交易及有关服务行为是工商行政管理部门网络监管的基本职责。规范的行为主体是网络商品经营者和网络服务经营者,规范的内容包括交易信息、交易合同、交易方式、交易程序、交易信用、交易权益、交易凭证、交易竞争、交易平台规范等多个方面。通过规范行为,达到构建规范有序的网络市场环境、促进网络商品和服务交易健康发展的目的。

（三）保护权益

消费者的信任是网络商品和服务交易发展的基础,经营者的信任是网络商品和服务交易发展的根基。能否有效保护网络消费的合法权益、保护网络交易主体的合法权益,关系到网络市场能否协调可持续发展。只有切实维护网络消费者合法权益、切实维护网络经营者合法权益,营造放心安全的网络消费环境,网络商品交易发展才会有坚实的基础。

《办法》根据网络消费特点,从消费者有效识别网络经营主体真实身份、网络商品和服务经营行为规范、交易合同、交易凭证、交易信息保护、提供网络交易平台服务的经营者维护消费者权益应当履行的义务、消费者申诉处理办法等多个方面作出了详细规定,为有效维护网络消费者和经营者的合法权益提供了基础性、制度性的保障。

（四）查处违法行为,维护市场秩序

及时、有力查处网络商品和服务交易中的违法行为是网络商品和服务交易健康发展的重要保障,是构建公平、公正、规范、有序的网络市场发展环境的重要基础。因此,及时有力查处网络商品交易和服务交易中的违法行为是工商行政管理部门的一项重要职责,也是从另一个角度检验着工商行政管理部门促进发展、规范行为、保护权益的职责是否履行到位。

三、网络商品交易及有关服务行为监管执法

(一)"以网管网",努力实现网络信息化监管

"以网管网"是国家工商行政管理总局在深入调查研究、广泛听取各方意见、认真总结地方网络监管实践经验的基础上提出的实现网络商品交易及有关服务行为监管工作目标的总体思路和手段。

网络商品交易是运用网络信息技术产生的新型交易活动和方式。因此,监管好网络商品和服务交易行为必须紧紧抓住网络信息技术这个环节,以网络信息技术为依托,以网络信息技术为手段,"以网管网"。与此同时,由于网络商品和服务交易无地域限制,过去实行的以地域管辖、级别管辖为主要特征的监管措施和方式已不能完全适应网络交易的要求。因此,"以网管网"的另一层重要含义是实行全国联网一体化监管,通过全国一体化监管的措施和手段实现监管目标。

工商行政管理部门应下大力气推进网络监管信息系统和平台建设工作,建立起全国一体、统分结合、功能齐全、上下联动、左右互动的网络监管信息系统和平台,为促进服务网络经济发展、维护消费者和经营者的合法权益、规范网络市场秩序打下牢固坚实的基础。

(二)以信用监管为统领,建立健全网络市场长效监管机制

由于网络市场可以自由出入、自由交易,至今还没有一套统一的核心技术标准和行业规范,用来有效监督、衡量网络市场的诚信问题和失信惩戒问题。诚实是金,信用是魂,市场交换的本身是信用交换,市场经济的本质是信用经济,诚信守约是构建现代市场经济的基石。抓住了信用监管,就抓住了市场经济条件下规范和促进网络市场发展的关键,抓住了维护网络市场良好秩序的关键。信用监管是网络市场的长效监管机制。

当前制约网络商品和服务交易发展的主要瓶颈是信用体系的缺失。因此,建立网络商品和服务交易信用体系是工商部门网络商品交易监管的重要内容:一是在《办法》中已明确规定诚实信用为网络商品经营者和网络服

务经营者的行为准则;二是鼓励、支持网络商品经营者和网络服务经营者成立行业协会,建立网络诚信体系,加强行业自律,推动行业信用建设;三是鼓励支持网络交易平台经营者为交易当事人提供公平公正的信用评估服务,建立信用评价体系、信用披露制度;四是积极探索和推进网络市场信用分类监管体系建设,将信用监管作为工商行政管理部门监管网络商品和服务交易的基本方式和手段,引导企业诚信守法经营,提高服务质量。网络商品和服务交易监管应当紧紧抓住信用监管这个核心,以信用监管为统领,不断建立健全网络市场长效监管机制和体系。

工商行政管理部门应把加快网络信用监管体系建设作为开展监管工作的重点,深入研究网络交易主体信用特点,建立网络经营主体信用指标体系,积极研究和探索网络商品交易市场信用分类监管。

(三)探索研究网络消费权益保护机制,构建网络消费维权体系

网络购物在给消费者提供方便、快捷的交易途径的同时,也为利用网络购物虚拟性、隐蔽性和跨地域性的特点实施欺诈行为提供了可乘之机。网络消费维权比传统经营环境中维权更加复杂和艰难。

工商行政管理部门积极探索和研究网络环境下有效维护消费权益的制度和措施,推进12315进网络,通过建立网上消费投诉举报平台、指导监督网站经营者建立健全消费者权益保护制度和措施、在网站设置消费投诉举报电子标识链接等多种形式,多方位开辟消费保护渠道,及时受理处理消费投诉举报和查处侵害消费者合法权益的行为。同时,网络市场依托计算机技术和网络技术,全社会都面临知识更新问题,需要强化社会公众对网络市场交易风险的认识。工商行政管理部门积极开展网络消费者教育,将网络市场巡查中发现的网上虚假经营主体、网上消费欺诈、欺诈合同和不公平格式合同、销售假冒伪劣商品等违法行为及时通过发布网络交易警示信息等多种形式向社会公布,提高网络消费者和经营者防范风险的意识和能力。

(四)严厉打击网络交易违法行为,切实维护网络市场秩序

由于对传统有形市场上销售假冒伪劣商品等违法行为的打击力度不断增强以及全社会防假意识的提高,目前出现了网下销售假冒伪劣产品等违法行为向网上转移的趋势,一些不法分子利用网络隐蔽性强、查处难度大、

易逃避监管的特点,不断变换手法销售假冒伪劣产品和国家明令禁止销售的产品,严重危害了网络市场交易秩序、严重侵害了消费者合法权益。

工商行政管理部门将继续加大对网络销售假冒伪劣商品等违法行为的打击力度,维护网络市场经营秩序,指导和监督网络经营主体特别是网络交易平台经营者切实履行《办法》规定的义务和责任,保障网络交易安全,保护广大消费者和经营者的合法权益。

(五)理顺职能,建立网络商品交易监管协调配合机制

网络商品交易及有关服务行为监管是一项复杂的系统工程,链条长、环节多、涉及面广。从工商行政管理职能内部分工看,网络商品交易及有关服务行为监管覆盖了工商行政管理市场监管执法全部职能;从政府市场监管职能看,涉及公安、电信等多个职能管理部门。要做好网络商品交易及有关服务行为监管工作,必须建立起上下畅通、内外互动的工作协调机制。

工商行政管理部门应在系统内部细化网络商品交易及有关服务行为监管职能的基础上,将各项职能有机衔接起来;在深入研究政府其他监管部门职能的基础上,建立日常协作配合机制,努力实现互联、互通、互动的网络商品交易及有关服务行为监管立体系统。

第四节　网络商品交易及有关服务行为监管有关问题

一、网络商品交易市场准入管理

网络商品交易是在交易双方事先不了解、其间不见面的过程中完成的。因此,促进网络商品交易健康发展、保障网络交易安全、维护网络市场秩序、保护交易各方合法权益的首要任务是采取有效措施,确保"虚拟主体"还原为真实的主体。否则,网络交易主体真实身份无法界定,交易各方的责权利将无法界定,促进网络商品交易发展、维护网络市场秩序、保护交易各方合法权益就成为了一句空话。因此,迫切需要建立一套既简便又能够有效识别交易主体真实身份、保障交易安全的网络市场主体准入管理制度。《办

法》在网络商品交易市场准入管理上,区别以下两类市场主体建立了规则体系。

(一)已经工商行政管理部门登记注册并领取营业执照的法人、其他经济组织或者个体工商户

《办法》第十条规定,已经工商行政管理部门登记注册并领取营业执照的法人、其他经济组织或者个体工商户,通过网络从事商品交易及有关服务行为的,应当在其网站主页面或者从事经营活动的网页醒目位置公开营业执照登载的信息或者其营业执照的电子链接标识。也就是说,对于已领取营业执照的企业和个体工商户,消费者可以通过其在网上公开的营业执照信息或者其营业执照的电子链接标识确定对方交易主体真实身份。

(二)通过网络从事商品交易及有关服务行为的自然人

网络经济的发展为公民个人创业就业提供了便捷、低进入成本的新途径。近年来,通过网络销售商品、提供服务的自然人数量和规模迅速扩大,成为公民个人创业就业的一个重要途径。与此同时,由于网络商品价格低、购买方便,自然人之间的网络商品和服务交易日渐成为满足城乡居民多样性消费需要的一个重要途径。随着自然人网络商品交易规模的逐渐扩大,自然人从事网络商品和服务销售活动是否需要进行市场准入登记以及由此带来的自然人真实身份识别确认问题成为困扰网络商品和服务交易健康发展的一个难题。

关注民生、促进就业、为个体实现网上创业就业提供强有力的法律政策支撑是工商行政管理部门贯彻落实科学发展观的具体体现,是实践"四个统一"要求的具体体现。《办法》对自然人从事网络商品和服务交易的市场准入作出了适度宽松的规定,分成两种情形进行管理:

第一,通过网络从事商品交易及有关服务行为的自然人,应当向提供网络交易平台服务的经营者提出申请,提交其姓名和地址等真实身份信息;提供网络交易平台服务的经营者应当对暂不具备工商登记注册条件,申请通过网络交易平台提供商品或者服务的自然人的真实身份信息进行审查和登记,建立登记档案并定期核实更新,核发证明个人身份信息真实合法的标记,加载在其从事商品交易或者服务活动的网页上。

第二,通过网络从事商品交易及有关服务行为的自然人,具备登记注册条件的,依法办理工商登记注册。此处的"具备登记注册条件"包括两方面的内容:一是按照法律法规规定,必须经过国家有关行政管理部门审批、取得行政许可后才能经营的商品或者服务,通过网络经营时,经营者应当按照国家规定取得许可证明并办理工商登记注册手续,否则不得从事网上经营。例如,通过网络出售食品、药品、有毒有害化学品等需要取得行政审批许可的商品。二是不是以自然人身份和形态从事网络商品交易及有关服务行为,而是以法律法规规定应当办理登记的组织形态,例如公司等,从事网络商品交易及有关服务行为,应当依法办理工商登记注册手续。

这套市场准入规则体系既考虑到网络发展的现状,又着眼于未来的发展,既促进企业发展、促进创业和就业,又能有效保障网络市场经营主体身份的真实性和网络交易安全,为维护网络交易秩序、促进网络市场的健康发展提供基础性制度保障。

二、网络交易平台经营者的责任义务

网络交易平台是网络商品及有关服务集中交易的场所和空间,网络交易平台交易秩序是否规范、有序,直接关系到网络商品交易能否健康发展。在维护网络商品交易平台秩序方面,提供网络交易平台服务的经营者是第一责任人,负有重要管理责任。根据《办法》第三章的规定,提供网络商品交易平台服务的经营者的责任义务主要包括以下十一个方面:

(一)交易主体经营资格审查、登记、公示

《办法》第二十条规定:提供网络交易平台服务的经营者应当对申请通过网络交易平台提供商品或者服务的法人、其他经济组织或者自然人的经营主体身份进行审查。提供网络交易平台服务的经营者应当对暂不具备工商登记注册条件,申请通过网络交易平台提供商品或者服务的自然人的真实身份信息进行审查和登记,建立登记档案并定期核实更新。核发证明个人身份信息真实合法的标识,加载在其从事商品交易或者服务活动的网页上。提供网络交易平台服务的经营者在审查和登记时,应当使对方知悉并同意登记协议,并提请对方注意义务和责任条款。

（二）签订合同

《办法》第二十一条规定，提供网络交易平台服务的经营者应当与申请进入网络交易平台进行交易的经营者签订合同（协议），明确双方在网络交易平台进入和退出、商品和服务质量安全保障、消费者权益保护等方面的权利、义务和责任。

（三）制定实施管理制度

《办法》第二十二条规定，提供网络交易平台服务的经营者应当建立网络交易平台管理规章制度，包括交易规则、交易安全保障、消费者权益保护、不良信息处理等规章制度。各项规章制度应当在其网站显示，并从技术上保证用户能够便利、完整地阅览和保存。

（四）平台运行维护

《办法》第二十二条规定，提供网络交易平台服务的经营者应当采取必要的技术手段和管理措施以保证网络交易平台的正常运行，提供必要、可靠的交易环境和交易服务，维护网络交易秩序。

（五）交易商品或服务、交易信息检查监控

《办法》第二十三条规定，提供网络交易平台服务的经营者应当对通过网络交易平台提供商品或者服务的经营者，及其发布的商品和服务信息建立检查监控制度，发现有违反工商行政管理法律法规规章的行为的，应当向所在地工商行政管理部门报告，并及时采取措施制止，必要时可以停止对其提供网络交易平台服务。

（六）注册商标专用权、企业名称权等权利的保护

《办法》第二十四条规定，提供网络交易平台服务的经营者应当采取必要手段保护注册商标专用权、企业名称权等权利，对权利人有证据证明网络交易平台内的经营者实施侵犯其注册商标专用权、企业名称权等权利的行为或者实施损害其合法权益的不正当竞争行为的，应当依照《侵权责任法》采取必要措施。

（七）经营者商业秘密和消费者个人信息保护

《办法》第二十五条规定，提供网络交易平台服务的经营者应当采取必要措施保护涉及经营者商业秘密或者消费者个人信息的数据资料信息的安

全。非经交易当事人同意,不得向任何第三方披露、转让、出租或者出售交易当事人名单、交易记录等涉及经营者商业秘密或者消费者个人信息的数据,但法律、法规另有规定的除外。

（八）消费者权益保护

《办法》第二十六条规定,提供网络交易平台服务的经营者应当建立消费纠纷和解和消费维权自律制度。消费者在网络交易平台购买商品或者接受服务,发生消费纠纷或者其合法权益受到损害的,提供网络交易平台服务的经营者应当向消费者提供经营者的真实的网站登记信息,积极协助消费者维护自身合法权益。

（九）制止违法行为,报告、协助、配合查处违法行为

《办法》第二十三条规定,提供网络交易平台服务的经营者发现网络交易平台内有违反工商行政管理法律法规规章的行为时,应当向所在地工商行政管理部门报告,并及时采取措施制止,必要时可以停止对其提供网络交易平台服务。工商行政管理部门发现网络交易平台内有违反工商行政管理法律法规规章的行为,依法要求提供网络交易平台服务的经营者采取措施制止的,提供网络交易平台服务的经营者应当予以配合。《办法》第二十八条规定,提供网络交易平台服务的经营者应当积极协助工商行政管理部门查处网上违法经营行为,提供在其网络交易平台内进行违法经营的经营者的登记信息、交易数据备份等资料,不得隐瞒真实情况,不得拒绝或者阻挠行政执法检查。

（十）交易信息保存

《办法》第二十九条规定,提供网络交易平台服务的经营者应当审查、记录、保存在其平台上发布的网络商品交易及有关服务信息内容及其发布时间。经营者营业执照或者个人真实身份信息记录保存时间从经营者在网络交易平台的登记注销之日起不少于两年,交易记录等其他信息记录备份保存时间从交易完成之日起不少于两年。

（十一）统计报送

《办法》第三十条规定,提供网络交易平台服务的经营者应当按照国家工商行政管理总局规定的内容定期向所在地工商行政管理部门报送网络商

品交易及有关服务经营统计资料。

工商行政管理部门将把网络交易平台作为开展网络商品交易监管的重点和突破口,探索研究如何通过网络交易平台经营者规范网络交易行为,采取措施指导督促网络交易平台经营者切实履行管理责任,使《办法》的各项规定落到实处。

三、网络商品交易违法行为查处管辖

由于网络商品和服务交易具有虚拟性、开放性和跨地域性的特征,在《办法》起草过程中,网络商品交易违法行为的查处管辖问题一直是争论的焦点之一。有的从便于管理的角度出发,认为应以经营者住所所在地确立管辖原则;有的从利于查处的角度出发,认为应以违法行为地确定管辖原则;有的从维护消费者权益的角度出发,认为应以消费者受侵害地确立管辖原则。经过反复比较考虑,《办法》第三十六条最终确定网络商品交易违法行为的管辖原则:"网络商品交易及有关服务违法行为由发生违法行为的网站的经营者住所所在地县级以上工商行政管理部门管辖。网站的经营者住所所在地县级以上工商行政管理部门管辖异地违法行为人有困难的,可以将违法行为人的违法情况移交违法行为人所在地县级以上工商行政管理部门处理"。这样规定的考虑主要有以下两方面:

第一,现阶段网络商品交易平台是网络市场发展的主力军,促进网络市场发展,首先要促进网络商品交易平台发展。平台监管首先要做好促进发展的服务工作,扶持其发展壮大。如果按照经营者住所所在地等原则确定管辖,由于平台上的经营者和消费者遍布全国各地,那么全国县级以上工商行政管理部门对平台都有管辖权,都可以对平台进行搜索巡查,平台正常运行将不同程度遇到阻碍,平台配合工商行政监管的成本将大幅提高。这也是《办法》起草过程中各网站最为关心的问题。因此,《办法》按照"两促进"的原则,规定网络商品交易及有关服务违法行为由发生违法行为的网站的经营者住所所在地县级以上工商行政管理部门管辖。

第二,《工商行政管理机关行政处罚程序规定》(国家工商行政管理总局令第28号)已对案件管辖问题作出明确规定,特别是第八条关于广告违法

行为管辖由广告发布者所在地工商行政管理机关管辖的规定对于处理网络商品交易提供了很好的借鉴模式。网络商品交易违法行为的特征与违法广告行为具有相似性,一般是通过网络交易平台发生的,同时,通过网络交易平台调查提取网络商品交易违法活动的证据比较容易和方便。因此,参照国家工商行政管理总局第 28 号令第八条的规定,《办法》确定了网络商品交易违法行为的管辖原则。

除上述原则外,针对跨省网络商品交易及有关服务违法行为的实际情况和表现形式,《关于加强跨省网络商品交易及有关服务违法行为查处工作的意见》(工商市字〔2011〕111 号)中对跨省网络商品交易违法行为的协查、报备、移交等作出了详细的规定。其中规定:"网店经营者住所所在地工商行政管理机关查处网店经营者违法经营行为,发现其涉及网络商品交易违法行为,需要搜集违法行为证据的,可以请网络交易平台经营者住所所在地工商行政管理部门协查;对违法性质严重的网店经营者,可以依法要求网络交易平台经营者停止对其提供网络交易平台服务。"

四、电子证据取证

电子证据是指以储存的电子化信息资料来证明案件真实情况的电子物品或者电子记录,是一种新型证据类型。对于工商行政管理部门来说,网络交易违法行为通常涉及的电子证据主要来源于三个方面:一是涉嫌违法经营的网页信息,包括文字表述、图片、音频、视频等;二是涉嫌违法当事人电脑终端信息数据,包括储存在当事人终端电脑设备中的网页信息原材料、电子公告、电子论坛言论、电子合同备份、电子邮件备份、电子聊天记录以及账目往来、商品经销台账和库存情况等;三是提供网络交易平台服务的经营者等依法保存的涉嫌违法当事人经营行为的信息记录备份。

网络交易违法主体隐匿性强,违法数据往往记录于磁盘等介质中,容易篡改删除,不利于证据的固定。查处网络交易违法案件中的调查取证相当困难,网络服务器存放地有可能是其他省市甚至在国外,有的企业还会以涉及商业秘密、存储介质损坏、交易记录未作保存等理由拒绝提供。采用现代的计算机技术发现、收集、固定、保存、认定电子证据,建立电子证据鉴定机制,是查办网络交易违法案件的基础性工作。电子证据对执法机关提取和制作的方式提出更高的技术标准和程序要求。必须遵循电子证据的特点,严格执行证据规则,利用专门设备,培养专门人才,保证提取的证据客观、真实、合法,保证工商执法办案的公正、合法、高效。

《全国人民代表大会常务委员会关于司法鉴定管理问题的决定》规定,鉴定机构司法鉴定业务不受地域范围限制。司法部据此于 2005 年出台了《司法鉴定机构登记管理办法》,规定《司法鉴定许可证》由省级司法行政机关审核登记并颁发,司法部不进行授权颁证。2008 年 10 月,司法部、国家认证认可监督管理委员会在北京等 6 省市开展了司法鉴定机构认证认可试点,要求取得司法鉴定许可证的鉴定机构也应通过国家认监委的国家级资质认定或者省级质量技术监督局的省级资质认定。同时,根据诉讼回避原则,司法鉴定机构不宜由工商行政管理机关直接设立,应由具有第三方身份的事业单位或企业设立。

目前北京市工商经济信息中心设立了司法鉴定所,并已取得北京市司法局认证,各地工商行政管理机关可以委托其协助解决遇到的证据鉴定问题。总局正在结合监管平台同步建设总局电子证据实验室和网络交易监控室,实现搜索中的网页线索数据固定,人才、技术条件具备后,再统筹建立具有第三方身份的证据鉴定机构。

五、网络商品交易信息化监管平台

（一）平台建设的现状与目标

"以网管网",就是通过建立信息化监管平台,对网络商品交易活动实施动态监管,即对网站、交易平台上的网店以及其他利用门户网站、论坛、搜索引擎等进行宣传和销售商品的网页进行检查,发现、追踪、锁定、查处违法经营主体、违法经营行为和违法客体(商品),通过全国联网一体化监管的措施和手段实现监管目标。

目前各地工商行政管理机关都在积极推进网络监管信息化工作,部分省市已经基本建立了全省统一的网络监管信息化系统并实现了与内部管理系统的整合,有的省市建设了电子商务搜索监测中心和电子证据采集分析实验室,有的省市借用公共搜索引擎或其他部门的搜索工具开展网上巡查。在主体监管方面,有的省市是通过与通信管理部门的沟通协作,定期接收ICP备案数据充实经营性网站主体库,有的省市采用网上备案和搜索技术建立涉网主体数据库,有的省市采用市局集中搜索监测、区县认领排查建库的方法开展电子商务经营主体建库工作。在行为监管方面,有的开展网上巡查,主动发现违法商品和行为;有的是接受网上申诉举报,建立网上"12315"平台,及时处理热点难点问题。由于网络监管的特殊性,特别是建立搜索系统需要大量的投资。为此,尽快建立一套全国网络商品交易监管平台,实现从总局到地方局、业务工作与信息技术的全面融合已经迫在眉睫。网络监管信息化的总体目标是:以建设覆盖全国的垂直搜索引擎为突破,建立起全国一体、统分结合、功能齐全、上下联动的网络监管信息系统和平台,为促进网络经济发展、维护经营者和消费者的合法权益、规范网络商品交易市场秩序打下坚实的基础。

(二)平台总体设计

全国网络商品交易监管信息化平台的总体设计构想是:以总局网监平台为核心,以各省级局网监平台为支撑,总局网监平台与各省级局网监平台实现应用层、数据层的全面互联互通。平台实现工商系统内部网监工作部署的上传下达、违法案件协查、具体工作统计、投诉举报、社会服务等功能,实现对全国网络交易监管工作的统一调度指挥。

平台的建设内容包括以下三个方面:一是建立工商业务垂直搜索引擎系统,主要功能是对网络经营主体进行搜索定位,还原其真实身份,对违法客体(商品)、行为搜索发现等。二是建立内部管理平台,主要功能是内部管理、信息交换、案件协查和移交、指挥调度等。三是建立网上申投诉处理通道,主要功能是接受经营者和消费者的投诉、分发。

(三)平台主要功能

一是全面掌握从事网络交易的市场主体情况。在市场主体登记信息的基础上,叠加与网络监管有关的指标项,采集有关数据,形成网络经济户口数据,汇总到数据中心,一方面实现网络商品与服务交易统计报表及数据统计分析,另一方面为依托信息化手段实现精确有效监管打下基础。

二是实现网上违法商品和行为的有效监管。总局建设一套垂直搜索引擎系统,向各地提供开展网络交易监管工作所需要的包括各类交易主体、交易客体和交易行为在内的网络数据,并提供与之相关的各类搜索服务;地方局建设本省平台,或是直接部署总局开发的省级平台,并通过其完成网络经济户口建库及日常监管、案件处理等工作。

三是提高工商行政管理机关网络监管的内部协同能力。总局在综合业务系统上建设业务协同系统,各级工商行政管理机关可通过该系统完成有关案件转办、协助查询等工作,完成通知、政策法规、政务信息等文件的上传下达工作。

四是提高对社会的服务水平。各省要在自己的平台中提供对外服务窗口,总局负责在总局平台上建设面向全国的统一网络服务窗口。

(四)平台建设任务

全国网络商品交易监管平台,其组成包括总局建设的总局网络监管平台(简称总局平台)和各省区市建设的本省区市网络交易监管平台(简称省局平台)。以总局平台为核心,与各省局平台实现数据层的互联互通。

总局平台任务如下:

1. 采集汇总各省网络经济户口数据(通过总局数据中心采集);

2. 建设全国垂直搜索引擎系统(这套系统是数据搜索系统,总局统一向搜索服务商下达搜索任务,得到反馈的网页链接数据,提供给各地方局使用);

3. 建设全国案件信息协办反馈系统(通过整合利用现有的总局综合业务系统实现);

4. 建设全国政务信息、通知公告等内容的上传下达系统(也是通过整合利用现有的总局综合业务系统实现);

5. 提供全国统一的网上对外服务窗口;

6. 设计对上述系统数据的全面查询统计分析功能;

7. 建设总局电子取证实验室。

省局平台任务如下:

1. 建设本省网络经济户口登记录入和日常监管系统(这套系统是数据

处理系统,完成对总局提供的搜索结果数据进行判定、处理、纳入日常监管等功能);

2. 建设本省网络对外服务窗口,提供包括总局要求内容的服务功能;

3. 实现与本省案件系统、12315系统、企业登记系统、日常监管巡查系统之间的数据互联互通;

4. 建设本省电子取证系统。

(五)全国垂直搜索引擎系统

垂直搜索是针对某个行业的专业搜索引擎。有关违法商品和行为的网页数量庞大且不断增长,不借助专业搜索服务难以有效发现。由于互联网的无地域性,各省搜索范围都要包括全部中文网页,没必要重复搜索,总局建设一套垂直搜索引擎即可满足全国工商行政管理机关的搜索需求。

总局搜索引擎系统将按照属地监管信息,将包含匹配工商主体信息、摘要说明、IP地址、服务器所在地域、标题、简介、网页链接信息数据在内的搜索结果数据提供给各省使用。基层工作人员登录本省的登记录入和日常监管系统后,系统将自动显示相关搜索结果数据,工作人员可对搜索结果进行处理。考虑到专业搜索服务商对工商业务不了解,提供的数据不够精确,总局拟再确定一个专业数据服务商,负责对搜索结果数据进行再处理、过滤、优化,并结合工商业务工作特点,协助工商工作人员制定搜索规则和逻辑。

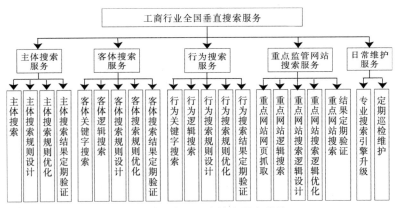

工商行政管理全国垂直搜索服务结构图

全国垂直搜索引擎系统主要包括四方面内容:主体搜索、客体搜索、行为搜索和重点网站搜索。

主体搜索是利用垂直搜索引擎技术,将市场主体在互联网中的网站、黄页、网店的信息检索出来并与主体进行关联,使工商行政管理部门掌握工商主体在互联网中的状况。其业务流程是:①总局统一将搜索关键字即全国主体相关信息(共四项)提供给专业搜索服务商进行搜索;②搜索服务商将与主体关联的网页链接结果数据提供给数据服务商;③数据服务商根据主体属地信息进行关联、匹配、过滤,形成主体搜索结果数据,提供给各省局使用;④各省使用本省的网络经济户口登记录入和日常监管系统对总局提供的数据进行处理、判定,形成网络经济户口库数据,纳入本地经济户口管理;⑤各省将本省的经济户口数据汇总至总局数据中心,总局形成网络经济户口主体库,达到摸清底数的目的。

交易客体搜索和交易行为搜索的流程相似:①总局汇总审核地方局搜索需求后,统一将客体(行为)的搜索要求提供给数据服务商。②数据服务商对需求进行讨论、分析,并进行搜索规则的设计。③数据服务商提出搜索规则中的关键字搜索部分,提交给专业搜索引擎服务商,由专业搜索引擎服务商对互联网海量网页数据(针对行为)或公共搜索引擎数据(针对客体)的关键字搜索。形成关键字搜索结果库。④数据服务商根据关键字搜索结果,利用搜索逻辑知识库,实现数据的逻辑过滤,形成全国工商行政管理网络交易搜索结果库和各省市的工商行政管理网络交易搜索结果分库。⑤数据服务商将搜索的结果提交给总局或需求的提出方。客体或行为搜索结果的分派按以下步骤:第一步:对于客体经营网站为已匹配的主体网站,按照属地管理的范围将检索结果分派给相应的省、市、区县、工商所的工商行政管理部门进行监管。第二步:若客体经营网站不能匹配到主体,则根据客体经营网站的网页中标称的地域名称匹配到工商的对应部门。如:若 A 网站的网页中标识地域名称为"北京"则将 A 网站的数据分派给北京市工商行政管理局,若 B 网站的网页中标识地域名称为"北京市朝阳区"则将 B 网站的数据分派给北京市朝阳工商分局。第三步:若客体经营网站的网页中没有标识地域名称,则根据客体经营网站的服务器所属地域,匹配到工商行政管理机关的对应部门。如:若 A 网站的服务器所属地域为北京市则将 A 网站的数据分派给北京市工商行政管理局,若 B 网站的服务器所属地域为北京市朝阳区则将 B 网站的数据分派给北京市朝阳工商分局。第四步:特殊情况采取人工分派的方式。

重点网站搜索是总局开展监管工作的一项重要内容,利用搜索引擎对指定重点关注网站进行实时监控,及时发现出现的敏感词汇,可以有效提升对网络交易风险的快速反应能力。其流程是:总局将重点关注网站的域名或 IP 的目录及敏感的关键字提供给数据服务商,专业搜索服务商根据数据服务商编制的网站列表及设计的搜索参数,对指定网站的网页进行抓取,定期返回网页的抓取结果。数据服务商对网页进行逻辑过滤,过滤内容为网站的敏感关键字及特殊逻辑判断,生成重点监管网站搜索结果。

(六)省局平台功能设计

省局平台应当包括以下四部分内容:一是建设省局网络经济户口登记录入和日常监管系统;二是实现与本省案件系统、12315 系统、企业登记系统、日常监管巡查系统等业务系统的数据互联互通;三是建设本省网络对外服务窗口;四是建设本省电子取证系统。其中最重要的是网络经济户口登记录入和日常监管系统,主要完成对总局下发数据的处理、纳入建库和日常监管等功能。总局将开发一套示范系统,各省可以参考其功能和数据库设计,自行开发建设本省监管平台。总局与省局之间的数据交换包括以下三种方式:①总局通过数据中心,采集汇总各省的网络经济户口库数据;②由于数据量大,总局将提供给各省使用的搜索结果数据存放于总局开设在外网的 ftp 服务器上,各省通过本省的登记录入和日常监管系统定期抓取搜索结果数据;③各省登录总局平台将本省登记录入和日常监管系统的处理结果以及对客体或行为的搜索需求、搜索建议等提供给总局。

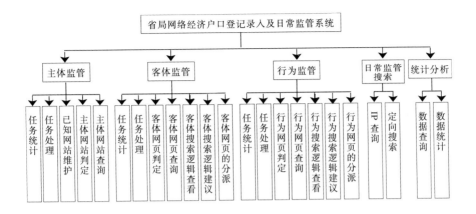

省局网络经济户口登记录入和日常监管系统功能结构图

省局网络经济户口登记录入和日常监管系统的主要功能应该有以下几部分：

一是主体监管功能,包括：①主体网站判定,操作人员判断网站是否属于自己辖区、网站的类型,并补充必要的信息;②异议处理,包括对网页的辖区异议、内容不匹配、错误链接等;③任务统计,统计下级部门的主体判定的总量,未完成个数、已完成的个数、后继处理情况等;④主体网站查询,可以对主体搜索结果中的网站或网页进行企业名称、域名指定条件的查询。

二是客体监管功能设计,包括：①客体网页判定,操作人员判断客体有关的主体网站是否属于自己辖区,并作进一步处理;②客体网页分派,对于本辖区内的客体搜索结果进行分派：根据部门级别(省市局、地市局、区县局、工商所)由上至下进行逐级分派;③异议处理,包括对客体网页的辖区异议、内容不匹配、错误链接等;④任务统计,根据属地监管的分派结果及监管情况,统计下级部门的客体判定的总量,未完成个数、已完成的个数、后继处理情况等;⑤客体网页查询,对客体的搜索结果中的网页进行企业名称、域名、客体分类等指定条件的查询。

三是行为监管,其功能设计与客体监管近似,不再详细说明。

四是日常监管搜索功能设计。该功能满足基层工作人员对自己管辖网络经济户口网站下的网页进行各类关键词组合的垂直搜索。系统通过调用搜索引擎提供的高级搜索功能,在此基础上进行定制开发,基层工作人员可以增删改自己管理的网站（域名），并支持对一个或多个域名下全部网页内容的关键字的搜索。

五是查询与统计功能设计。用户对网络交易搜索结果数据库按关键字、分类、属地等进行查询，对全省网络交易搜索结果数据库的数据量进行统计分析，包括总量、各分类的数据量、各属地的数据量。各数据量又分为关键字搜索结果数据量、逻辑过滤后的数据量。

第七章　改革与展望

随着我国经济迅速发展,更加多元化、复杂化的市场行为,对工商行政管理部门建立和维护公平竞争的市场秩序,服务经济社会科学发展提出了更高更新的要求。站在新的起点上,工商行政管理竞争执法与市场秩序维护工作,必须紧跟时代步伐,更新监管理念、创新监管机制,努力实现"建设高素质的队伍、运用高科技的手段、实现高效能的监管、达到高质量的服务"的改革发展目标。本章对于工商行政管理竞争执法和市场规范管理工作进行了前景展望。

第一节　竞争执法工作前景展望

一、反垄断工作前景展望

尽管工商行政管理部门承担反垄断执法任务的时间还不长,很多方面也存在不少困难,但通过全系统的共同努力,积极开拓,近年来做了大量工作,取得了较好的成绩:一是进一步完善了有关配套规章,使反垄断规则更加明确和具体;二是深入开展反垄断执法,积累了较为丰富的反垄断执法经验。展望未来,工商行政管理部门在反垄断工作中将大有作为,中国的竞争执法体制机制也将更加完善。

(一)竞争倡导优先,竞争执法与竞争倡导相结合,培育和改善中国的竞争环境

全面地看待中国反垄断法的实施,不仅要看反垄断行政执法和司法的"有形"实施,而且还要更多地看到通过竞争倡导所带来的反垄断法的"无

形"实施。所谓竞争倡导就是指竞争主管机构实施的除执法以外所有改善竞争环境的行为。

反垄断法的实施不仅仅体现在行政执法和司法审判中,更多的还体现在广大经营者的守法和整个社会反垄断法律意识的培养过程中,而后者实际上是反垄断法实施的更普遍、成本更低和更理想的方式。国际经验表明,竞争倡导有利于促进执法。转型经济国家竞争机构需要在反垄断法实施初期,给予竞争倡导重要地位。因此,作为反垄断的执法机构之一,工商行政管理部门的工作不仅仅表现在具体的行政执法上,还表现在反垄断法的宣传普及和进行竞争倡导上。宣传与普及对于提高民众的反垄断法律意识,培育全社会的竞争文化,具有非常重要的意义。

反垄断法的立法目的在于预防和制止垄断行为,保护市场公平竞争,维护消费者利益和社会公共利益。但是对普通老百姓而言,对于如何理解垄断的概念,如何把握反垄断法的理念和执法原则,以及对于反垄断法与国有企业,特别是与作为国民经济支柱的国有大中型企业之间的关系等问题还缺乏足够的认识。这就需要我们的反垄断执法部门通过反垄断执法和宣传加以引导,既要提高整个社会的反垄断意识,又要引导社会对《反垄断法》有客观的认识。竞争执法和竞争倡导相结合,将更加有利于改善我国的竞争环境,也更加符合建设和谐社会的要求。

(二)反垄断执法理念进一步成熟,执法技能和执法水平进一步提高

反垄断法在我国还是一个新事物,立法过程中借鉴了大量发达国家的经验,但中国特殊的市场环境特别是竞争环境决定了做好反垄断工作不能靠照抄照搬。反垄断执法机构要在对本国国情充分认识和把握的基础上,通过对反垄断法基本原理的正确理解,不断探索和完善自己的执法理念和执法思路,进一步提高执法技能和执法水平,做到理念、思路和技能的三位一体,同步发展。

1. 树立"保护竞争格局"的执法理念,全面维护市场的公平竞争

"保护竞争格局而非竞争者"是西方国家根据司法判例总结出来的一句反垄断谚语,它准确地阐释了反垄断法的目的和职能。反垄断法通过对竞争格局的保护来实现市场经济效率的最大化、技术创新和提高消费者福利

等目标,它尊重市场竞争、追求企业在竞争中实现优胜劣汰,并不是一部保护弱者、反对强者的法律。只要市场竞争机制存在,价值规律就能够实现资源的优化配置。这就要求正确处理国家干预和市场调节之间的关系。《反垄断法》是一部国家公权力对私权利干预的法律,干预的主要目的是维护市场竞争秩序和对歪曲市场秩序的矫正。我国目前还处于市场经济发展的初期,如果政府过多地运用《反垄断法》干预市场经济运行,极有可能形成一种新的危害竞争的行为。因此,我们应当坚持依据市场经济规律来实现优胜劣汰,正确把握干预的目的和尺度,适度校正。

2. 改变"本身违法"的传统执法思路,在分析垄断案件时更多地适用合理分析规则

本身违法规则和合理分析规则是在西方反垄断实践中逐渐形成的违法判定规则,二者之间存在着明显区别,需要在反垄断的实践中斟酌使用。本身违法规则反映的是一个事实定位的问题,违法行为的存在与否是执法机构作出裁决的基础,判定程序相对简单。合理分析规则反映的是一个价值判断问题,强调的是对当事人限制竞争行为影响和效果的考量,关键在于比较相关行为促进竞争的效果是否大于其反竞争的效果。如果害处大于好处,那么就要受到反垄断法的规制;如果好处大于害处,对限制竞争行为的规制就是没有意义的。

在《反不正当竞争法》执法实践中,对相对人行为是否违法的认定主要遵循"本身违法"规则,即符合行为要件就是违法,不符合或者不完全符合就是不违法。而垄断案件大多比较复杂,特别是相关行为对市场的影响往往是多层面的,因此执法部门需要更多的运用合理分析规则来认定。具体说来,对我国的反垄断执法而言,除了横向价格垄断协议、限制产量协议、划分市场协议和串通投标协议等赤裸裸的核心卡特尔行为可以适用本身违法规则外,其他大部分的垄断行为要适用合理规则对违法行为进行分析,避免简单判断和片面的处理意见。

3. 通过总结交流执法经验,加强业务培训,不断提高反垄断执法人员的执法技能和水平

反垄断执法是一项专业性、技术性都相当强的工作,要求我们建设一支

专业性强,技术水平高的专业执法队伍。反垄断执法的专业性强,涉及面广,因此在执法中不但要熟悉有关法律法规、国家政策,还必须了解相关市场状况、商业规则和运行模式,通过专业的法律和经济分析,对有关行为的竞争影响作出全面综合分析。中国反垄断法实施时间尚短,反垄断执法机构和执法人员还需要加强学习,要尽快培养一批专业执法人才。一是从丰富的执法实践中总结经验,努力提升执法手段和执法技术;二是邀请国内外的专家、学者对本部门的执法人员进行培训,提高和掌握办理反垄断案件的专业技巧与方法。

(三)工商行政管理部门反垄断执法工作的发展

1. 依托现有的行政执法力量,继续加大竞争执法力度,创造和维护有序竞争的市场环境

《反垄断法》出台后,工商行政管理部门依据法律规定和职责,开展了反垄断执法工作,通过行政约谈、告诫和实施行政处罚和行政建议等方式处理了一批涉嫌垄断的案件,对于保护市场竞争,维护经济秩序作出了积极贡献。国家工商行政管理总局授权江苏省工商行政管理局查处的连云港混凝土协会组织成员单位实施垄断案和广东省工商行政管理局查处的某市政府滥用行政权力案,分别是全国第一起适用《反垄断法》实施行政处罚和行政建议的案件,在全国引起很大反响。下一步,工商行政管理部门将进一步加大对垄断协议、滥用市场支配地位以及滥用行政权力排除、限制竞争方面案件的查处力度,推动《反垄断法》的深入实施。

2. 积极运用《反垄断法》和相关配套规章查处案件,总结规律和经验,为下一步法律完善打下基础

《反垄断法》颁布实施后,工商行政管理部门在执法依据方面,需要注意一些问题。如1993年颁布实施的《反不正当竞争法》规制了十一种不正当竞争行为,其中,有五种行为(公用企业限制竞争行为、串通招投标、行政垄断、附加不合理条件、搭售)与《反垄断法》的规定存在竞合。《反垄断法》颁布实施以后,按照后法优于前法的原则,如果出现竞合条文所列之行为,应当按照《反垄断法》的规定进行执法。又如,《反垄断法》颁布以来,有关部门制定了一系列法律、法规、规章或者指南,但未来可能出现一些复杂疑难的

垄断案件,其情形可能超出现有的具体法律规定,因此如何在现有的法律原则框架下解释一些尚有模糊性的概念和条文,以及如何修改、完善、制定新的规章和指南,是未来执法需要注意的问题。在今后的办案过程中总结经验和规律的基础上完善反垄断配套规章,是工商行政管理部门的一项重要任务。

(四)执法部门建立和完善科学有效的反垄断配合协调机制

根据国务院的"三定方案",目前反垄断的行政执法分属商务部、国家发展和改革委员会、国家工商行政管理总局三个部门。国务院对三家执法机构的具体职能进行了划分,三个部门也都成立了相应的内设机构。但是,现实中的一些案件,往往涉及不止一家执法机构的职能,比如在一个卡特尔的案件中,经营者既有限制产量的行为,也有固定价格的行为,那么根据反垄断执法职能的划分,国家发展和改革委员会有权查处其价格垄断的行为,而国家工商行政管理总局有权查处其限制产量的行为。因此,在我国三个部门负责执法的格局下,反垄断执法部门之间的协调和合作非常重要。

随着《反垄断法》实施的深入,特别是大量反垄断案件的出现,三家执法机构对相互间协调和合作的重要性有了进一步认识。在下一步的反垄断执法工作中,执法机构将密切配合,加强协调,建立健全分工管辖、案件移送、联合办案等制度,形成反垄断监管的合力,共同维护公平竞争的市场环境。另外,国务院反垄断委员会是协调三家执法机构建立合作工作机制的重要平台,将在未来的执法实践中发挥更大的协调平衡作用,使反垄断执法部门发挥更大的行政效力、效能作用。

(五)反垄断国际交流与合作进一步加强,中国反垄断执法的国际影响力将进一步加大

反垄断执法工作的国际性和借鉴性都比较强,开展反垄断执法工作必须具备国际视野。《反垄断法》实施后,中国政府及其竞争执法机构大力加强国际交流与合作,努力学习借鉴发达国家反垄断执法的先进经验和做法。2011年7月27日,我国与美国签署了"中美反垄断合作谅解备忘录",建立了国家工商行政管理总局、国家发展和改革委员会、商务部与美国司法部和联邦贸易委员会的打击垄断保护竞争的合作机制。中国是通过《反垄断法》

后最短时间内与美国签署谅解备忘录的国家,也是世界上第十一个与美国签订反垄断合作谅解备忘录的国家。此外,国家工商行政管理总局还与欧盟、俄罗斯、英国、韩国等10个国家的竞争执法机构签署了竞争执法领域的合作谅解备忘录,按照有关备忘录,中国政府将派出反垄断执法人员前往有关国家培训交流,并就竞争执法政策法律的发展、案件查办情况等方面与有关国家进行信息交流、相互协作。深入的国际交流必将在资源共享、信息互通、人才培养等方面对我国反垄断执法工作的发展产生积极影响。

其次,我国竞争机构还积极展开双边、多边和区域合作,积极参加联合国贸发会议(UNCTAD)、国际竞争网络(ICN)、经合组织(OECD)以及世贸组织(WTO)有关竞争政策的会议,与各国竞争执法机关共同研究国际竞争法律与政策面临的形势和任务,共同运用竞争手段维护市场环境、改善竞争秩序、完善竞争规则,努力促进国际经济秩序朝着公正、合理、共赢的方向发展。

此外,中国还积极主办反垄断与反不正当竞争国际会议,加强竞争领域的国际交流与合作。金砖国家国际竞争大会是中国、俄罗斯、巴西、印度等金砖国家竞争机构共同发起的国际竞争政策交流平台,被金砖国家领导人第三次会晤发表的《三亚宣言》列为金砖国家间务实合作的内容之一。继俄罗斯竞争机构2009年承办第一届大会之后,国家工商行政管理总局于2011年9月在北京承办了第二届金砖国家竞争会议。来自世界各国的竞争机构代表、国际组织代表、竞争政策和竞争领域的专家参加了大会,交流了世界各国的反垄断执法经验和面临的问题,给承担《反垄断法》执法任务不久的中国同行上了内容丰富的一课。

改革开放三十多年来,中国巨大的经济建设成就举世瞩目。随着经济全球化的发展,中国已逐步从国际规则的旁观者和接受者,逐渐跨入了规则制定者和参与者的行列。中国《反垄断法》颁布实施以后,各国竞争执法机构、跨国公司以及科研机构对中国竞争执法问题的关注已经被提到了新的高度,中国的竞争法律和政策在国际社会的影响力也不断提升,随着我国市场经济体制和相关立法执法体系的不断完善,中国《反垄断法》将逐步成为与美国反托拉斯法、欧盟竞争法并列的全球第三大竞争法律体系。

二、反不正当竞争工作前景展望

市场经济的核心在于竞争,公平的竞争秩序是市场经济的本质要求。中国在建立和完善社会主义市场经济体制的过程中,十分重视建立健全市场竞争规则,完善竞争法律制度,维护市场竞争秩序。展望未来,工商行政管理部门反不正当竞争的各项工作将随着中国经济社会的发展而不断发展和完善。

（一）反不正当竞争立法工作展望

《反不正当竞争法》是我国第一部专门调整市场竞争行为的法律。但是,随着我国市场经济的不断发展和市场竞争的日趋激烈,出台于1993年我国确立市场经济模式初期的《反不正当竞争法》暴露出许多问题。2003年第十届全国人大常委会和国务院将修改《反不正当竞争法》列入立法计划,国家工商行政管理总局受国务院委托承担具体修订工作,2008年底将《反不正当竞争法(修订稿)》(送审稿)报请国务院审查。2010年7月,国家工商行政管理总局又按照国务院法制办要求对《反不正当竞争法(修订稿)》七个专门课题研究项目进行了补充论证研究(这七个课题分别是《反不正当竞争法的调整范围》、《不正当竞争行为的监管模式》、《不正当竞争行为的种类界定(重点是仿冒、侵犯商业秘密、虚假宣传、不正当有奖销售、扰乱市场竞争秩序的不正当竞争行为)》、《反不正当竞争法与反垄断法的关系及衔接》、《反不正当竞争法与其他相关法律行政法规的关系(反垄断法除外)》、《商业贿赂行为的范围、种类界定及规制措施》、《中外反不正当竞争法律制度比较研究(含国外有关法律法规资料收集)》)。

1.《反不正当竞争法》修订的基本思路

一是全面贯彻落实科学发展观,从我国市场经济发展的实际情况出发,在充分总结我国反不正当竞争立法和执法经验的基础上,研究借鉴国外先进立法经验和做法,使修订后的《反不正当竞争法》能够更好地适应我国市场经济持续健康发展的需要。

二是增加有关知识产权保护的内容,强化对知识产权的保护力度。随着我国改革开放的不断深入,特别是"入世"之后,知识产权以及知识产权的保护越来越受到社会各界的重视。但从目前来看,我国保护知识产权的形势依然严峻,严重影响着我国市场经济的健康发展,因此,要通过修改《反不正当竞争法》增加并完善有关知识产权保护的内容,进一步增强该法对知识产权的附加保护、兜底保护作用,以便解决现有知识产权法没有解决、难以解决而又需要解决的问题。

三是完善有关禁止商业贿赂的法律规范。针对当前经济活动中存在的商业贿赂问题,《反不正当竞争法》宜从明确商业贿赂行为的内涵和外延、细化商业贿赂行为分类、加大行政处罚力度等诸多方面,对法律进行完善。

四是做好与《反垄断法》的衔接,充分发挥两部法律在维护公平竞争方面相辅相成的作用。

2. 国家工商行政管理总局建议《反不正当竞争法》修订的主要内容

一是完善对不正当竞争行为和经营者的定义,扩大《反不正当竞争法》的调整范围。现行《反不正当竞争法》对不正当竞争行为的定义把调整范围严格限定为列举的十一种不正当竞争行为,限制了调整范围,不利于对不正当竞争行为的全面、灵活打击。

二是明确《反不正当竞争法》适用所有经济领域。近年来出台的一些法律法规,规定了其他部门对特定不正当竞争行为具有管辖权,造成了反不正当竞争法适用范围缩小,执法主体分散多元。本次修订中应尽可能协调解决此问题。

三是增加不正当竞争行为的种类。现行《反不正当竞争法》根据立法时我国市场经济的发展状况,在第二章中共列举了十一种不正当竞争行为。但随着我国市场经济的不断发展和市场竞争的日趋激烈,新的不正当竞争行为不断涌现,严重影响着市场经济的健康发展。因此,本次修法应根据实际情况增加不正当竞争行为的种类。

四是对现行十一种不正当竞争行为的相关规定进行必要的修改和补充,修改其中不符合市场实际和执法实践的条款。

五是强化行政执法机关对不正当竞争行为的监督检查权限。赋予执法机关必要的职权,是保证执法机关能够全面、客观地了解和掌握有关案情,及时制止违法行为,实现立法宗旨的客观要求。现行《反不正当竞争法》赋予行政执法机关对不正当竞争行为进行监督检查的权力比较软弱,不适应打击不正当竞争行为的需要。

六是完善相关的法律责任制度。从执法实践来看,现行《反不正当竞争法》规定的法律责任存在一定缺陷。建议按照全面性、惩戒性和可操作性等原则对法律责任进行修改、完善,主要体现在三方面:第一,充分发挥行政执法快捷、简便、高效的特点,对所有不正当竞争行为均规定行政法律责任,以使不正当竞争行为能够得到及时的制止;第二,对行为人拒不履行法律规定的接受检查、如实提供有关资料等义务的,规定相应的行政法律责任;第三,提高罚款的最高数额,强化法律的威慑力。

(二)反不正当竞争执法的工作展望

近年来,随着我国经济社会的迅速发展,不正当竞争问题日趋凸显,一些新型不正当竞争行为花样翻新、层出不穷。在新的历史时期,工商行政管理部门充分发挥自身职能,进一步加大执法力度、完善相关法律法规、加强竞争政策的国际交流与合作,开展了大量卓有成效的工作,有效维护了公平竞争的市场秩序。展望未来,全国各级工商行政管理机关将在总结近二十年反不正当竞争执法经验的基础上,继续按照国家的统一部署和竞争执法工作要求,一如既往地以科学发展观为指导,认真查处传统不正当竞争行为,积极探索对新型不正当竞争行为的规范。一是按照中央治理商业贿赂领导小组关于"既要进一步加大案件查处工作的力度,又要加快建立健全防治商业贿赂长效机制"的整体部署,继续加强组织领导,把治理商业贿赂工作推向深入,切实履行工商行政管理职责。二是按照《国家知识产权战略纲要》的要求,大力推进商业秘密的保护工作,严厉查处"傍名牌"行为,在建立健全知识产权保护的长效监管机制上下功夫。三是认真推进反不正当竞争工作制度化、规范化、程序化、法治化建设,不断创新监管理念,拓展监管领域,完善监管机制,转变监管方式,丰富监管手段,实现市场监管效能的全面提升。

(三)执法能力建设与合作交流的展望

当前,经济全球化深入发展,世界市场一体化进程不断加快,国际竞争日益激烈,各种限制竞争行为也呈现出全球化的趋势。建设一支专业化的反不正当竞争执法队伍是提升竞争执法水平,维护市场竞争秩序的基础保障。加强反不正当竞争领域法律和政策的国际合作与协调,是促进国际经济秩序更加公正、合理、共赢的重要内容。为此,一是应当以强化执法能力建设为基础,努力建立一支高水平的专业化、现代化反不正当竞争执法队伍。二是应当以全球化战略视野,继续加强国际间的反不正当竞争执法交流与合作。

反不正当竞争执法工作任重而道远。为了有效推进有关执法工作,维护良好市场经济秩序,全国各级工商行政管理机关将一如既往地坚持围绕中心,服务大局,加强效能建设,更加自觉服务经济发展,更加高效加强市场监管,更加有为强化消费维权,更加努力推进依法行政,更加严格锻炼干部队伍,努力为各类市场主体创造机会均等、公平竞争的市场环境,为促进经济平稳较快发展和经济发展方式加快转变作出积极贡献。

第二节　市场规范管理发展前景展望

一、完善市场规范管理长效机制

市场规范管理长效机制是使市场规范管理工作按照一定规则科学运行的过程与方式。建立和完善市场规范管理长效机制,就是以有效履行市场规范管理职能为目的,通过目标任务设计、制度措施设计、组织运行设计,建章立制,并加以落实,融入市场规范管理的各项工作之中,使之经常化、长期化、有效化的系统工程。从系统论的方法看,可以从构建目标系统、制度系统和运行系统三个方面入手,推进市场规范管理长效机制建设。

（一）构建市场规范管理长效机制的目标系统

完善市场规范管理长效机制,首先要形成既有系统性又具有针对性的多层次目标系统,以明确长效机制建设的总方向和具体目标。全面落实科学发展观,按照努力做到"四个统一"的新要求,市场监管长效机制建设的总目标是:围绕提高市场监管效能、实现监管职能到位的需要,大力推进市场监管机制创新,实现"四个转变",即监管领域由低端向高端延伸,监管方式由粗放向精细转变,监管方法由突击性、专项性治理向日常规范监管转变,监管手段由传统向现代转变。作为市场监管机制子系统的市场规范管理长效机制建设,应当以总目标为基础,结合业务工作的具体特点,突出信息整合处理机制、违法违规行为的预警机制、发现机制、查处机制以及应急机制等,确立市场规范管理长效机制的目标系统。

(二)构建市场规范管理长效机制的制度系统

法律依据相对缺失、职责界限不够清晰等问题一直是制约市场规范管理效能的瓶颈,而构建市场规范管理制度体系则是解决这一瓶颈的重要途径,也是完善市场规范管理长效机制的本质要求。按照大力推进"四化建设"的要求,构建市场监管长效机制的制度系统,就是要把规范化、程序化、法治化的要求贯穿于制度化建设的始终,使长效机制以比较完整和规范的形式存在于市场监管特别是市场规范管理工作之中,在提高制度化水平过程中,使长效机制目标得以充分实现。

市场规范管理制度建设的重点是:

1. 以深化市场巡查制为重点,进一步完善市场规范管理长效机制。在继续推行市场巡查制的过程中,建立和完善各项制度、规定,用制度规范市场巡查的具体内容、考核标准、工作程序和市场巡查人员的职责、任务;建立和完善市场管理公示制、执法不作为追究制等有利于市场巡查顺利开展的监督机制,公开办事制度和办案程序,接受社会和经营者的监督。同时注重发挥市场开办单位和各类市场自律组织的作用,共同推进市场规范管理长效机制建设。

2. 以深化商品交易市场信用分类监管为重点,进一步完善市场主体信用约束机制。继续推进商品交易市场信用分类监管制度和诚信市场、农村文明集市创建,健全和完善市场信用采集制度、评价制度、反馈和披露制度以及日常监管综合分析体系,提高商品交易市场的监管水平和效能。

3. 继续深化商品准入制度改革,建立健全农资、汽车、成品油等重要商品市场的监管制度,查处假冒伪劣商品,严格不合格商品退市制度,促进市场规范繁荣。推动《城乡集市贸易管理办法》的修订,推进《市场违法行为处罚办法》的制定,完善经纪人备案公示制度,加强合同行政调解,打击合同欺诈行为,推行合同示范文本,规范合同签约行为,制止利用霸王合同侵害当事人合法权益的行为。

(三)构建市场规范管理长效机制的运行系统

所谓运行系统是指长效机制的目标、制度确定后,通过相应措施为促进长效机制高效运转并发挥作用而形成的运行保障体系。运行系统的确立,着眼于长效机制得以有效贯彻执行,增强各环节的可操作性,激发执行的动力,使各项长效机制协调、合拍、顺畅起来。构建市场规范管理长效机制的运行系统,重点是按照"建设高素质队伍、运用高科技手段、实现高效能监管、达到高质量服务"的要求,着重抓好以下几个方面:

1. 加强组织领导

切实把市场规范管理长效机制建设放在重要的议事日程,与履行职能和推动工作紧密结合起来。形成工作有计划、有部署、有检查、有总结的严密工作程序,确保认识到位、工作到位、责任到位,始终保持长效机制正常有序运转。

2. 建设高素质的队伍

按照"三个过硬"的要求,建设高素质、专业化的干部队伍,切实加强市场经济条件下工商行政管理能力建设,用监管机制的创新成果推动队伍建设工作,用队伍建设的新成效为长效机制建设提供人才保障。

3. 运用高科技的手段

实践证明,运用现代化科技手段,是推进监管机制创新的重要途径。无论是市场巡查制的广泛推行、市场信用分类监管的深入推进,还是商品准入制度改革,工商行政管理监管机制创新一步也离不开现代科技手段的运用。大力提高市场规范管理的科技含量,为长效机制建设提供技术支持。

4. 完善内部行政运行体系

长效机制作用的发挥,需要依托内部行政运行体系才能完成。应当结合长效机制建设的需要,及时调整人员分工,改进工作流程,不断强化和优化市场规范管理职能,延伸和拓展监管服务空间。全面推行政务公开,增强权力运行的透明度。加快电子政务建设,提高行政运行效率。大力推广行政指导,实施人性化管理。加强效能建设,提高办事效率。加强权力监督制约,改进工作作风。

5. 构建"四位一体"的市场监管体系

市场主体的广泛性、市场业态的复杂性、市场行为的多变性决定了市场规范管理长效机制建设的动态性和复杂性,必须努力构建行政执法、行业自律、舆论监督、群众参与的市场监管体系。进一步加强有关行政执法部门及工商行政管理机关内设机构之间的协作配合,强化信息共享和执法联动,建立健全协作配合的长效机制,充分发挥行政执法在市场监管中的主导作用。

二、网络商品交易市场监管的展望

互联网革命正在重新定义市场,全球市场正在发生根本性的重大变化。网络商品交易是信息化条件下的新型经济活动,在现代经济活动中的比重日益增长,对经济和社会发展的影响愈加深远。工商行政管理部门应以全新的姿态主动、积极、开放地介入这次市场革命,通过机制创新、手段创新,切实履行网络商品交易及有关服务行为监管职能,并将工商行政管理传统的市场监管职能在互联网上自然延伸。大力促进网络经济发展、着力营造规范有序的网络商品交易市场环境、切实保护网络消费者和经营者的合法权益,是工商行政管理部门在新的历史时期的战略选择和崇高使命。

(一)继续推进网络商品交易监管相关法规建设工作

《网络商品交易及有关服务行为管理暂行办法》的公布施行为促进发展、规范秩序、保护权益提供了基础的法律支撑和保障,标志着网络商品交易及有关服务行为初步纳入了法制化的轨道。但是面对新兴产业,面对众多的新情况、新问题,作为首部规范,《网络商品交易及有关服务行为管理暂行办法》不可能将所有问题予以解决,也不可能将已存在的问题全部予以详细具体的解决。一部分规定还只是原则性规定,有待根据实践进一步完善。特别是目前网络商品交易正处在快速发展的初期,新情况、新问题不断出现,不少问题尚不具备立法的条件。这就要求切实在法律法规和制度支撑上下功夫,特别是要加强维护群众利益的法规建设,力争尽快在网络市场主体准入、网上经营行为规范、网络消费权益保护、网上商标权保护、网络广告发布、网上拍卖、电子合同、禁止网上传销、网上违法案件查处等方面取得法制建设上的突破和进展,研究出台更多促进网络经营主体发展的优惠、扶持政策,努力构建起比较完备的工商行政管理网络监管法律法规体系,为网络商品和服务交易的健康发展提供强有力的法律支撑和保障。

(二)深入调研,创新监管理念

网络市场监管需要摆脱传统市场制度体系的束缚,需要颠覆性的创新思维,需要创新工商行政管理部门的监管模式和手段,以公共服务的理念重塑市场监管,在网络市场监管中实现监管与发展呈"正相关"关系。以开放的思想,提高公共服务水平,推动工商行政管理部门电子政务系统与网络商品交易监管平台的衔接,为网络市场提供更加高效优质的服务,充分发挥工商行政管理部门对网络市场健康有序发展的推动作用;以虚心学习的心态,密切关注行业态势和技术发展,针对团购、秒杀、移动电子商务等网络交易中的新事物、新问题加强调研,及时有效地进行规范监管,提高监管措施和手段的时效性和科学性,积极探索研究电子商务市场长效监管体制机制;以全球化的视野,加强国际交流,学习借鉴电子商务发达国家的先进经验,积极推动建立国际间网络商品交易企业互认互信机制和消费维权合作机制。

(三)建立健全以网络信息技术为支撑的网络监管方式方法

继续下大力气推进网络商品交易监管信息化平台建设工作,努力实现监管技术手段和执法装备的网络化、信息化、现代化。针对网络商品交易的特性,研究建立有效查处网络违法行为的制度和措施,积极运用网络信息技术收集、保存、认定电子证据,建立健全电子证据保全制度和措施。深入研究网络经营主体信用特点,探索建立电子商务企业信用指标体系及公示机制。

加强网络监管专业人才队伍建设。网络市场的特殊性和监管新职能定位都需要工商行政管理部门建立一支特殊的监管队伍,需要一支从总局到地方的既懂"电子"又懂"商务"和行政执法的高技术的工商行政管理网络监管队伍,迅速建立工商行政管理部门网络市场监管权威,有效维护网络市场秩序,逐步引领其他业务实现监管职能的网络化。

（四）充分发挥企业、行业自律作用，建立健全政府监管、行业自律、网站自律、社会监管四位一体相结合的监管体系

以推动企业自律和行业自律来规范网络市场秩序是网络经济发展的内在必然要求。只有企业和行业自觉维护秩序，网络商品交易的健康发展才能有坚实基础。《网络商品交易及有关服务行为管理暂行办法》将企业和行业自律作为维护网络商品交易秩序、促进网络商品交易健康发展的重要措施，积极鼓励和倡导企业和行业自律。工商行政管理部门切实抓好鼓励支持自律的贯彻落实工作。重点抓好网络交易平台经营者自律的指导监督工作，指导网络交易平台经营者通过建立身份认证、交易者信用等级管理、商品质量管理、消费者权益保证金等制度和使用网上交易第三方支付平台等方式，保障网络交易安全，维护网络交易秩序，使网络商品交易平台经营者切实承担起维护网络市场秩序第一责任人的责任。在抓好平台的基础上，不断拓展自律的范围和方式方法，努力建立起政府监管、行业自律、网站自律、社会监管四位一体相结合的监管体系。

后　记

　　近年来,国家工商行政管理总局始终把工商行政管理理论创新和学习型机关建设放在突出位置,在 2009 年出版《中国工商行政管理概论》广受社会各界和全系统好评的基础上,2010 年下半年启动"中国工商行政管理分论"丛书编写工作,并把这项工作列为工商行政管理理论创新的又一项重点工程和基础性工作。

　　《竞争执法与市场秩序维护》卷作为"中国工商行政管理分论"丛书之一,在丛书编委会的统一领导下,由国家工商行政管理总局反垄断与反不正当竞争执法局、市场规范管理司共同组织编写。本卷编写工作得到了国家工商行政管理总局机关、直属单位、全国工商行政管理系统以及相关领域专家学者的大力支持。反垄断与反不正当竞争执法局、市场规范管理司抽调骨干力量集中时间撰写书稿。

　　本书共七章。第一章主要介绍市场和市场秩序的一般理论,竞争执法与市场规范管理的发展历程,竞争执法的国际交流与合作,展示工商行政管理开展竞争执法、维护市场经济秩序取得的重大成就。第二章主要介绍竞争法律制度和市场规范管理法律制度,包括《反垄断法》、《反不正当竞争法》、《合同法》、《担保法》、《拍卖法》及有关配套规章制度。第三章主要介绍反垄断执法工作,包括执法意义、执法特点、执法机构和权限以及有关执法内容。第四章主要介绍反不正当竞争执法与其他经济检查执法工作,包括执法意义、执法特点和执法内容。第五章主要介绍市场规范管理工作,包括商品交易市场及重要商品市场规范管理、农资市场监督管理、经纪人监督管理、合同监管、拍卖监管和动产抵押登记制度。第六章主要介绍网络商品交易及有关服务行为监督管理。第七章主要介绍竞争执法与市场规范管理工作的前景与展望。

　　参与本书编写人员:第一章、第二章第一节、第三章、第四章、第七章第一节:曹红英、赵国彬、杜长红、赵春雷、赵亦勤、李英敏、周晨;第二章第二节、第五章、第六章、第七章第二节:陈家顺、白谨毅、赵峻峰、夏超、荆峥、张广领。黄勇、王先林、张国山等教授全程参与编写并提出了宝贵的修改意见。杨文彬、刘宏伟同志对书稿进行了初审。本书由宁望鲁、王晋杰同志负责统稿。

在本书的专家评审、复审和校审过程中,北京大学教授蒋大兴、副教授邓峰、中国人民大学教授刘俊海、中国政法大学教授陈丽苹、对外经济贸易大学教授黄勇、浙江省社会科学院研究员陈柳裕、国务院法制办张迅、国家工商行政管理总局法规司原司长王学政、北京工商行政管理局李朔、上海市工商行政管理局曾魁、天津市工商行政管理局郝军、河南省工商行政管理局孙百昌、河南省工商行政管理局翟小铁、宁波市工商行政管理局李丹等同志对书稿进行了认真审读,提出了宝贵意见。中国工商行政管理学会在本书编写过程中,做了大量指导、协调、服务和审读工作。在此一并表示衷心的感谢。

由于编者水平有限,加之中国工商行政管理理论和实践都在不断发展,书中难免有疏漏和缺憾之处,敬请有关专家和广大读者批评指正。

本书执行编委会
2012 年 3 月